하나님은 불의한가?

지은이　자끄 엘륄 Jacques Ellul
옮긴이　이상민
초판발행　2010년 7월 3일

펴낸이　배용하
책임편집　한상미
등록　제364-2008-000013호
펴낸곳　**도서출판 대장간**
　　　www.daejanggan.org
　　　대전광역시 동구 삼성동 285-16
　　　전화 (042) 673-7424　전송 (042) 623-1424

ISBN　978-89-7071-181-2

하나님은 **불의**한가?

Ce Dieu injuste...?

이스라엘 민족을 위한 기독교 신학
Théologie chrétienne pour le peuple d'Israël

자끄 엘륄 지음

이상민 옮김

Ce Dieu injuste…?

Théologie chrétienne pour le peuple d'Israël

Jacques Ellul

목차

나치 독일 점령 기간에 추방된 유대인 가족들을 위험을 무릅쓰고 도와줌으로써 2002년 7월 예루살렘의 얏 바셈Yad Vashem 재단으로부터 "열방 가운데 의인"이란 칭호를 사후에 영예롭게 받았던 자끄 엘륄은, 하나님의 선민選民으로서의 이스라엘을 향한 뜨거운 애정과 관심을 늘 보여 준다. 이스라엘과 관련된 엘륄의 저서로는 『이스라엘을 위한 그리스도인』 *Un chrétien pour Israël*, 「이스라엘 민족을 위한 기독교 신학」 *Théologie chrétienne pour le peuple d'Israël* 이란 부제가 붙은 『하나님은 불의한가?』 *Ce Dieu injuste…?*, 『이스라엘, 문명의 기회』 *Israël, Chance de civilisation* 등이 있다.

하지만, 이스라엘이 미국을 등에 업고 아랍권 국가에 자행했던 침략 전쟁과 아랍 국가들과의 대립 그리고 현재 팔레스타인에 대한 이스라엘의 압제와 탄압을 살펴볼 때, 이스라엘에 대한 엘륄의 호의적인 시각은 역사적 정황이나 현재 상황을 고려하지 않고 하나님의 택함을 받은 선민이라는 이유만으로 맹목적으로 이스라엘을 옹호한다는 오해와 비난을 불러일으킬 소지가 있다. 더구나 일방적인 침략 전쟁이라는 세계의 우려와 비판에도 미국이 무모하게 밀어붙인 이라크 전쟁이 유대-기독교와 이슬람교 사이의 대립이나 이 종교들을 배경으로 하는 문명의 충돌로 보는 시각이 팽배한 현 시점에서 이스라엘에 대한 엘륄의 시각은 논란을 일으키기에 충분하다.

엘륄도 그러한 오해와 비난과 논란을 염두에 두고 1984년 레바논

전쟁의 맥락과 아랍 국가에 의한 이스라엘의 계획적인 소멸을 규정하
는 팔레스타인 해방기구의 헌장의 맥락에서, 『이스라엘을 위한 그리
스도인』을 집필한다. 엘륄은 이 책에서 "이스라엘을 위한 그리스도인
이란 무엇인가? 그것은 아무것도 아니다. 그것은 바람에 흔들리는 갈
대요, 잎사귀의 떨림이요, 수많은 책 중 하나이다. 그리고 이 책이 온
갖 선전에 의해 이용될 수도 있다거나 혹은 온갖 다양한 기정방침에
의해 이해되지 않을 수도 있음을 쓰라림 속에서 누가 알겠는가? 그것
은 정치적인 성향의 시대가 나아가는 것을 조금도 달라지게 하지 못
할 시도이다. 하지만, 이스라엘을 위한 그리스도인은 우선 주主에 대
한 소망 속에서 살고 기도하는 사람이기 때문에 그 시도를 해야 한다"
라고 하면서, 선민의 생존을 위한 기도를 감동적으로 호소한다.

　이 책의 연장선상에서 『하나님은 불의한가?』가 1991년 출간되는데,
이 책은 로마서 9, 10, 11장 및 12장 1~2절을 토대로 쓰인 책이다. 이
책에서 엘륄은 모든 사람의 구원을 위한 하나님의 계획에서 유대인의
역할이 완수되지 않았으며, 그리스도인이야말로 유대인이 예수 그리
스도를 메시아로 인정하지 않고 회심하지 않는 데 대한 전적인 책임
이 있다고 지적한다. 따라서 엘륄은 하나님은 유대인을 통해 일을 시
작했던 것과 마찬가지로 유대인을 통해 일을 마칠 것이며, 유대인이
자신들의 메시아를 인정할 때 하나님나라의 도래와 생명의 승리와 우
주의 부활이 일어날 것이라고 확신한다.

　엘륄은 로마서의 9, 10, 11장은 유대 민족에 관한 기독교 신학이 무
엇인지 엄밀히 설명하는 유일한 장들로서 바울 사상의 중심축이지만,
거의 이천 년간 완전히 옆으로 밀려나 있었거나 의미가 왜곡되었다고
주장한다. 바울의 그러한 신학이 사라진 것은 교회 안에 아주 일찍 나
타난 반反유대주의 성향 탓이기도 한데, 유대인은 예수 그리스도를 믿

지 않았기 때문에 하나님에 의해 버림받은 민족이라는 식의 유대인에게 적대적인 비난이 역사적으로 나타난다. 따라서 유대인은 예수의 죽음에 유일하게 책임이 있다고 비난받을 뿐 아니라, 예수는 하나님이므로 유대 민족은 신을 죽인 자로 규정된다. 유대인은 예수가 하나님의 아들임을 받아들이지 않았기 때문에 죄가 있고, 은총으로만 구원받을 수 있기 때문에 유대인을 지옥의 형벌에 처한다는 것이다. 엘륄은 유대인에 대한 그러한 단죄와 거부가 신학적 추리와 추론으로부터 나온 결과로 간주하면서, 이 세 장을 근거로 유대인이 하나님으로부터 완전히 버림받은 민족이 아니라, 모든 사람에게 하나님의 자비와 사랑이 전해지려고 일시적으로 버림받은 민족이라는 주장을 편다.

그런데 문제는 로마서 전체를 조망해 보면, 모든 것이 완벽하게 연결된 로마서에서 유대인에 대한 이 세 장은 꼭 필요한 것 같지 않다는 점이다. 실제로, "율법이 영적이 되었다"는 8장에서 "이 영성의 윤리적 결과는 무엇인가?"라는 12장으로 완벽하게 넘어갈 수 있으며, 9장부터 11장을 없애더라도 본질적인 것은 아무것도 빠지지 않는다. 하지만, 엘륄은 이 세 장은 소위 괄호에 해당하는 것이 아니라, 바울 신학의 비판적 관점에서 근본적인 질문을 모아 놓은 것임을 강조한다. 바울은 "복음이 신앙을 갖는 모든 사람의 구원을 위한 하나님의 능력이다"라고 선포하지만, 예수를 메시아로 인정하지 않은 유대인은 복음으로 구원받지 못한다. 따라서 "유대인이 구원받지 못한다면, 하나님이 복음으로 모든 사람을 구원한다고 어떻게 말할 수 있는가?"라는 근본적인 질문이 제기된다. 따라서 엘륄은 모든 사람의 구원을 위한 하나님의 일에서 이스라엘 민족의 역할이 완수되지 않았는데도 그리스도인은 이스라엘이 하나님의 계획에서 더는 중요하지 않다고 너무 쉽게 생각하는 오류를 저지른다고 비판하면서, "그리스도 이후 이스라엘은 여전히 구원의 기능을 갖고 있는가? 이스라엘은 구원의 역사 속에서 특별한 위치를 여전히 차지하고 있는가?"라는 질문을 제기한다.

예수 그리스도 안에 이루어진 은총을 유대인이 거부한다고 해서 선민으로서 택함이 취소되지는 않는다. 하지만, 그들이 은총을 거부하기 때문에 그 은총은 다른 사람들에게 베풀어질 수밖에 없고, 그때부터 이교도가 그 은총을 받으므로 예수 그리스도 안에서 은총을 받아 선포하는 것은 다른 사람들이다. 그런 관점에서 유대 민족에 대한 내버림이 있다고 할 수 있지만, 그로 말미암아 그 민족이 저주받은 민족이 되지는 않는다. 아무도 은총을 거부한다면 구원받을 수 없으나, 그렇다고 자신에게 주어진 은총을 없앨 수는 없다. 은총이 인간에게 달려 있는 것이 아니므로, 은총을 거부한다고 해서 인간에게 베풀어진 은총은 없어지는 것은 아니다. 그와 같이, 이스라엘은 자신에게 베풀어진 은총을 결국 받아들이는데, 그 은총이란 예수의 민족이 되는 은총, 즉 예수 안에서 하나님을 전하는 민족이 되는 은총이다.

엘륄은 유대인이 예수를 거부하는 데 대한 전적인 책임이 그리스도인과 기독교교회에 있다고 여긴다. 만일 그리스도인이 율법 준수에서 나오는 미덕보다 더 뛰어난 미덕과 품성의 순수함과 거룩함을 유대인 앞에 나타내고, 이웃에게 온전한 사랑으로 행동하며, 예수 그리스도 안에서 얻어진 자유의 충실한 법에 따라 살았다면, 그런 삶을 보고 설득된 유대인이 예수 그리스도에게서 자신들의 메시아를 인정할 수도 있었다는 것이다. 그 대신, 그리스도인은 경멸스러운 품성, 정복과 힘과 탐욕의 사회, 그리스도인 사이에 증오를 보여주었으며, 특히 기독교 사회에 불의가 넘쳐났고 유대인을 박해하며 증오했다. 다른 한편으로, 유대 민족에게 이루어졌던 계시를 유대 민족에게서 박탈하여 자기 것으로 삼았던 교회는, 예수 그리스도의 복음을 도덕적인 율법으로 변형했고, 예수 안에서 얻어진 의義를 가지고 도덕을 만들었다. 또한, 자유의 율법을 가지고 일련의 계명을 만든 교회는 계명과 규범을 구분하고 중대한 죄와 사소한 죄를 구분하면서, 부수적인 미덕과 기본적인 미덕의 목록과 죄의 목록을 만들었다.

유대인의 불신앙이 하나님나라의 도래를 지체시킨다고 할 수 있고, 하나님의 주권적인 행위를 대체하는 인간의 수단을 유대인이 추구하는 것이 하나님나라의 도래를 지체시킨다고 할 수도 있다. 그렇다고 해서 그것은 유대인의 잘못이 아니다. 왜냐하면, 그리스도인과 교회가 지상에 하나님나라를 이미 제시한다는 조건에서만이, 또 그리스도에 대한 신앙으로 인간의 완전한 변화가 이루어짐을 유대인이 분명히 본다는 조건에서만이, 유대인은 회심할 수 있기 때문이다. 그런데 유대인에게 주어진 그리스도인의 이미지는 유대인을 회심시키는 것이 아니라, 그들을 예수에게서 멀리 떨어지게 한다. 결국, 하나님의 계획 성취가 지연되는 데 대한 무거운 책임은 그리스도인에게 부과되는데, 그리스도인은 유대인의 신앙에 장애가 된다는 것이다.

결국, 이 책에서 엘륄이 특히 강조하는 바는 하나님이 인간에게 베푼 은총과 구원의 우선순위가 그리스도인에게 있는 것이 아니라 하나님이 맨 처음 택한 유대인에게 있다는 것이다. 그것은 유대인이 하나님에게 불순종했기 때문에 은총이 그리스도인에게 일시적으로 베풀어진 것이므로, 그리스도인이 잘못을 저지른다면 그들에게도 은총이 철회될 수 있다는 경고이다. 왜냐하면, 하나님이 본래의 가지인 유대인이 불순종함으로 그들을 아끼지 않았다면, 접붙여진 가지일 따름인 그리스도인이 불순종하면 그들 역시 아끼지 않을 것이기 때문이다.

그래서 엘륄은 『잊혀진 소망』*Espérance oubliée* 마지막 부분에서 이스라엘을 위한 교회와 그리스도인의 역할을 제시한다. 즉, 교회가 진정으로 교회가 되는 법을 알았다면, 교회는 그리스도 안에서 이스라엘의 구원에 대한 진정한 증언을 이스라엘에 제시했을 것이다. 그러나 그것은 교회의 잘못에 의해 망쳐졌다. 마찬가지로 이제 교회는 살아 있는 새로운 소망을 이스라엘에 제시해야 한다. 그 새로운 소망은 분명히 이스라엘의 특별한 소망을 대체하지도 않고 없애지도 않는다. 그러나 우리와 같은 어둠을 가로질러 우리와 같은 하나님나라를 향하는 이스라엘의 긴 여정 속에서 이스라엘을 도울 수도 있을 것이다. '하나님과의 단절'의 오늘날에 있어서 유일한 시도란 바로 예수 그리스도라는 완전한 방향을 전제로 하는데, 그것은 이스라엘과 그리스도인들의 일치라는 것이다.

엘륄의 사상은 새로운 방식과 다른 차원의 기독교적인 관점과 시각을 보여준다. 따라서 한국 교회에서 우리의 신앙이 어디서부터 문제가 시작되었는지 문제의 근원을 비출 거울의 역할을 엘륄의 저작들이 할 수도 있을 것이다. 이 책이 나오기까지 내용 검토를 위해 조언과 수고를 아끼지 않으신 서울대학교 교수 박동열 선생님, 대장간 출판사 대표 배용하 선생님, 세계자끄엘륄협회 홈페이지 책임자 조엘 드까르젱Joël Decarsin 씨께 진심으로 감사드린다.

2010년 3월

이 상 민

미궁迷宮과 아리아드네의 실[1]

처음 읽어서는 미궁처럼 보이는(그렇지 않으면 기분에 따라서는 일련의 궤변처럼 보이는) 뒤이어질 내용을 독자들이 접하는데 도움을 주려고, 나는 바울이 직면할 수밖에 없던 모순이 무엇인지 또한 그가 어떠한 길을 따라가는지를 요약하고 보여주려고 한다. 복잡하게 얽힌 하나님의 일 속으로 우리가 가져왔으며 하나님이 인간의 일에다 연결하는 우리의 표상과 기성관념과 단순화로부터, 이 많은 어려움이 나오는 것은 사실이다. 하나님의 활동이 우리가 상상하는 만큼 결코 그렇게 단순하지 않은 데도(하나님은 하나의 섭리[2]가 아니므로, 하나님이 활동할 때 늘 그렇지는 않다!), 우리는 "~이든지 ~이든지"라는 초보적인 양자택일에 너무 익숙해 있다.

우선, 우리의 모순들은 다음과 같다.

1. 하나님은 모든 것을 결정한다. 자신의 결정으로부터 절대로 자유로운 하나님은 그 결정에 대해 어떠한 설명도 하지 않는다. 하나

---

1) [역주] 그리스 신화에 나오는 크레타 섬 미노스 왕의 딸 아리아드네는 크레타 섬 미궁(迷宮) 속의 괴물 미노타우로스를 죽이러 온 테세우스에게 사랑에 빠져 그에게 실 꾸러미를 주어 출구를 되찾아 나올 수 있게 해준다.
2) [역주] 엘륄의 저서에는 같은 표현이 소문자와 대문자로 쓰인 것이 자주 나온다. 그 표현을 대문자로 쓸 때 그것이 하나님과 관련된 것을 나타내거나 그 표현에 특별한 의미가 부여된 것이라는 원칙이 보이기는 하지만, 간혹 그러한 원칙이 일관성 없이 나타나는 경우가 있다. 따라서 대문자로 쓰인 표현은 서체를 굵게 하였다.

님이 자유롭게 결정한 바를 인간이 운명으로서 따라가는데 만족
한다면, 어떻게 인간이 책임질 수 있으며, 어떻게 인간이 '단죄받
을' 수 있단 말인가?

2. 하나님은 예수 그리스도를 믿는 자에게 은총을 베푼다. 그러나
그와 동시에 절대적으로 신실한 하나님은 은총을 주었던 자에게
서 결코 은총을 거두지 않는다. 따라서 이스라엘 민족은 늘 첫 약
속과 첫 언약의 수혜를 누린다. 그렇기는 하지만, 이스라엘 민족
은 예수를 그리스도로 인정하지 않았다. 그래서 인간은 예수 그
리스도 안에서 구원받고 이스라엘은 단죄를 받든지, 그렇지 않으
면 이스라엘은 하나님의 민족으로 남고 인간은 예수 그리스도 안
에서 은총으로 구원받지 못하든지 둘 중 하나이다.

3. 하나님은 인간의 운명을 다양하게 설정한다. 어떤 이들은 하나님
의 사랑을 나타내기 위해서이고, 다른 어떤 이들은 하나님의 진
노를 나타내기 위해서이다. 이들의 운명이 진노를 위해 미리 설
정되어 있기 때문에, 이들은 '벌을 받는' 것일까?

4. 하나님은 어떤 사람들을 '구원하고', 다른 어떤 사람들을 '내버
린다.' 하지만, 인간이 거기서 아무것도 할 수 없기 때문에, 이 구
원과 내버림은 무슨 소용이 있는가? 그 책임 없는 자들이 영원히
지옥의 형벌에 처하는 것을 어떻게 받아들일 수 있는가? 하나님
은 그렇게 임의적인 결정 속에서 무슨 목적을 추구하는 것일까?

5. 이스라엘이 항상 하나님의 민족이라면, 교회는 무슨 소용이 있는

가? 거꾸로 말해, 교회가 하나님의 새로운 민족이라면 이스라엘은 더는 아무것도 아니라는 점이 명백한가?

6. 모든 것이 은총이고 하나님이 오로지 은총으로 구원한다면, 구약은 무슨 소용이 있고 특히 율법은 무슨 소용이 있는가? 그와 반대로 율법이 늘 가치가 있고 항상 필요하며 명령에 순종해야 한다면, 하나님이 더는 은총으로 구원하는 것이 아니라 인간의 탁월한 순종에 의해 구원한다는 것이다.

7. 이스라엘의 긴 역사에서 이삭과 이스마엘, 야곱과 에서, 모세와 바로 등과 같이 결국 한 쌍을 이루는 '부름 받은 자'와 '내버려진 자'가 끊임없이 존재한다는 점을 고려한다면, 모든 것은 여전히 복잡해진다. 그런데 분리될 수 없는 그 쌍들과 더불어 일련의 역사가 아무 의도 없이 우리에게 언급되는 것은 분명 아니다.

바울은 다음 같은 엄밀한 두 노선을 따르면서, 그런 논리적인 불가능성에 접근한다. 우선, 절대적으로 자유로운 하나님은 그와 동시에 절대적으로 신실하다는 점이다. 인간이 무엇을 하든지 하나님은 결코 뒤로 돌아서지 않으며 자신의 약속과 언약을 지킨다. 그다음으로, 하나님은 해방자라는 점이다. 인간을 해방하는 하나님은 삶에서 미리 설정된 '운명'으로도, 순간적인 제약으로도, 인간을 절대 속박하지 않는다. 인간은 자신의 길을 선택하는 자유로운 상태에 있지만, 결국 '마지막 심판에' en dernière instance 서게 된다. 그리고 얼마나 많이 길을 돌아가더라도 성취되는 것은 늘 하나님의 뜻이다.

따라서 우리가 위 내용에 따라 자세히 설명할 신학의 전개 방향을 단순화하면 다음과 같다.

선민은 선민으로 남는다. 택함élection은 하나님의 자유로운 행위이지만, 사람들이 흔히 생각하듯 그것은 영원한 구원과 관계없다. 선택choix은 하나님에 대한 증언 곧 언약을 세상에 전달하기로 예정된 종을 선정한 것일 따름이다. 이 사명을 완벽히 수행하지 못하는 선민은, 예수 그리스도 안에서 부름 받아 모든 인간에게 하나님의 사랑을 전할 자들로 이 사명을 위해 대체되었다. 게다가 유대인은 그들 중 일부분인 '남은 자'가 믿었기 때문에, 또한 그 '남은 자'가 전체를 포괄하는 '전체를 위한 부분'pars pro toto이 되기 때문에, 증언을 맡은 새로운 민족 일부를 이룬다. 이스라엘 민족 대부분이 그러한 잘못을 저질렀다면, 그것은 모든 사람으로 하여금 은총과 택함을 경험하게 하기 위함이다.

그리스도에게로 회심回心한 이교도는 유대인에게 감사해야 한다. 교회가 세상을 위해 동일한 약속을 책임지는 한, 교회는 유대 민족을 대체하는 자가 아니라 유대 민족을 계승하는 자이다. 첫 선민인 유대 민족이 선민으로 항상 남아 있는 한, 그리스도인과 교회는 뿌리와 옛 줄기에서 돋아난 가지이다. 그와 같이 이스라엘 민족은 하나님의 신실함과 약속의 영원함에 대한 증인이 되고, 교회는 하나님의 보편성과 자유에 대한 증인이 된다.

앞에서 드러난 모순을 해결하려는 바울의 계획은 그러하다. 이제 내가 방금 대강 그린 미궁迷宮의 길을 인도하는(물론 제한적인!) 실을 잃어버리지 않고서, 세부적인 바울의 논증으로 우리는 들어가야 한다.

유일한 민족

로마서 9장 1~5절[3]

1. 나는 예수 그리스도에 의해 진실을 말하고 거짓을 말하지 않습니다. 성령에 의해 내 양심도 내게 그러한 증언을 합니다.

2. 나의 고통이 크고, 나는 마음속 깊이 끊임없는 슬픔을 느낍니다.

3. 나는 혈육을 같이하는 내 형제와 부모를 위해서라면, 파문을 받아(저주를 받아) 그리스도에게서 떨어져 나가는 서원이라도 하겠습니다.

4. 이스라엘 사람인 그들에게는 하나님의 자녀가 되는 신분이 있고, 거룩한 영광과 하나님과 맺은 언약이 있으며, 율법이란 선물과 예배가 있고, 하나님의 약속이 있습니다.

5. 구약 시대의 족장들도 그들의 조상이며, 그리스도가 사람으로서 온 것도 그들로부터 입니다. 만물 위에 있는 하나님인 그는 영원히 찬양받을 것입니다. 아멘!

불의한 하나님

로마서 9장 6~29절

6. 그것은 하나님의 말이 실패로 돌아갔다는 것이 아닙니다! 하지

---

3) 이 책의 각 장의 첫머리에 나오는 로마서 번역은 마이요(A. Maillot)가 쓴 로마서 주석에 나오는 번역이다.

만, 이스라엘에서 나오는 모든 사람이 이스라엘을 이루는 것은 아닙니다.

7. 마찬가지로 아브라함의 혈통에 속한 자 모두가 아브라함의 가계家系를 이루는 것은 아닙니다. "이삭에게서 태어나는 자가 너의 후손이라 불릴 것이다"라는 말을 아브라함은 들었습니다.

8. 그와 같이, 하나님의 가계는 육신적인 가계가 아닙니다. 하지만, 약속의 가계만이 아브라함의 혈통으로 간주됩니다.

9. 실제로 약속의 말은 "이때쯤 내가 올 것이고, 사라에게 아들이 있을 것이다"입니다.

10. 그뿐만 아니라, 리브가가 우리 조상 이삭과 함께 단 한 번의 부부 관계를 한 이후에도 그러했습니다.

11. 그녀의 자식들이 아직 태어나지 않았고 선도 악도 행하지 않았는데도, 하나님의 계획이 자유로운 채로 남아 있도록 그러했습니다.

12. 그 계획은 인간의 행위에 달려 있는 것이 아니라, 오직 부르는 자에게 달렸습니다. "가장 큰 자가 가장 작은 자에게 복종할 것이다"라는 말을 리브가는 들었습니다.

13. 성서에 언급되듯이, "나는 야곱을 사랑했고 에서를 버렸다"는 것입니다.

14. 그러면 무어라고 해야 합니까? 하나님에게는 불의不義 4)가 없습

---

4) [역주] '불의不義'에 해당하는 프랑스어 'injustice'는 '불공평'이나 '불공정'으로 옮겨질 수도 있다. 따라서 "하나님에게는 불의가 없습니까?"라고 여기서 옮긴 표현이 우리말 성서 표준새번역에는 "하나님이 불공평하신 분이라는 말입니까?"로, 공동번역에는 "하느님이 공정하지 못하다고 말할 수 있겠습니까?"라고 되어 있다. 물론 이 구절 전후에 나오는 내용의 문맥으로 보아도 'injustice'는 '불공평'이나 '불공정'으로 옮겨지는 게 당연하다고 볼 수 있지만, 이 책의 전체 내용을 살펴보면 결국 'injustice'를 더 폭넓은 의미인 '불의'로 옮길 수밖에 없다. 그러므로 'injuste' 역시 '불공평한'이나 '불공정한'으로 옮기는 대신, '불의한'으로 옮기기로 한다.

니까? 하나님에게는 불의가 있을 수 없습니다!

15. 왜냐하면, 하나님이 "나는 불쌍히 여기고 싶은 자를 불쌍히 여기고, 내가 자비를 베풀고 싶은 자에게 자비를 베풀 것이다"라고 모세에게 언급하기 때문입니다.

16. 그와 같이 그것은 의지나 노력에 달려 있는 것이 아니라, 중요한 것은 단지 하나님의 불쌍히 여기는 마음입니다.

17. 왜냐하면, 성서에는 바로를 두고서 "이것이 바로 내가 너를 격동시켰던 이유인데, 너에 의해 나의 권능을 나타내기 위함이고, 온 땅에 나의 이름이 널리 알려지게 하기 위함이다"라고 되어 있기 때문입니다.

18. 따라서 하나님은 불쌍히 여기고 싶은 자를 불쌍히 여기고, 완악하게 만들고 싶은 자를 완악하게 만듭니다.

19. 그래서 여러분 중 어떤 사람은 "하나님은 여전히 무엇을 책망하는가? 누가 하나님의 뜻을 거역할 수 있었는가?"라고 나에게 언급할 것입니다.

20. 그러나 자신을 누구라고 생각하기에, 하나님에게 따지고 드는 것입니까? 물건이 그것을 만든 사람에게 "왜 나를 이 같이 만들었습니까?"라고 할 수 있습니까?

21. 진흙을 반죽하는 토기장이가 찰흙 덩이를 가지고 귀한 그릇과 가치 없는 그릇을 만들 권한을 갖고 있지 않습니까?

22-23. 자신의 진노를 보여주기 원하고 자신의 권능을 알리기 원하는 하나님이 깨지기로 된 진노의 그릇을 많은 인내심으로 참아 주었다면, 또한 자비의 그릇에 자신의 영광의 풍성함을 알리기 원하는 하나님이 영광을 위해 그 그릇을 미리 예비해 두었다면, 우리는 그것에 대해 무어라고 다시 말하겠습니까?

24. 하나님이 유대인 가운데뿐만 아니라 이교도 가운데서 불렀던
    것은 바로 우리입니다!

25-26. 그것은 호세아서에서 "나는 내 민족이 아니었던 민족을 내
    민족이라 부를 것이며, 사랑받는 자가 아니었던 자를 사랑받는
    자라 부를 것이다"라고, 또한 "너희는 나의 민족이 아니라는 말을
    들었던 그곳에서, 그들이 살아 있는 하나님의 아들이라 불릴 것
    이다"라고 하나님이 언급했던 바입니다.

27-28. 이사야는 이스라엘에 대해 "이스라엘 자손의 수가 바다의
    모래 수만큼 많을지라도, '남은 자' 만이 구원받을 것이다. 왜냐하
    면, 주主가 지상에서 자신의 말을 완전하게 신속히 성취할 것이기
    때문이다"라고 외쳤습니다.

29. 그와 같이 이사야는 "만군의 주가 몇몇 후손을 우리에게 남겨
    놓지 않았다면, 우리는 모두 소돔처럼 되었을 것이고 고모라와
    같아졌을 것이다"라고 그렇게 미리 언급했습니다.

어떻게 그들은 신앙을 갖게 될까?
로마서 9장 30~33절

30. 무슨 말을 더 하겠습니까? 의를 추구하지 않았던 이교도는 신앙
    에서 나오는 의를 얻었습니다.

31. 율법에서 나오는 의를 추구했던 이스라엘은 율법에 도달하지도
    못했습니다!

32. 왜 그렇습니까? 왜냐하면, 그들은 의가 신앙에서 나오는 것이
    아니라 행위에서 나올 수 있다고 생각했기 때문입니다. 이스라
    엘은 걸림돌에 부딪혔습니다.

33. 그것은 "이같이 나는 걸림돌과 사람들이 그 위에서 비틀거리는 장애물을 시온에다 두겠다. 하지만, 그를 신뢰하는(그를 믿는) 자는 수치를 당하지 않을 것이다"라고 성서에 언급된 바와 같습니다.

로마서 10장 1~21절

1. 형제들이여, 유대인을 위한 나의 간절한 소원과 하나님에게 드리는 기도는 그들이 구원을 얻는 것입니다.

2. 나는 그들이 하나님에 대한 열성을 갖고 있지만, 그 열성에는 분별이 없음을 그들에게 입증합니다.

3. 하나님의 의를 인정하지 않고 자신들의 의를 세우려고 애쓰는 그들은 하나님의 의에 순종하지 않습니다.

4. 왜냐하면, 율법의 결말은 신앙을 가진 자 모두를 의에 도달하게 하는 그리스도이기 때문입니다.

5. 왜냐하면, 율법에서 나온 의에 대해 모세가 "그것을 실천하는 자는 그 의로 살 것이다"라고 기록하고 있기 때문입니다.

6-7. 그러나 신앙에서 나온 의는 이렇게 언급합니다. 즉 "너는 '누가 하늘까지 올라갈 것인가?'라고 하지 말라. 그것은 그리스도를 하늘에서 내려오게 하는 것일 수도 있다! 마찬가지로 '누가 심연으로 내려갈 것인가?'라고도 하지 말라. 그것은 그리스도를 죽은 자 가운데서 다시 올라오게 하는 것일 수도 있다!"라고 말입니다.

8. 결국, 신앙에서 나온 의는 무어라고 언급합니까? "말은 너와 아주 가까이 있으며 너의 입과 마음속에 있다"라고 합니다. 신앙의 말은 그러하고 그것이 우리가 전하는 바입니다.

9. 왜냐하면, 당신이 예수를 주라고 입으로 고백하고 하나님이 예수를 죽은 자 가운데서 다시 살렸음을 마음으로 믿으면, 당신은 구원받을 것이기 때문입니다.

10. 마음으로 믿는 것은 의에 이르게 하고, 입으로 고백하는 것은 구원에 이르게 합니다.

11. 왜냐하면, 성서에 "하나님을 믿는 모든 사람은 수치를 당하지 않을 것이다"라고 되어 있기 때문입니다.

12. 그와 같이 유대인과 그리스도인 사이에는 아무런 차이가 없습니다. 왜냐하면, 하나님을 부르는 모든 사람에게 자비로운 동일한 주가 모두에게 있기 때문입니다.

13. 왜냐하면, 주의 이름을 부르는 모든 사람은 구원받기 때문입니다.

14. 하지만, 그들이 믿지 않았던 자를 도대체 어떻게 부르겠습니까? 그들이 듣지도 못했던 자를 어떻게 믿겠습니까? 전하는 사람이 없는데 그들이 어떻게 듣겠습니까?

15. "기쁜 소식을 전하는 이들의 발길이 때맞추어 도착했다!"라고 기록되어 있음에도, 하나님이 아무도 보내지 않으면 어떻게 전해지겠습니까?

16. 그러나 모두가 복음에 귀를 기울였던 것은 아닙니다! 이사야는 "주여, 우리가 들었던 바를 누가 믿었습니까?"라고 합니다.

17. 그런데 신앙은 듣는 바에서 나오고, 듣는 바는 그리스도의 말에 힘입어서 전해져 내려옵니다.

18. 나는 "그들은 정말 듣지 못했습니까?"라고 다시 묻습니다. 절대 그렇지 않습니다! 성서에는 "그들의 목소리는 온 땅에 퍼졌고, 그들의 말은 세상 끝까지 퍼졌다"라고 나와 있습니다.

19. 나는 "이스라엘이 정말 이해하지 못했습니까?"라고 묻기까지

하겠습니다. 맨 처음으로 모세는 "나는 나라가 아닌 나라에 대해 너희가 시기하게 할 것이고, 어리석은 자들의 나라에 대하여 너희가 화를 내게 할 것이다"라고 합니다.

20. 그다음으로 이사야는 "나를 찾지 않았던 자들에 의해 나는 발견되었고, 나를 탐문하지 않았던 자들에게 나는 나타났다"라고 감히 하기까지 합니다.

21. 그리고 이스라엘에 대해 이사야는 "나는 순종하지 않고 거역하는 민족을 향해 매일 나의 손을 내밀었다"라고 합니다.

접붙여진 올리브 나무
로마서 11장 1~24절

1. 그다음으로, 나는 "하나님이 자기 민족을 버렸을까?"라고 언급합니다. 그럴 수는 없습니다! 실제로 나 자신도 이스라엘 사람이고, 아브라함의 혈통과 베냐민 족속에 속합니다.

2-3. 이처럼, 하나님은 자기 민족을 버리지 않았습니다! 그 민족은 하나님이 다른 모든 민족에 앞서 알았던 민족입니다. 그렇지 않다면, "주여, 그들은 당신의 선지자를 죽였고, 당신의 제단을 무너뜨렸으며, 나만 홀로 남아 있는데 그들은 내 생명을 노리고 있습니다"라고 이스라엘을 하나님에게 고발했던 엘리야의 이야기에서 성서에 언급된 내용을 여러분은 모르는 셈입니다.

4. 그런데 그 대답은 무엇이었습니까? "나는 7천 명을 나를 위해 남겨 두었다! 그들은 바알 앞에 무릎을 꿇지 않은 자들이다"였습니다.

5. 따라서 지금도 마찬가지입니다. 은총의 자유로운 선택에서 나오

는 '남은 자'가 있습니다.

6. 그것이 은총에 의해서라면, 그것은 더는 행위에 의해서가 아닙니다. 그렇지 않다면, 은총은 더는 은총이 아닙니다!

7-8. 그것은 무슨 뜻입니까? 이스라엘이 찾는 것을 이스라엘은 발견하지 못했지만, 선택된 자들은 그것을 발견했습니다. 다른 모든 사람은 마음이 완악해졌습니다. "하나님이 그들에게 그들을 둔하게 만든 정신을 주었으며, 있어도 보지 못할 눈과 듣지 못할 귀를 주었는데, 오늘날까지 그러하다!"라고 기록되어 있듯이 말입니다.

9-10. 다윗은 "그들의 제단이 올가미가 되어 그들이 그 올가미의 희생물이 되고, 거기서 넘어지며, 그것이 그들의 보응이 되게 하십시오! 그들의 눈이 어두워져 보지 못하게 하고, 그들의 등이 끊임없이 굽어지게 하십시오!"라고 언급합니다.

11. 나는 "그들이 비틀거려서 영원히 쓰러졌습니까?"라고 다시 묻습니다. 그럴 수는 없습니다! 왜냐하면, 그들이 실수한 덕분에 이교도의 구원이 이루어졌기 때문인데, 그 구원은 그들의 시기심을 불러일으켰습니다.

12. 그들의 실수를 통해 세상이 풍성해졌고 그들의 쇠퇴를 통해 이교도가 풍성해졌다면, 그들 전체가 구원을 받을 때는 어떻게 되겠습니까?

13-14. 태생적으로 이교도인 여러분에게 나는 다음같이 말합니다. 내가 나와 같은 혈통의 사람 중 어떤 이들을 구원에 이르게 하려고 그 사람들의 시기심을 이렇게 불러일으킨다면, 그만큼 더 나는 이교도의 사도로서 그 직분을 더욱더 영광스럽게 여긴다는 것입니다.

15. 그들의 버림받음이 하나님이 세상과의 화해를 이루는 것이었다면, 그들의 통합5) 이 죽은 자 가운데서 솟아나는 생명을 이루는 것이 아니면 그 무엇이겠습니까?

16. 만물로 바쳐진 반죽 덩이가 거룩하면 반죽 전체도 거룩합니다. 또한, 뿌리가 거룩하면 가지들도 거룩합니다.

17-18. 어떤 가지들이 부러지고 야생 올리브 나무인 여러분이 다른 가지들 가운데 접붙여져 그 가지들과 함께 올리브 나무뿌리의 풍성한 수액을 빨아들인다면, 부러진 가지들을 업신여기지 마십시오. 여러분이 혹시라도 그 가지들을 업신여기게 될 때는, 여러분이 뿌리를 지탱하는 것이 아니라 여러분을 지탱하는 것이 뿌리라는 점을 잊지 마십시오.

19. 여러분은 "그 가지들은 내가 접붙여지려고 부러졌다"라고 할지도 모릅니다.

20. 좋습니다! 그러나 그 가지들은 무無신앙 때문에 부러졌습니다. 그런데 여러분이 거기 붙어 있는 것은 신앙 때문입니다. 그러므로 다른 사람들을 깔보지 마십시오! 차라리 두려워하십시오!

21. 왜냐하면, 하나님이 본래의 가지들을 아끼지 않았다면, 여러분도 아끼지 않을 것이기 때문입니다!

22. 하나님의 너그러움과 준엄함에 유의하십시오. 그 준엄함은 넘어진 자들에 대한 준엄함이지만, 그 너그러움은 여러분에 대한 너그러움입니다! 여러분이 그런 너그러움 속에 머무르는 한, 하나님의 너그러움은 머물러 있습니다. 그렇지 않으면 여러분도 잘려나갈 것입니다!

23. 유대인은 무신앙 속에 머무르지 않는다면 그들은 접붙여질 것

---

5) [역주] '그들의 통합' 이란 '하나님이 그들을 받아들임' 을 의미한다고 볼 수 있다.

입니다! 왜냐하면, 하나님은 새로이 그들을 접붙일 수 있기 때문입니다.

24. 야생 올리브 나무에 본래 속했던 여러분이 본성과는 반대로 재배된 올리브 나무에 접붙여지려고 잘렸다면, 그들은 얼마나 더 자연스럽게 그들의 본성에 따라 올리브 나무에 접붙여지겠습니까!

신비와 쇄신
로마서 11장 25~36절

25. 형제들이여, 여러분만이 현명하다고 생각하지 않도록, 나는 여러분이 그 신비를 모르기를 바라지 않습니다! 이교도 전부가 하나님에게 돌아올 때까지, 이스라엘 일부는 완악한 채로 있습니다.

26-27. 그리고 그와 같이 이스라엘 전체는 "시온으로부터 해방자가 나올 것이고, 그는 경건치 않음을 야곱에게서 멀리 내보낼 것이다. 이것이 그들과 나의 언약이고 그래서 나는 그들의 모든 죄를 없앨 것이다"라고 기록된 것처럼 구원받을 것입니다.

28. 복음과 관련하여 이스라엘 사람들은 하나님과 적이 되었지만, 하나님의 자유로운 선택과 관련하여 이스라엘 사람들은 조상 덕분에 하나님의 사랑을 받고 있습니다.

29. 왜냐하면, 하나님의 은총과 부름은 돌이킬 수 없기 때문입니다.

30. 예전에 여러분이 하나님에게 순종하지 않았던 것과 마찬가지로, 이제 이스라엘 사람들의 불순종으로 여러분에게 자비가 베풀어진 것입니다.

31. 마찬가지로, 이제는 이스라엘 사람들도 여러분에게 베풀어졌던 자비 때문에 순종하지 않는데, 그것은 이제부터 이스라엘 사람들에게도 자비가 베풀어지기 위함입니다.

32. 왜냐하면, 하나님은 모두에게 자비를 베풀고자, 모든 인간을 다 함께 불순종 속에 가두었기 때문입니다.

33. 하나님의 풍성함과 지혜와 지식은 얼마나 깊습니까! 하나님의 뜻은 얼마나 헤아릴 수 없으며, 하나님의 길은 얼마나 찾기가 어렵습니까!

34. 누가 주의 생각을 알았던 적이 있습니까? 아니면 누가 주의 조언자가 되었던 적이 있습니까?

35. 누가 주에게 먼저 드리고 나서 되돌려받으려 했습니까?

36. 만물이 존재하는 것은 주로부터이고, 주에 의해서이며, 주를 위해서입니다! 주에게 영광이 영원토록 있습니다! 아멘!

로마서 12장 1~2절

1. 그러므로 형제들이여, 나는 여러분의 몸을 하나님의 마음에 드는 살아 있고 거룩한 제물로 바칠 것을 하나님의 긍휼로 여러분에게 권고합니다. 그것이 바로 여러분이 드릴 합당한 예배 혹은 말에 일치하는 예배입니다.

2. 선하고 하나님을 기쁘게 하며 잘 된 하나님의 뜻이 무엇인지 분별하도록(혹은 하나님의 뜻이 선하고 완전하며 마음에 드는 것임을 분별하도록), 여러분의 시대를 추종하지 말고 여러분의 예지叡智를 새롭게 함으로 혹은 여러분이 깨닫는 방식을 새롭게 함으로 변화되십시오.

서론

    나는 "창세부터 숨겨진" 것들에 대해 언급하지는 않을 것이다. 내가 만들어낸 것은 거의 없을 것이고, 나는 훌륭한 원전原典들에 따르는데 만족할 것이다. 나의 유일한 의도는, 지금은 무시되고 옆으로 밀려난 그 원전들에 활기를 다시 불어 넣고 그 원전들이 현재의 관심거리가 다시 되게 하는 것인데, 그 원전들은 바르트[6]의 로마서 주석이거나, 혹은 『신앙과 삶』 *Foi et vie* 에 실린 비셔W. Visscher의 놀라운 글들이다. 그런데 나는 바르트의 로마서 주석을 거의 따르지 않겠으나, 비셔의 글들을 표절하지 않으려고 애쓰면서 많은 부분에서 좇아갈 것이다.

    실제로 비셔에게는 그야말로 근본적인 세 장 곧 로마서 9, 10, 11장에 활기를 다시 불어넣는 대단한 장점이 있었다. 우리는 거기로 다시 돌아갈 것이다. 그러나 나는 비셔의 연구 작업이 오늘날 의도적으로

---

6) [역주] Karl Barth(1886-1968). 스위스 출신의 개신교 신학자. 자끄 엘륄이 큰 영향을 받은 인물 중 하나이다. 그는 19세기 자유주의 신학의 인간중심주의에 대해 하나님의 '전적인 타자성(他者性)' 을 강조함으로써 개신교 사상의 근본적인 변화를 주도했다.

혹은 비의도적으로 무시되고 있다는 점을 강조할 수밖에 없는데, 그 점에 대한 증거를 하나만 들겠다. 그를로Grelot 신부가 『성서 입문』 *Introduction à la Bible(1977)* 에서 로마서와 관련된 연구 작업에 대한 엄청난 참고 문헌을 제시하나, 거기서 그는 비셔의 글들을 언급하지 않는다. 그런데 나는 이 글들이 유일무이하다는 점을 되풀이해 말하는데, 그 이전에는 아무도 그 이후에는 거의 아무도 바울이 그만큼의 엄밀함과 명료함으로 제기하는 질문을 다시 다루지 않았다. 물론 나는 이 로마서에 대한 최근의 주석들을 사용했다. 하지만, 유대 민족에 대한 기독교적 견해를 명확히 하고 분명히 밝히려는 노력이야말로 나를 이 연구 작업으로 이끌어간 것인데, 그것은 이 시대와 같은 때에 또한 쇼아[7] 이후에 가장 긴급한 듯이 보인다.[8]

---

7) [역주] 히브리어로 '재난' 을 뜻하는 쇼아(Shoa 혹은 Shoah)는 나치에 의해 저질러진 유대인 대학살을 지칭하는 표현이다.

8) 뻬삭(Pessac)의 교회에서 이루어진 성서 연구에 대한 글을 작성하기 시작하면서, 나는 그러한 연구 작업이 시의적절하고 현재의 관심거리가 되는지를 스스로 묻곤 했다. 실제로 유대인에 대한 그리스도인의 견해는 훨씬 더 관용적인 듯이 보였고, 사소한 동향動向들에도 그들의 입장에 대한 적대감만이 있는 듯이 보였다. 그러면 '신학적인' 연구는 정말 필요한가? 나는 1989년 8월에 있었던 성 베드로 광장에서의 주례 '집단 알현' 에서 나온 교황 요한 바오로 2세의 선언으로 아연실색해졌다. 3회에 걸친 공개 교리교육은 유대 민족의 불충실함과 관련되었던 것이다! 이 교리교육의 일반적인 주제는 '하나님과의 언약' 에 관련된 것이다. 교황은 3회에 걸쳐 하나님과의 언약에 대한 유대 민족의 불충실함을 선포했다. 교황은 그 불충실함이 선지자들에 의해 이미 고발되었으며(편파적으로 선지자들의 글을 읽는다는 조건에서), 그 언약이 유대인에 의해 취소되었기 때문에 하나님이 그 언약을 예수 그리스도 안에서 **새롭고 영원한 언약**으로 대체했다고 선언했다. "옛 언약에서 하나님은 선민選民이 되게 하려고 이스라엘을 택했지만, 이스라엘은 성스러움과 삶의 방식으로 하나님에게 자신의 성별聖別됨을 드러내야 했다." 이스라엘은 그리스도인으로 대체되었다. "새로운 언약에 따라 그리스도인은 택함을 받은 족속의 구성원으로, 왕 같은 제사장으로, 거룩한 나라로 성별된다." 따라서 교황은 유대인에게 대항하는 가장 전통적이고 오래된 기독교적인 '신학' 을 모조리 다시 취한다. 그것은 새로운 언약에 의해 취소된 지나간 옛 언약이다! 물론 교황은 이 '교리교육' 의 아주 명확한 선언과 반대로 유대인은 "어떤 면에서" 우리의 손위 형이라고 말했다. 교황이 야세르 아라파트(Yasser Arafat)를 극진하게 맞아 주었다는 점과 교황이 아랍 지도자들 외에는 이스라엘의 적법성을 결코 인정하지 않은 유일한 국가수반이라는 점을 잊지 말아야 한다.

유대 민족과 관련된 로마서 9, 10, 11장의 중요성 [9]

그런데 바울의 이 세 장은 바로 유대 민족에 관한 기독교 신학이 무엇인지 엄밀히 설명하는 유일한 장들이다. 그리스도인이(가끔은 교회 당국이 가끔은 신학자들이) 유대 민족에 대해 확실하고 포괄적인 유일한 근거에 따르지 않은 채, 유대인에 대한 무수한 판단과 고발을 되풀이했음을 확인하는 것은 놀라운 일이다. 물론 복음서가 우리에게 단서들을 제공할 수 있지만, 그 단서들은 유대 민족 전체에 관계되는 것이 아니라 유대 민족 속의 개인이나 혹은 직종에 관계되는 것이다. 복음서에서 우리는 너무 율법주의적인 서기관들과 지나치게 순수성을 고집하는 바리새인들과 너무 '신학적인' 성직자들과 마주치지만 (그들의 큰 걸림돌은 예수에 의해 신학적 측면에서 유발된 것이다), 그 점은 이스라엘 민족에 대해서는 아무것도 언급하지 않는다. 그다음으로는, 사람들이 지나치게 포괄적으로 주장하는 것과 반대로, 복음서는 우리에게 선하고 이해심 있는 바리새인들과 예수의 메시지에 마음이 열려 있는 서기관들을 보여주는데, 니고데모, 회당장 야이로, 아리마대 요셉, 바리새인 시몬 및 수많은 다른 사람들이 그들이다! 예수는 바리새인 집에서 식사하기를 결코 거부한 적이 없었다. 예수가 "당신들에게 화가 있을 것이다…"라고 선언하는 것은, 수 세기 동안 그토록 많은 선지자가 선언했던 것보다 그 이상의 것은 전혀 아니다.

복음서는 우리에게 헤롯당 같은 정당의 존재와 열심당 같은 로마에 대항하는 저항 운동의 존재를 보여주는데, 예수는 거기에 참여하지도 않지만, 그것들을 배격하지도 않는다. 예수의 제자 중에 두 명의 열심당원도 있지만, 한 명의 '공화당원' 곧 로마의 협력자도 있다. 유대인

---

9) [역주] 이 책의 목차에 없는 소제목들은 독자들의 편의를 위해 역자가 붙인 것임을 밝혀 둔다.

에 대한 포괄적인 어떠한 판단도 존재하지 않는다. 예수는 자신의 혈통을 절대 부인하지 않는다. 예수를 죽여 달라고 요구하는 군중이 있다면, 예수가 예루살렘으로 들어갈 때 메시아로서 열렬히 환영했던 군중도 있다. 따라서 기독교적 관점에서 유대 민족이 어디에 있을 수 있는지 또한 유대 민족의 지속이 무엇을 의미하는지를 생각하는 데 도움이 되는 아무것도 그 모든 것으로부터 끌어낼 수 없다.

그런데 우리는 로마서의 그 세 장에서 이 질문에 대한 정확한 답을 가지고 있다. 그 답은 거기에 있는 것이지, 신약 성서 어느 부분에도 없다. 그렇지만, 그 세 장은 거의 이천 년간 완전히 옆으로 밀려나 있었고, 그렇지 않으면 그 의미가 왜곡되었다. 그러나 어쨌든 그 세 장은 유대인에 대한 '기독교적' 견해와 '기독교적' 신학 전체에 있어서 아무런 쓸모가 없었다. 바울의 그러한 신학이 사라진 것은 교회 안에 아주 일찍 나타난 반反유대주의의 탓으로 돌려진 듯이 보인다. 그 점을 확인하는 것은 가슴 아픈 일이지만, 상황은 그러하다! 나는 기독교적 반유대주의의 기원에 대해 장황하게 이야기를 늘어놓지 않겠지만, 어쨌든 몇몇 기본적인 요점들을 떠올려야 한다. 왜냐하면, 신약 성서에서 한 무더기의 글이 그와 같이 근본적으로 옆으로 밀려나 있고 그 뜻이 왜곡된 것은 드물고 놀라운 일이기 때문이다.

유대인에 대한 그리스도인의 적대감과 비난

애초부터 유대인과 그리스도인 사이에 대립이 있었다는 점이 강조될 수 있다고 나는 생각한다. 1세기 유대인은 로마 제국 전역에 퍼졌고, 흔히 수준 높은 직업을 가지고 있었다. 그리스도인이 가난한 계층이나 노예 가운데서 충원되었던 한편, 많은 유대인은 부유했다. 부자와 세도가에 대한 어떤 반발이 있을 수도 있으나, 모든 유대인이 그러했다는 것은 물론 아니다! 특히 '팔레스타인' [10]에 여전히 살고 있었던 유대인은 그렇지 않았다. 사도행전에서 부유한 유대인이 그리스도인이 되는 것이 목격되더라도, 그리스도인은 자신들이 간혹 무시당하는 기분이 들었을 것이다.

게다가 어떤 도시에서는 유대인이 그리스도인에게 적대적이었던 것이 분명하다. 권력 당국과 분쟁을 피하려고 애썼거나 혹은 종파가 영향력을 증대시키는 것을 방해하려고 했던 유대인에 의한 그리스도인에 대한 고발도 심지어 있었다. 실제로 로마 권력 당국의 눈에는 그리스도인은 유대의 한 종파일 따름이었다. 그러나 주후 70년부터 즉 유대인에 대한 로마의 적대감이 폭발하고 그리스도인이 거기에 포함되어 있을 때, 그리스도인은 곤경을 벗어나려고 애쓰면서 자신이 비非유대인일 뿐만 아니라 유대인에 대해 적대적이라고 공개적으로 공공연하게 선언한다. 이 시대 이전 신약 성서의 기록에는 그런 반反유대주의 흔적이 담겨 있다. 그것은 로마 제국 전체에서 유대인에게 적대적인 로마인의 압제에서 벗어나는 것과 관계된 것이었다.

고전처럼 되어버린 유대인에 대한 적대적인 비난이 나타나는 것은 훨씬 나중이다. 유대인은 예수 그리스도를 믿지 않았기 때문에 하나님에 의해 버림받은 민족, 따라서 '잃어버린' 민족이라는 것이다. 이교도는 여전히 믿지는 않으나, 그들은 '무죄' 하다. 하지만, 유대인은 예수가 하나님의 아들임을 받아들이지 않았기 때문에 죄가 있다. 그런데 은총으로만 구원받을 수 있기 때문에, 유대 민족은 지옥의 형벌에 처한다는 것이다. 그러한 단죄와 거부는 뒤이어지는 온갖 비난처럼 성서 본문을 적절하게 읽은 데서 나온 결과가 아니라, '신학적' 추

---

10) 팔레스타인이란 단어가 로마인들에 의해 이 지역에 부여되었다는 점을 떠올리는 것은 아마 흥미롭다.

리와 추론으로부터 나온 결과이다. 로마 제국이 기독교화되는 시점에서, 적대감과 비난이라는 아주 단호한 태도를 보이면서 그 태도가 확고해지는 것은 4-5세기이다. 교회의 교부들에서 '유대인에게 적대적인 저작들' Tractatus adversus Judaeos이 넘쳐난다. 그것은 힘의 문제이다. 즉 유대 민족은 그 역할이 아무리 미미하더라도 '선민' 의 역할을 열망할 수는 없었다. 같은 것을 의미하는 구약 성서와 옛 언약에 대해 사람들이 언급할 때, 그것은 '으뜸가는' 이나 혹은 '존중할만한' 이라는 의미에서가 아니라, '종결된' 이나 '끝난' 이나 '지나간' 이라는 의미에서이다.

하나님의 절대적인 일이 되었던 것 곧 하나님의 아들에 대한 단순한 예고와 예언이라는 부차적인 역할로 밀려나 있는 구약 성서를 완성하고 능가하는 것이 신약 성서라는 것이다. 히브리어라는 언어를 포함하여 나머지 모든 것이 의심스러워진다. 그다음으로 '추론' 이 계속 이어지면서, 예수는 하나님이므로 유대 민족은 신을 죽인 자로 규정된다. 즉 유대 민족은 예수의 죽음에 유일하게 책임이 있는 것으로 비난받는다. 그와 같이 예수의 희생 의미에 대해 엄청난 오류를 범하는데, 그것이 진정한 이단이다! 그래서 그 꼬리표는 반유대주의의 온갖 공포를 정당화하는데 소용된다. 그와 비슷한 온갖 것이 끊임없이 이어지는데, 일례로 유랑하는 유대인 같은 것이다. 이 세상 끝날까지 유대 민족은 형제를 죽인 가인과 같아진다.

로마서 9, 10, 11장에 대한 신학자들의 견해

기독교적인 신심들이 그렇게 파국적으로 진행된다면, 로마서의 그 세 장은 결코 고려되지 않을 것이다. 흔히 그 세 장은 단지 사라지고, 가끔은 심지어 그 의미가 완전히 왜곡된다. 그것은 기독교 국가 시절

내내 지속한다. 깔벵Calvin만큼이나 성서를 정확히 읽으려고 고심하는 사람도 깜짝 놀랄 주석으로 심지어 기만할 것이다. 깔벵은 그 세 장을 네 가지 주제로 자신이 펼치는 유대인에게 대적하는 논증으로 삼으면서, 그 세 장을 분석한다.

우선, 바울은 유대인에게 대적하는 논쟁 곧 예수가 바로 이스라엘의 메시아이며 유대인의 거부가 근거 없음을 입증하려는 논쟁을 계속하려고 글을 쓴다는 것이다. 그다음으로, 바울은 유대인들의 무無신앙이 '기괴한 것'이라고 주장한다는 것이다. 그것이 '진정으로' (바울이 이 단어를 쓰지는 않지만, 방향은 그러하다.) '성령을 거스르는 죄'라는 것이다. 물론, 대단히 합리적인 겉모습으로 깔벵은 '이중 예정설'이란 교리를 입증하려고 이 모든 본문을 이용한다. 아마도 거기서 그런 신학을 목격할 수도 있다. 우리는 그 점에 대해 상세히 숙고해야 할 것이다. 그러나 바울은 유대인이 '실망하지' 않게 하기 위해서지만, 그와 반대로 유대인이 개종할 마음을 갖게 하려고, '악의없이' 유대인에게 대적하는 자신의 논쟁 전체를 개진한다고 언급한다. 깔벵의 주석에는 아무것도 바울이 제기한 질문처럼 보이는 바에 맞지 않는다. 그 질문이란 '유대 민족은 이제 어떻게 되는가?' 이고, '유대인은 결정적인 방식으로 정말 버려지는가?' 이며, '유대인은 기독교 국가라고 여전히 불릴 수 있는 16세기 사회에서 교회에 대비되어 어떤 자리를 차지하는가?' 이다.

로마서의 그 세 장을 다른 식으로 읽었던 초기 사람 중 하나가 바르트이지만, 같은 때에 로젠츠바이크F. Rosenzweig의 놀라운 책, 『구속救贖의 별』 *L'Etoile de la Rédemption* 역시 바울의 그 문제를 다시 다루고 있었다. 그렇지만, 그의 로마서 주석 가운데 이 세 장에서 바르트의 관심을 가장 끈 것은 여전히 교회이다. 나는 바르트의 복잡한 사상을 분석하지 않을 것이며, 이 서신書信서에 대한 주석에서 그가 이 장들에 부여하는 제목을 단지 인용해본다.

예를 들어 9장의 제목은 "교회의 곤경"이다. 그 장은 세 가지 중요한 요점을 포함한다. 그것은 유대인과 그리스도인 사이의 연대성이고, 그다음으로 야곱의 하나님이며, 마지막으로 에서의 하나님이다. 여기서 유대 민족은 지옥의 형벌에 처하지 않는다. 바르트는 유대 민족이 하나님의 구원 계획의 일부분임을 보여 주고, 또한 유대 민족이 루터가 하나님의 '왼손'의 일이라고 불렀던 것에 속함을 보여준다. 10장은 "교회의 죄과罪過"라는 제목이 붙어 있는데, '인식의 위기'와 '어둠 속에서 빛'이라는 두 주제가 포함되어 있다. 바르트에게 있어 매우 특징적인 것은 그가 유대 민족보다 교회에 훨씬 더 관심을 둔다는 점이고, 유대 민족을 직접 대상으로 하는 본문들을 교회에다 적용시킨다는 점이다. 물론 그것은 당연하다. 왜냐하면, 바르트는 교회가 어둠 속에 있고 교회 역시 단죄와 내버림을 겪을 위험이 있음을 나타내려고, 바울이 유대 민족에게 비판으로서 제기하는 모든 것을 교회에 돌리기 때문이다. 다행히도 11장은 소망의 장이다. 그러나 여기서 여전히 관계되는 것은 '교회의 소망'인데, 거기서 우리는 하나님의 단일성과 자유와 신실함을 주요한 주제로서 발견한다. 그렇다면, 유대 민족에 대한 일시적인 내버림에 연결된 비非유대인들에게 전해진 말은 도대체 무엇인가?

아마도 바르트는 이 내버림이 일시적이라는 것을 주장했던 첫 번째 사람이다. 하지만, 그러한 신학자가 끊임없이 유대 민족을 옹호하고 다음 같은 주장을 펴게 할 만큼, 유대 민족에 대한 견해가 얼마나 확고하고 고착되어 있는지 알려졌다. 즉 그의 주장은 히틀러주의의 사악한 성격의 증거가 바로 유대인에 대한 증오와 박해라는 것이고, 히틀러주의와 소비에트 공산주의의 엄청난 차이는 스탈린주의가 반유대적이지 않았다는 점에 있다는 것이다(양차 세계대전 사이의 기간에 유대인에게 적대적인 스탈린 권력의 태도가 여전히 간과되었음은 분명하다!). 또한, 유대인에게 그토록 호의적인 바르트와 같은 사람도 로마서의 그 세 장이 유대 민족에 대한 진정한 신학적 논거라고 생각하지 않았을 정도로, 그 견해가 얼마나 고착되어 있는지 알려져 있다.[11]

나는 비셔와 함께 갑작스러운 변동이 생겨난다고 언급했다. 이 세 장에 대한 『성서 연구』 *Etude biblique*라는 그의 소책자는 1940년 독일에서 출판되었고, 1948년 「신앙과 삶」지에서 프랑스어로 나왔다. 비셔

---

11) 미셸 르모(Michel Remaud)가 (『하나님의 종 이스라엘 앞에서 그리스도인들 *Chrétiens devant Israël, Serviteur de Dieu*』Le Cerf, 1983) 우리가 그렇게 믿듯이 "성서가 예수 그리스도 안에서 성취되는 것이 사실이라면, 자기 민족의 운명이 구체화되듯이 예수가 자신 속에 실현되는 것을 그와 동시에 받아들이지 말아야 하는가?' 라고 한편으로 강조할 때 그것은 아주 당연하다. 그러나 다른 한편으로 그 점은 이천 년간 완전히 가려져 있었다. "고난받는 종" 에 관한 유대적인 성서해석학과 기독교적인 성서해석학은 서로 배타적이다. 그것은 그리스도 이후 유대인들의 상황에서도 마찬가지이다. 그러나 이 분야에서 교회의 교부들에게 특별한 권위를 부여하지 말아야 함을 인정해야 한다. 여기서 '오직 성서' (scriptura sola)로 돌아가려고 19세기 동안의 역사를 성큼 넘어갈 수 있는지 아는 것에 대해서 르모는 주저한다. 나로서는 주저하지 않고 그렇다고 대답한다! 어떻게 교부들이 유대 민족에 대한 그런 요점을 잘못 생각했을 수 있는지 아마도 자문해야 한다. 쇼아(Shoah)는 많은 그리스도인의 눈을 열었고 유대 민족에 대한 시선을 새롭게 했다. 나는 바르트에 대한 인용을 (로프스키(F. Lovsky), 『반유대주의와 이스라엘의 신비 *Antisémitisme et Mystère d'Israël*』, 1944년 7월 23일의 학회에서) 덧붙일 것이다. "유대 민족에 대한 엉뚱하고 도를 지나친 박해는 … 우리에게 있어서 타인들을 위해 벌을 받고 희생당한 것으로 이사야서에 나타나는 '여호와의 종' 의 이미지이다. 그것은 총살당하고, 산 채로 묻히며, 숨이 막히는 짐승 우리 같은 열차 칸 속에 몰아넣어 지거나 혹은 가스로 질식당하는 독일과 프랑스와 폴란드와 헝가리의 그 모든 유대인들 뒤에 거울 속에서 흐릿하게 보이는 우리의 거룩한 예수 그리스도 자신이 아닐까? 이 사실들은 하나님의 계시와 서신과 말 한마디와 증거가 아닐까? 기독교 공동체가 그것이 무엇과 관계된 것인지 또한 누구와 관계된 것인지 모른다는 것이 가능할까? 그리스도인이 '주여, 당신은 세상의 죄를 짊어졌으니 우리를 불쌍히 여기십시오! 박해받고 죽음을 당하는 한 유대인의 그림자 속에 당신은 있습니다. 사람들이 또다시 내버린 것은 당신입니다. 이 사건들이 여전히 우리에게 보여주는 것은 당신의 고독한 죽음입니다. 이천 년 전 하나님이 우리를 위해 그의 아들을 주었던 것과 마찬가지로, 육신을 같이하는 형제와 자매들의 비극적인 운명에 의해 매를 맞는 것은 아직도 그리스도 자신입니다.' 라고 외치려고 무릎을 꿇지 않는 것이 가능할까?' 사람들이 원하든 원하지 않든지 간에, 그것은 기독교적인 신학의 가장 큰 전환 중 하나와 관계된 것이고, 그것은 바르트와 함께 사실상 시작되는 것이다!

는 바울이 로마서를 쓸 때 동방에서의 일을 분명히 마쳤다는 점과, 바울이 서방으로 복음을 전할 준비를 한다는 점과, 바울이 지적으로 구성된 것일 뿐 아니라 영적인 메시지이자 설교이자 권면인 자신의 신학에 대한 일종의 '대전大全'과 '종합'으로서 편지를 로마로 보낸다는 점을 상기시킨다. 바울은 로마에도 많은 유대인이 있으나 특히 이방인 가운데서 하려고 마음먹은 일을 준비하고자, 자신의 도착을 미리 알리는 것으로서 이 편지를 보낸다는 것이다. 나는 이 서신서를 보낸 날짜와 상황에 대한 역사적인 논쟁에 관여하지 않을 것이다. 나는 현재 통용되는 견해에 만족할 것이다. 게다가 역사 비평적인 이 문제들에 대한 자세한 설명이 있더라도, 내가 이 서신서에 대해 언급해야 하는 바에는 거의 변화가 없을 것이다. 그것이 무엇이든 간에 이 세 장의 의미를 이해하려면, 그 서신서의 전개 속에 이 세 장을 다시 위치시켜야 한다. 그 점은 잘 알려진 것이긴 하지만, 그 점을 떠올리는 것이 무의미하지는 않다!

로마서에 대한 전체적인 조망

하나님의 권능은 그 자체로서 권능도 그 자체에 만족하는 권능도 아니라, 이제 인간의 구원을 향해 방향이 설정된 권능이다. 1장과 2장에서 바울은 하나님이 유대인이나 그리스인이나 구별 없이 신앙을 갖는 모든 인간을 구원할 수 있다는 것이 복음 곧 하나님에 의해 선포된 좋은 소식임을 입증한다. 하지만, 그것은 인간이 구원의 권능 속에서 신앙을 갖는다는 조건에서 이다. 다시 말해 아무도 스스로 "자신의 구원을 이룬다"고 주장할 수 없다. 어떠한 행위도 구원을 이루지 않는다. 인간에게는 자기 자신의 수단에 의해 자신을 의롭다고 인정할 어떠한 힘도 없다. 이교도에게 있어 선행도, 유대인에게 있어 율법에 대한 정확하고 엄밀한 순종도, 그런 힘이 아니다.

　그다음으로, 위대한 메시지와 엄청난 '반전'이 등장한다. 즉 하나님이 예수 그리스도를 믿는 모든 인간에게 아무 대가 없이 구원을 준다는 것으로서, 그것은 은총에 의한 구원이다. 그것은 공로의 문제도 아니고, 예수 그리스도 안에서 용서받는 불순종이나 혹은 죄의 문제도 아니다. 아무도 대가 없는 구원을 없앨 수 없으며, 아무도 구원의 은총을 받았던 인간에게서 구원을 빼앗을 수 없다(3장부터 7장). 그래서 율법에는 이전과 같은 역할이 더는 없다. 즉 율법은 영적인 율법이 되었고, "내가 나의 율법을 너희 마음속에 둘 것이다" 같은 선지자들의 약속에 일치한다. 그러므로 "예수 그리스도 안에 있는 자들에게는" 모세의 율법으로부터 두려워할 어떠한 단죄도 없고, 우리는 예수 그리스도 안에 명백히 나타난 하나님의 사랑으로부터 아무것도 우리를 분리시킬 수 없다는 확신을 한다(8장).

　그다음에, 유대인에 관한 9장부터 11장이 나온다. 그리고 마침내 마지막 부분인 12장부터 15장이 나오는데, 거기서 바울은 은총에 의한 구원으로부터 교회의 윤리와 비전vision을 끌어낸다. 즉 모든 것이 은총이지만, 그것을 통해 실천 속에서 생겨날 수 있는 결과가 무엇인지 알아야 할 필요가 여전히 있다는 것이다. 예를 들어 바울은 거기로부터 교회가 어떻게 조직되어야 하는지 보여준다. 또한, 바울은 성령의 선물, 교회에 필요한 기능, 세속 권력의 역할, 형제들 사이에 관용이 무엇인지 보여준다. 그리고 바울은 관계들 속에서 은총에 의한 구원의 표현이, 교회의 삶에서 질서를 바로잡을 사랑에 의해 어떻게 나타나야 하는지 보여준다.

로마서 전체에서 9, 10, 11장의 의미

이 간단한 전체적인 조망을 통해, 이 서신서에는 모든 것이 완벽하게 연결되어 있으나 유대인에 관한 이 세 장은 절대로 필요한 것 같지 않다는 점이 드러난다! 실제로, "율법이 영적이 되었다"는 8장으로부터 "이 영성의 윤리적 결과는 무엇인가?"라는 12장으로 완벽하게 넘어갈 수 있다. 9장부터 11장을 없애더라도 본질인 것은 아무것도 빠진 것이 없다. 일종의 괄호로서 그 장들을 해석하는 상당수의 주석이 거기서 나온다. "하지만, 왜 그러한가?" 그러면 그것이 유대 혈통의 형제들에 대한 자그마한 '경의의 표시'라고 할까? 다른 주석학자들, 일례로 쿨만O. Cullmann은 더 나아가 그 부분이 아마도 나중에 덧붙여졌던 '떠도는 덩어리'라고 간주한다.

그런데 나는 그 견해에 심각한 잘못이 있다고 생각한다. 우선 그 점은 8장에 대한 어떤 오해에 근거한다. 실제로 이 장에서 제기된 문제는 근본적이다. 구원이 신앙을 통해 은총으로 주어진다면, 모세에게 계시되고 예언서에 의해 확인된 율법은 어떻게 되는가? 그 율법은 단지 취소되는가? 그러나 그 율법은 하나님의 계시였다. 하나님은 이스라엘에만 또한 그 계명들 속에서만 계시되었다. 어떻게 그 점을 무가치하게 무효로 취급할 수 있을까? 그래서 바울은 유대 율법에 대한 이 문제를 연구하고, 그 율법이 마찬가지의 것인 영적인 율법이 되어 존속함을 보여준다. 그리하여 논리적으로, '은총의 구조 속에서 율법은 어떻게 되는가?'라는 질문에는, '선택이 아브라함의 후손이라는 점에 따라 이루어지는 것이 아니라 은총으로 이루어질 때 선민은 어떻게 되는가?'라는 질문이 불가피하게 이어진다. 이 장들은 그 서신서의 나머지 부분과 조밀하게 연결된다. 이 장들에 이어지는 부분, 곧 12장부터는 사랑에 집중되어 있으며, 바울의 생각에는 그 사랑이 먼저 유대인에게 그다음으로 권력자와 '형제들' 에게 전해져야 함이 분명하다!

이 장들은 괄호에 해당하는 것이 전혀 아니라, 바울 신학의 비판적 관점에서 근본적인 질문을 모아 놓은 것이라고 나는 비셔와 마이요와 더불어 말할 것이다. 그중에는 주된 질문도 있다고 나는 생각하는데, 복음의 메시지라는 진리 자체에 대한 질문이 있다. 바울은 "복음이 신앙을 갖는 모든 사람의 구원을 위한 하나님의 능력이다"라고 선포한다. 그렇기는 하지만, 유대 · 그리스도인이 아니라 거부했던 자들인 유대인은 '신앙을 갖지' 않는다. 결국, 유대인은 복음으로 구원받지 못한다는 것이다! 그러나 유대인이 구원받지 못한다면, 하나님이 복음으로 모든 사람을 구원한다고 어떻게 언급할 수 있는가? 또한, 유대인이 신앙을 갖지 않는다는 사실을 주장하면 그것은 신학적인 엄청난 문제를 제기하는데, 그 문제는 다른 상황에서 교회 안에 끔찍한 갈등을 불러 일으켰다.

실제로, 유대 민족에 의한 그러한 신앙의 거부를 통해 유대 민족에 대한 내버림이 생긴다면, 그 점은 모든 것이 인간의 결정에 달렸음을 의미한다. 결국, 하나님의 의지인 은총을 베푸는 의지는 작용하지 않게 된다. 간단히 말해 하나님은 제공하고, 인간은 스스로 받아들이거나 혹은 거부하거나를 결정한다는 것이다. 달리 말하면 그것은 평범한 격언에 반대되는 것으로서, 여기서 그것은 "일을 꾸미는 것은 하나님이지만 일이 이루어지는 것은 인간의 뜻이다!"[12]가 된다. 게다가 인간에 의해 이루어진 그 선택은 도덕적인 힘이나 혹은 종교적인 힘에 일치하고, 그 인간은 하나님 앞에서 자유 의지를 부여받은 채로 있다.

---

12) [역주] 본래 격언은 "일을 꾸미는 것은 인간이지만 일이 이루어지는 것은 하나님의 뜻이다"(L' homme propose et Dieu dispose)인데, 주어를 서로 바꾸어 "일을 꾸미는 것은 하나님이지만 일이 이루어지는 것은 인간의 뜻이다"(Dieu propose et l' homme dispose)로 한 것이다.

그런데 인간이 그러한 자유 의지가 있다는 것을 어디서 우리는 성서
적으로 또한 일상적인 관찰을 통해 보는가? 그 점은 하나님과 아담이
결별한 이후에도 또한, 선과 악을 결정하는 의지가 생긴 이후에도, 그
구원을 선택하는 것이 인간일 수 있기 때문에 인간이 하나님을 따라
선을 행하는 능력을 여전히 갖추고 있음을 의미할 수도 있다.

그러나 그 점 역시 하나님의 해방자적인 전능함에 역행한다. 우리는
아브라함과 이삭과 예수의 하나님이 무엇보다 자유를 주고 모든 속박
으로부터 해방해 주는 하나님임을 안다. 그것은 성서 본문에서 자주
언급되듯이 "강한 손으로 또한 벌린 팔로"인데, 즉 필적할 수 없는 힘
을 가지고서이다. 그 힘을 없애고 하나님의 해방 의지를 아무것도 아
닌 것으로 만들려면, 인간에 의해 표명된 "아니오"로 충분하다는 것을
어떻게 믿을 수 있을까! 나는 그 반대되는 논증도 잘 안다. 즉 하나님
은 인간의 의지에 반反하여 인간에 대한 "구원을 이룰 것인가?"라는
것이다. 몇 번이나 이스라엘의 역사 속에서 우리는 하나님은 말하고
인간은 거부하는 상황을 보지 않는가. 그러나 아무것도 거기서 멈추
지 않고, 그와 반대로 모든 것은 시작한다! 인간은 자신도 모르게 구원
되지는 않는다. 인간은 기계처럼 강제에 못 이겨 하나님의 의지에 따
르지 않는다. 역사 곧 '인간과 함께하는 하나님' 의 역사가 시작된다.
하나님은 인간이 결국 "예"라고 말하게끔 하려고 많은 수단을 쓴다.
그것은 강요에 의해서가 아니라 완만한 설득에 의해서이다!

그와 같이 하나님의 의지가 인간 안에서 인간에 의해 이루어지는 것
은 인간에 달려 있지 않다. 그러나 하나님은 강요하지 않는다! 그것이
바로 바르트가 하나님의 자유 안에서 인간의 자유라고 부른 것이다!
이 장들에서 그 질문은 다른 측면을 제시한다. 하나님이 자신의 약속
을 히브리인에게 연결했던 것인 만큼 유대인의 거부는 더 막중할 수

도 있다. 하나님이 선택했던 것은 그 민족이다. 그래서 그 모든 것이 취소된다면, 인간이 자신의 거부에 의해 하나님의 약속을 없앨 수 있다고 말할 수 있을까? 인간이 그렇게 원하고 생각하거나 혹은 행하더라도 하나님의 약속이 인간에 의해 절대로 없어지지 않음을 실제로 우리는 알고 있으며, 우리는 그렇다는 것을 흔히 다시 발견하게 된다!

그러나 약속의 상속자가 되는 것이 아브라함의 모든 자손이 아님을 예수가 상기시킬 때, 예수가 토라[13]와 상반되는 것은 아니다. 처음부터 곧 아브라함 이후 우리는 모두가 축복의 전달자는 아님을 잘 안다. 즉 이스라엘의 맞은편에는 이스마엘이 있고, 야곱의 맞은편에는 에서가 있다. 마찬가지로 아들이고 후손이긴 하나, 그들은 약속과 언약의 전달자는 아니다. 하나님에 의해 선정된 자들만 전달자들이다. 또한, 그 택함élection은 은총으로 여전히 이루어지고, 그 택함을 통해 하나님의 전능함이란 주권적 자유가 뚜렷이 나타난다.

하나님의 은총의 특성

우리는 '남은 자' 라는 다루기 어려운 개념을 살펴보아야 할 것이다. 이스라엘이 순종하지 않을 때, 예를 들어 베냐민과 유다와 같이 신실하게 약속과 은총을 전달하는 '남은 자' 와 언약이란 무거운 짐 전체를 떠맡고 그것을 전달하는 '남은 자' 가 늘 존재한다. 자신들의 행위에 의해 또한 하나님의 계명을 겉으로 성실히 지키는 것에 의해 선을 행하려는 다른 사람들 곧 '유대인' 은, 자신들이 아브라함의 진정한 후손이며 따라서 언약의 진정한 소유자라고 자부한다. 그러나 실제로 잘

---

13) 토라(Torah)는 종종 구약성서의 처음 5권인 창세기, 출애굽기, 레위기, 민수기, 신명기를 가리키는데, 율법 혹은 모세 오경이라고 한다. 하지만, 이 책에서 "바리새인이 토라를 율법으로 변형시켰다" 라는 내용이 나오기 때문에, '토라' 와 '율법' 은 구분해서 표현하기로 한다.

못 전체가 '자기 스스로'에 기인한다. 그들은 의식하지 못한 채 은총의 소유자라 자부하고, "나는 신앙이 있다"고 말할 정도로 터무니없이 대담한 그리스도인 처럼 은총을 가지고 있다고 자부한다.

그 유일한 사실은 그들이 하나님의 '방침'politique을 이해하지 못하고 하나님의 의도를 이해하지 못했음을 입증한다. 그들에게 있어 언약은 얻어진 것이고, 그러므로 언약에 상응하는 행위의 삶을 사는 일이 그들에게 필요하다. 그러나 토라와 예언서에서 언약은 결코 얻어지지 않으며, 언약은 은총이라는 놀라운 기적에 의해 언제나 다시 받을 수 있다. 엄밀히 말해 그들을 두 아들의 비유에 나오는 큰아들에 비유할 수 있다. 작은아들이 돌아와서 엎드려 용서를 구한다. 용서를 받은 것은 작은 아들이지만, 불만스러워하는 형은 밖에 머물러 있다. 그는 밖에 머물러 있지만, 아버지는 "너는 늘 나와 함께 있다"라고 그에게 말한다. 그것이 중요하다. 왜냐하면, 하나님의 약속은 이스라엘 전체에 분명히 이루어진 것이기 때문이다. 택함으로써 그 약속은 제약적이지 않다. 우리는 그 '이스라엘 전체'를 다시 발견해야 할 것이다.

그래서 예수 그리스도 안에 이루어진 은총을 유대인이 거부한다고 해서, '선민'으로서 그들에 대한 택함이 취소되지는 않는다. 하지만, 그들이 은총을 거부하기 때문에, 그 은총은 다른 사람들에게 맡길 수밖에 없다. 그때부터 이교도가 은총을 받게 될 것이다. 따라서 유대인은 그 택함을 늘 경험하지만, 예수 그리스도 안에서의 은총을 받아 선포하는 것은 유대인이 아닌 다른 사람들이다. 그런 관점에서 그 민족에 대한 내버림이 있다고 할 수 있다. 그렇지만, 그것으로 말미암아 저주받은 민족이 되는 것은 전혀 아니다!

은총이 전적으로 중대하고 엄중하다는 것은 유대인에 대한 현재의 '내버림'을 통해 입증되는데, 은총은 삶의 문제를 쉽게 해결하는 것도 구원을 아주 쉽게 보장하는 것도 전혀 아니다! 그와 반대로, 은총은 은총이기 때문에 더더구나 까다롭다! 하나님의 은총으로 더 좋은 것이 이스라엘의 그러한 거부에서 나왔다. 즉 이교도 민족도 선택될 기회가 열린 것이다. 게다가 그것은 시편과 예언서에서 예고된 열림이다! 시편 87장 4~5절에 나오듯이, "에티오피아와 함께 블레셋 인의 나라와 두로가 생겨난 것은 시온에서다. 시온을 두고 말하기를 모두가 시온에서 생겨났고 시온을 든든하게 세우는 것은 지극히 높은 자라고 한다"는 것이다.

우리는 변증법이라고 불릴 수 있는 움직임으로 들어간다. 그 움직임은 형식 논리에서는 이해될 수 없지만, 자기 민족과 함께 하는 하나님의 역사 전체와 바울의 가르침에 일치한다. 즉 신앙은 인간의 행위가 아니라는 것이다. 아무도 '신앙을 가지기로' 결단할 수 없고, 아무도 자신의 의지에 의해 신앙 속에 있을 수 없다. "우리는 신앙에 의해 은총으로 구원받는다"는 에베소서 2장 5절에서 보듯이, 신앙은 하나님의 대가 없는 선물이다. 거꾸로 말해, 아무도 자기 자신의 행위에 의해 자신을 구원할 수 없다. 따라서 누구라도 은총을 거부한다면, 즉 누구라도 자신을 위해 하나님이 결정한 수단을 취하지 않거나 택하지 않는다면, 누구도 구원받을 수 없다.

그러나 누구도 자신에게 주어진 은총을 없앨 수 없다. 사람들이 하나님에게 순종하지 않기로 하지만, 그것은 한때에 국한될 따름이다. 하나님은 신실한 동시에 인내심이 강하다. 그 은총이 당신에게 달려 있는 것이 아니므로, 그렇게 거부한다고 해서 당신에게 이루어진 은총은 전혀 없어지지 않는다. 은총은 하나님의 자유로운 의지에만 오로지 기초해 있다. 그와 같이 이스라엘은 자신에게 이루어진 은총을 어쩔 수 없이 결국 받아들인다. 그 은총은 예수의 민족이 되는 은총,

즉 신을 죽이는 민족이 결코 아니라 예수 안에서 하나님을 전하는 민족이었던 민족이 되는 은총이다.

하나님의 언약과 택함과 은총의 의미

본질적인 문제가 하나 남아 있다. 언약과 택함과 은총이라는 단어들은 이 시대의 온갖 신학에서 어떤 왜곡을 겪었던 것처럼 보인다.[14] 내가 주장하려는 바가 터무니없고 받아들일 수 없는 듯이 보이는 것을 나는 안다. 그렇지만, 그것이 나에게는 하나님과 함께하는 유대 민족의 역사 전체에서 나오는 것처럼 보인다. 우리는 이 단어들을 우리 개인의 구원에 적용하면서 그것들을 전통적으로 해석했다. "나에게 유일하게 중요한 것은 내가 구원받는 것이다." 이미 여기서 우리는 "너의 이웃을 너 자신처럼 사랑하라"는 계명을 잊고 있다. 따라서 나의 구원은 나의 유일한 목표가 될 수 없다. 즉 나는 이웃의 구원이라는 총체 속에서 또한 진정으로 모든 사람의 구원이라는 총체 속에서 나의 구원을 생각할 수밖에 없다. 게다가, 우리는 '구원'이라는 단어를 다음과 같은 의미에서 해석했다. 그 의미는 영원한 지옥의 형벌을 피하는 것, 하나님의 낙원에 들어가는 것, 하나님에 의해 지옥의 고통이나 혹은 죽음의 벌을 받지 않는 것이다.

'은총'이라는 단어도 무보상성無補償性이란 아주 근본적인 의미 너머에 있는 의미를 담고 있기 때문에, 물론 내가 그런 개념을 비우지 않는다면 내가 나열했던 모든 단어들을 사람들이 혼동하는 잘못을 저지를 수 있다. 달리 말해, 내가 보기에 택함élection이란 구원을 베풀기 위한 하나님의 임의적인 선택choix도 아니고, 은총으로 우리의 죄를 용서

---

14) 이 왜곡들에 대한 바하니앙(G. Vahanian)의 아주 멋진 비판, 『익명의 하나님 혹은 단어들에 대한 공포 *Dieu anonyme ou la peur des mots*』, 데끌레 드 브루웨(Desclée de Brouwer), 1989년.

하기 위한 하나님의 임의적인 선택도 아니다. 실제로 두 '방향'이 있다. 한편으로 그것은 하나님이 우리에게 베푸는 용서로서, 그것에 의해 우리는 하나님의 진노를 피한다. 그것은 예수 그리스도 안에서 하나님과 화해된 인류의 방향 전체이다. 다른 한편으로 택함에는 다른 의미가 있다. 즉 하나님은 한 사람과 한 집단과 한 민족을 택하는데, 그것은 그들을 구원하기 위해서가 아니라, 그들이 지상에서 어떤 구실을 하고 어떤 일을 완수하며 하나님을 위해 일하게 하기 위해서이다. 주의 택함을 받은 자들은 구원을 받아 찬송을 부르는 자들이 아니라, 지상에서 하나님의 일을 하고자 거기에서 주를 나타내도록 하나님이 책임을 맡긴 자들이다. '선민'의 의미는 그러하다. 즉 '구원받은 민족'이 아니라 사명을 맡은 민족이다.

'의롭다고 인정받음'justification은 구원과 하나님의 일을 위해 사람들이 의롭게 된다는 두 가지 의미를 내포하는데, 하나님에게 있어 성화聖化 sanctification가 그것에 일치한다. '거룩하다는 것'은 '천복天福을 누리는 것'을 의미하지 않는다. '거룩하다는 것'은 인간 가운데서 그 일을 위해 지상에 따로 놓인 것을 의미한다. 언약에는 그 두 의미가 포함되지만 '…을 하기 위한 언약'에 폭넓은 우위가 주어지는데, 곧 인간 가운데 하나님의 현존을 보장하기 위한 언약이고, 그리스도인을 위해 예수 그리스도 안에서 하나님에 의해 성취된 일을 증언하기 위한 언약이다. 우리가 하나님과의 언약이라는 혜택을 누린다면, 그것은 오늘날의 의미에서 우리 개인의 만족과 우리의 행복을 위함이 결코 아니라, 하나님이 선지자나 사도 같은 한 인간이나 혹은 이스라엘이나 교회 같은 인간 집단에 맡기는 그 일을 위해서이다. 한 인간이나 혹은 인간 집단이 그 역할을 완수하지 못할 때, 하나님은 그 인간이나 혹은 인간 집단을 내버리는 것이 아니라 선민 내부에 '남은 자'를 '두 번째 단계'에서 선택한다. 그들은 하나님의 일과 활동을 결국 맡을 자들이다.

수많은 세기 동안 예수 그리스도 안에서 개인의 유일한 구원에 집착하며 택함과 언약의 의미를 소홀히 하는 기독교 신학의 관점에서, 이스라엘 민족과 관계되는 근본적인 이 세 장을 읽을 때 생기는 온갖 혼동을 피하기 위해 이 너무 간략한 설명이 필요했다. 하나님이 노예 상태와 이집트로부터 자기 민족을 해방했던 것은 그 민족에게 기쁨을 주려고, '천상에서' 조화롭게 마무리되기 전 그 민족에게 천상의 행복을 지상에서 보장하기 위해서도 아니다. 그것은 여호와YHWH가 유일한 하나님이고 하나님이 역사의 주인이며 하나님의 사랑이 유일한 진리라는 점과 그 민족과 화해를 통해 하나님이 인류 전체와 화해하려는 자신의 뜻을 입증한다는 점을 그 민족이 증언하도록 하기 위함이었다. 그런데 우리는 그 점을 잊어버렸다.

그것이 바로 이스라엘의 사명으로서, 그것은 예수 그리스도에 의해 취소되지 않는다. 또한, 바로 그 때문에 이 세 장은 근본적이다. 이 세 장은 정확히 그 서신서의 중심에 있는데, 즉 은총의 선포와 그것을 통해 생겨나는 구체적인 결과들 사이에 있다. 이 세 장은 바울 사상의 중심축이다. 혹은 마이요가 말하듯이 "그 세 장은 로마서의 아주 중요한 부분이다." 이 장들에는 유대인의 특별한 악함도 신을 죽인 민족도 문제가 아니다! 그와 반대로 이 본문들은 유대인을 위한 소망의 폭넓은 열림을 담고 있고, 유대인과 그리스도인의 협력을 요구하고 있다.

1

유일한 민족

로마서 9장 1~5절

1. 나는 예수 그리스도에 의해 진실을 말하고 거짓을 말하지 않습니다. 성령에 의해 내 양심도 내게 그러한 증언을 합니다.

2. 나의 고통이 크고, 나는 마음속 깊이 끊임없는 슬픔을 느낍니다.

3. 나는 혈육을 같이하는 내 형제와 부모를 위해서라면, 파문을 받아(저주를 받아) 그리스도에게서 떨어져 나가는 서원이라도 하겠습니다.

4. 이스라엘 사람인 그들에게는 하나님의 지녀가 되는 신분이 있고, 거룩한 영광과 하나님과 맺은 언약이 있으며, 율법이란 선물과 예배가 있고, 하나님의 약속이 있습니다.

5. 구약 시대의 족장들도 그들의 조상이며, 그리스도가 사람으로서 온 것도 그들로부터 입니다.

   만물 위에 있는 하나님인 그는 영원히 찬양받을 것입니다. 아멘!

1

유일한 민족
로마서 9장 1~5절[15]

로마서 9장 서두부터 바울은 유대 민족과 뗄 수 없는 관계에 있는 자신을 당당하고 뚜렷이 나타낸다. 바울이 유대 민족의 적이었으며 그의 신학 전체가 유대인에 대한 단죄라고 관례로 설명되기 때문에, 그 점을 강조하는 것은 매우 중요하다. 10장 서두에서도 마찬가지의 주장이 다시 발견된다. 그런데 8장이 하나님이 그리스도 안에서 우리에게 증언했던 사랑이자 아무것도 그 사랑으로부터 우리를 뗴어놓을 수 없는 사랑 안에서의 엄청난 기쁨의 선포로 끝나지만, 9장 서두에서 바울은 동포 형제 때문에 자신이 슬픔으로 가득 차 있음을 밝힌다.

유대 민족과 뗄 수 없는 관계에 있는 바울의 고백

율법 밖에서 은총에 의한 구원을 주장한 후(그래서 마이요는 토라가

---

15) 이 책의 각 장의 첫머리에 나오는 로마서 번역은 마이요(A. Maillot)가 쓴 로마서 주석에 나오는 번역이다.

모조리 폐기된다고 주장할 수 있다), 그 점이 너무 이상한 듯이 보일 수 있기에 바울은 "나는 진실을 말한다"거나 "나는 거짓말 하지 않는 다"와 같이 자신의 염려를 뒷받침하는 표현을 늘어놓는다. '나의 양심이 그 점에 대해 증언한다' 와 같이 내가 밝히는 것은, 단지 '나의 견해' 만이 아니라 성령 자체라는 것이다. 어떤 면에서 바울은 성령이 입증하는 가운데서 이어질 논증 전체를 시도한다! 우리로 하여금 아버지로서 하나님에게 말을 걸게 하는 성령은, 바울의 슬픔이 사실이고 그의 큰 근심이 이스라엘임을 확실히 드러낸다! 그러한 고통은 그의 존재 중심에 있다. 바울은 '반유대주의자' 였을 리가 없다! 비셔는 사도 바울 안에서 지나갔던 것이 바로 누가복음 19장 41~42절에 나오는 예수 그리스도의 슬픔 곧 예루살렘에 대해 눈물을 흘리는 예수의 슬픔이라고 언급한다.

바울은 하나님의 민족인 자기 민족이 예수를 메시아로 인정하도록 추가적인 희생이 필요하다면, 자기 자신을 희생할 각오가 되어 있으며, 신앙에서 배제되는 것 곧 극단적인 표현으로 '파문당하는' 것도 받아들일 각오가 되어 있다고 밝힌다. 그런데 그것은 '증오를 받는' 것을 뜻하며, 종교적이고 강한 의미로는 선민으로부터 버려지고 헤렘[16]으로 운명 지어진 것을 뜻한다. 앞서 나온 몇 줄에서 '아무것도 예수 그리스도 안에 나타난 하나님의 사랑으로부터 우리를 분리할 수 없다' 라고 선포했는데도, 바울은 심지어 '그리스도로부터 분리될' 각오도 되어 있다. 그것이 무엇이든 간에 자기 민족에게 도움이 될 수 있다면, 그 점은 분명히 바울이 희생으로서 받아들일 수 있는 가장 심한

---

16) [역주] 헤렘(Herem)은 어떤 것을 세속적으로 사용하지 않고 성스럽게 사용하도록 예비해 두는 것을 말한다. 다시 말해 그런 식으로 분리되어 인간에게는 금지되고 하나님에게 바쳐 진 어떤 것을 나타낸다.

한계가 된다. 은총으로 순종하게 된 바울은 이스라엘에 대한 거부와 내버림에 대해서 결코 자신의 태도를 정할 수가 없다.

바울이 그 점을 밝히는 것은, 그리스도의 희생에 어떤 것을 덧붙이거나 혹은 동포 형제의 구원을 위해 자기 몸을 바치려는 것이 아니라, 자신의 순종이 자기 민족의 순종 속으로 통합되어야 함을 주장하려는 것이다! 또한, 신앙을 갖지 않았고 그 때문에 '순종하지 않았던' 자들이 불순종 속에 머무르지 말아야 한다는 사실에 자신의 순종이 달렸음을 결국 주장하기 위해서이다. 그들이 불순종을 고집한다면, 바울 역시 복음에서 배제되기 원한다. 그만큼 이스라엘 민족에 대한 바울의 소속감이 강하고, 이스라엘의 택함에 대한 바울의 신실함이 재검토될 수 없다는 것이다.

그런데 바울이 성령을 증인으로 삼을 때, 바로 그것은 바울이 인간적인 신실함을 여기서 표현하려는 것이 아니라, 하나님의 민족으로서 모든 유대인 사이의 연결 곧 아무것도 끊을 수 없고 그리스도에 대한 신앙조차도 끊을 수 없는 연결을 표현하려는 것이다. 이 시대의 동향을 따라 많은 유대인이 더는 신앙을 가진 자가 되지 않는 시대에서 그것은 본질적이다! 그러나 그리스도인이 된 유대인이 자기가 속한 유대 민족에 끊임없이 연결된다고 밝히는 것은 다음 같은 주장으로 볼 수 있다! 그것은 복음이 정말 진실하다면, 계시에 '순종하는' 자들이 순종하지 않는 모든 자들과 거리낌 없이 완전히 연대할 것을 복음이 요구한다는 주장이다.

그래서, 그것은 우리가 속한 세상에서 결정적인 진리로 제시된다! 그러한 선포는 비非그리스도인에 대한 그리스도인의 온갖 판단을 금지한다. 더 나아가 그것은 모든 그리스도인이 비非그리스도인과 뗄 수 없는 관계에 있음을 느껴야 하며 밝혀야 한다는 연대감과 관계되는 것이다! 그리스도인은 "내가 구원받았다면, 나는 단 한 사람도 하나님의 사랑으로부터 배제되어 지옥의 형벌에 처할 수 있다는 생각을 견딜 수 없다. 나는 하나님 앞에서 나 자신이 그 사람과 뗄 수 없는 관계에 있음을 밝힌다. 나는 심판 때에 그 사람과 분리되기를 원하지 않는다. 그가 무엇을 하거나 혹은 무엇을 말하든지, 그는 예수가 신앙을 갖지 않은 자들을 사랑했듯이 나에게 사랑하라고 명령했던 나의 이웃이다"라고 고백해야 한다는 것이다. 또한, 그리스도인은 그를 위해 "나는 지옥의 형벌에 처하는 사람들을 보기보다는 차라리 파문당하는 것을 택하겠다"라고 고쳐 말해야 한다는 것이다. 우리에게는 소돔의 추악한 자들을 구하려고 하나님의 요구 사항을 한 걸음 한 걸음 줄여 가며 하나님과 토론하지만, 결국 하나님께 순종하고 하나님이 그렇게 결정할 때 멈추는 아브라함의 예가 있다!

따라서 그 첫 구절들은 상당한 효력을 갖고 있고[17], 오늘날에도 여전히 대단한 현실적인 관심거리이다. 왜냐하면, 바울이 그러한 고뇌를 표출하면서도 그 고뇌를 사적인 일이나 "육신을 같이하는 부모들"이란 표현처럼 가족의 일로 만들지 않기 때문이다. 그가 표현하고자 하는 바는 "그리스도 안에서 진리"이다. 그는 그리스도 안에서 자기 민족을 바라보고, 그리스도와 관련하여 이 민족의 역할과 미래를 바라본다. 그런데 바울이 그 점에 관해서 역설하고 자세히 설명하는 것은, 근거 없는 신학적 이론 수립을 하려는 것이 아니다. 이 편지가 로마의 그리스도인에게 전해지는 것임을 잊지 말아야 한다. 로마의 그리스도인은 유대 민족을 잘 알지 못하며, 그들은 회심한 유대인도 아니다. 따라서 그들에게는 완전한 가르침을 주어야 한다. 바울이 선지

---

17) 물론, 그 점은 초대 교회에서 역시 효과가 있었는데, 그것은 유대교에서 나온 그리스도인과 이교에서 나온 그리스도인 사이에 관계에서 이다. 유대교에서 나온 그리스도인은 이스라엘 민족과 이방 세계 사이에 연결과 교량 역할을 했다.

자의 구실을 할 때, 애국심의 표현도 종족과의 연대감의 표현도 그에게는 상관이 없다. 바울은 교회의 일치에 힘을 기울인 동시에, 하나님의 계획을 명확히 설명하는 데 힘을 기울인다.

유대인의 특수성과 유대인에게 베풀어진 선물

이스라엘 민족에 대한 자신의 사랑과 이스라엘 사람을 향한 자신의 신실함을 밝힌 후, 바울은 유대인이 누구인지 설명한다. 그들은 아무런 어떤 민족이 아니며, 예수 이후부터 버림받은 민족이 아니다. 절대 그렇지 않다! 맨 먼저, '유대인'에 대해 일반적으로 말하는 바울은 여기서 그들을 이스라엘 사람이라 부른다. 거기서 그들에게 베풀어진 선물과 그들의 특수성에 대한 나열이 시작된다. 그러나 이 서신서의 서두인 3장 2절에서, 바울이 하나님의 '예언들'oracles이 이스라엘 사람에게 맡겨졌다고 이미 언급했음을 떠올려야 한다. 그 예언들은 구체적으로 약속의 말이고 율법의 말이다. 이 본문에서 바울은 세상에서 유일한 민족인 하나님의 민족 이스라엘을 통해 이루어진 바를 계속 나열한다.

따라서, 하나님에 의해 야곱에게 주어진 놀라운 이름이자 야곱으로부터 민족 전체에게 옮겨갔던 이름을 따라, 그들은 '이스라엘 사람'이다. 그 이름은 그들의 신성한 칭호이다. 비셔가 언급하듯이, 하나님이 자신의 유일한 신성에 대한 결정적인 표현을 그들의 역사적 실존에다 결정적으로 연결했던 것이다. 그 점은 조금도 취소되지 않는다. 유대 사상에서 이름에는 상당한 중요성이 있는데, 하나님이 부여한 그들의 진정한 이름은 그러하다. 그 이름은 존재 전체에 대한 지칭이자 진실함의 표현이다. 그들 안에서 그들과 더불어 하나님이 인간과 언약을 맺었음이 그 이름을 통해 드러난다.

　바울은 그들이 양자로 삼아진다고 이어서 말한다. 다시 말해, 그 점은 그들의 의지나 육신이나 혈통으로부터 오지 않는다. 그들은 양자로 삼아지기 때문에, 은총의 자녀이지 육신의 자녀가 아니다. 그들의 이름과 존재 및 하나님과 관계는, 모두가 아담의 자손이기 때문에 모든 인간이 어떤 의미에서 하나님의 아들이라는 사실과 아무런 연관이 없다. 그것은 인간에게 있어 하나님의 '일반적인 혈연관계'와 관계되는 것이 아니다. 바울은 '양자로 삼아진'이란 단어를 강조하면서, 출애굽기 4장 22절에서 이스라엘이 "하나님의 맏아들"로 선포되기 때문에, 그들을 하나님의 아들로 만드는 것은 은총임을 언급하고자 한다. 바울이 언급하려는 바는 유일한 아들 예수가 이스라엘의 신성한 '자녀의 특성' filialité인 그러한 '양자 삼기'를 묵살하지 않았다는 것이다.

　영광 곧 '여호와 카봇'[18]은 이 '양자로 삼아진 자들'에게 속한다. 그것은 광야에서 이스라엘이 나아갈 때, 이스라엘과 함께 했던 영광이고 성전을 언약궤로 가득 채웠던 영광이다.

　하나님의 영광이 그들에게 있다는 주장은 이중적인 면에서 중요하다. 우선 바울이 이 서신서의 서두에서 "모두가 죄를 범했고 하나님의 영광이 박탈되어 있다"라고 언급했던 점을 떠올린다면, 다른 모든 사람과 달리 유대인은 죄를 범했더라도 그 영광을 이미 받았고 그 영광이 박탈되어 있지 않다는 것이다! 나는 하나님의 그러한 영광의 의미를 자주 제시했는데, 그것은 아마 대담하기도 하고 잘못된 것일 수도 있지만 내가 애착을 두는 바이다. 나는 영광이 계시를 의미한다고 생각한다. 예수가 **아버지**를 영화롭게 한다고 언급할 때, 그것은 그가 아버지를 드러냄을 의미한다. 또한, 아버지가 예수를 영화롭게 할 때, 아

---

18) [역주] 카봇(kabod). 히브리어로서 '영광'을 뜻한다.

버지는 예수가 누구인지를 드러낸다. 나는 다른 모든 설명이 의미가 없거나 혹은 미약하다고 생각한다. 그래서 거룩한 영광이 유대인에게 있다는 것은, 인간들 가운데 여전히 유대인이 하나님의 현존을 드러낼 수 있음을 의미한다. 그것은 예수의 계시 이전에는 확실했지만, 그 이후로는 불가능한 듯이 보인다. 하지만, 그러하다는 점에 대해 우리는 조금 나중에 그 설명을 볼 것이다.

게다가, 바울은 그들이 언약을 맡은 자라고 밝히는데, 그들은 연속되는 언약들을 맡은 자인 동시에, 가장 정확하고 완전한 의미에서 언약의 조항들을 맡은 자라는 것이다. 따라서 언약은 행위인데, 하나님은 그 행위에 의해 죄인인 인간과 자신을 연합시킨다. 그런데 그것은 하나님이 인간을 하나님의 공의에 따라 단죄하기 위해서가 아니라, 하나님의 자비에 따라 구원하기 위해서이다. 하나님과 인간과의 화해가 이루어지는 예수 그리스도 안에서, 하나님은 인류 전체와 더불어 그 언약을 넘겨준다. 이스라엘 사람이 그 점을 모를지라도, 그들은 그러한 언약의 첫 전달자이자 그러한 언약에 대한 증인이다. 그들이 모든 인간에게 하나님의 사랑을 입증하고 하나님의 계시를 전달하도록 택함을 받았기 때문에, 그 언약은 보편적이지만 그들에 대한 택함과 이미 연관되어 있었다.

언약의 결과로서 하나님은 자신의 율법을 표출한다. 다시 말해, 그것은 음울하고 메마른 법규가 아니라, 하나님의 뜻을 긍정적이고 유익하게 훌륭히 표현한 것이다. 하나님이 자신의 율법을 드러내는 것은 인간을 멍에 아래에 두기 위해서가 아니라, 인간에게 여전히 삶이 가능하도록 살아가야 하는 방식을 인간에게 드러내기 위함이다. 계명이란 바르트에 따르면 삶과 죽음 사이에 있는 경계이다. 이쪽에서는 사람들이 삶을 살고, 저 너머에는 계명을 어김으로써 사람들이 죽음의 영역으로 들어간다. 하나님이 시내 산에서 이스라엘에 율법을 부여할 때, 그것은 광야로 들어가기 바로 직전이다. 자유가 지리멸렬한 것이나 '신통찮은 아무런 것'이 되지 않도록, 유대인은 자유롭게 되는 그 순간 율법을 필요로 한다.[19]

이스라엘 사람에게는 종교의식과 경배를 뜻하는 예배가 있다. 그들은 하나님의 말을 암송하고 묵상하는 것과 같은 진정한 예배여야 하는 것의 전형이다. 더욱이, 그들에게는 "약속들과 구약 시대의 족장들"[20]이 있는데, 그것은 물론 하나님이 구약 시대의 족장들에게 했던 모든 약속 및 메시아에 대한 약속과 관계된 것이다. 특히 창세기 12장 2절 이하와 17장 16절 이하에서 보듯이, 그들은 아브라함, 이삭, 야곱과 같은 구약 시대 족장들의 진정한 후손이다. 그 점은 이 시대에 특히 중요한 듯이 보이고, 바울이 부여했던 중요성과는 아주 다른 중요성을 띤 것 같다. 실제로 15년가량 전부터 반反시온주의의 거창한 선전 속에 다음 같은 주장이 규칙적으로 등장함을 목격한다. 그 주장에 따르면, 오늘날 유대인 특히 이스라엘 사람은 옛 히브리 인의 후손이 전혀 아닐 수 있기 때문에, 이스라엘 땅에 대한 어떠한 역사적 권리도 그들에게 없다는 것이다. 그들로서는 그것이 강탈일 따름일 수도 있고, 그들은 구약 시대의 족장들로 거슬러 올라가는 조상을 제 것이라 주장하지 말아야 한다는 것이다!

그러나 바울은 자기 시대의 유대인이 분명히 이 구약 시대의 족장들로부터 태어난 것이라고 주장한다. 오늘날의 유대인과 로마 제국 내 유대인의 조상 사이에 있는 동일성에 대해 전혀 의심이 있을 수 없다. 그와 같이, 바울은 구약 시대의 족장들의 후손으로서 유대 민족의 정

---

19) 자끄 엘륄, 『자유의 윤리 *Ethique de la liberté*』, 3권. 참조
20) [역주] 여기서 '구약 시대의 족장들'(patriarches)이란 '선조'를 나타내는 표현이다.

통성을 오늘날도 여전히 입증하러 다가온다. 유대인이 가진 옛 권리들은 그러하다. 그것은 무스너[21]가 이스라엘의 "역사적 · 구원적인 특권"이라고 부른 것이다. 이스라엘의 그런 특권들이 단지 이스라엘에게 하나님에 의해 예전에 주어진 과거의 선물일 뿐 아니라 영원하고 오늘날도 여전히 존재하는 선물이라는 것은, 바울에 의해 사용된 동사가 현재형으로 되어 있다는 사실에서 나온다.

이스라엘에 베풀어진 선물의 정점으로서 예수

따라서 사람들이 자주 듣는 다음 같은 견해를 분명히 거부해야 하는데, 그 견해에 따르면 그 특권들이 이제 이스라엘로부터 교회로 옮겨질 수도 있다는 것이다. 바로 그것은 바울이 언급하지 않는 바이다! 바울이 그렇게 여러 가지를 나열하는 것은, 하나님이 부여했던 권리와 특권과 은총 중 어느 것도 이스라엘이 상실하지 않았다고 주장하려는 목적에서라는 느낌이 든다. 그와 반대로, 놀라운 점은 그리스도인 역시 은총으로 그 특권에 참여하도록 부름 받고 있다는 것이다. 우리는 11장을 살펴보면서 그 점을 다시 발견하게 될 것이다. 그리스도인은 자신들에게 베풀어진 선물에 대해 하나님에게 단지 감사드릴 수 있을 따름이며, 자신들이 이제 관련된 이스라엘의 특권들을 경건하고 감사하는 마음으로 대할 수 있다! 그 점을 통해 우리는 그 특권들의 정점에 이른다.

바울은 육신을 따라 그리스도가 그 민족에게서 온 것임을 떠올리면서 이 부분을 마무리한다. 이스라엘의 특권들이 현시대의 관심거리임을 입증하려면 바울에게 있어 더 중요하고 결정적인 것은 과연 무엇

---

21) [역주] Franz Mussner(1916-). 독일 신학자로서 현대 성서학의 선구자이자 유대교와 기독교 간의 조화를 추구한 선구자로 여겨진다. 6개 언어로 번역된 그의 저서 『유대인 론』은 유대인과 그리스도인 간의 화해에 이바지한 것으로 알려졌다.

이라 할 수 있을까? 그 민족은 하나님이 인간 전체에게 베푸는 궁극적인 은총의 전달자였다! 게다가 무스너는 현재와도 관계된 그 특권들이 현시대의 관심거리임을 주장하려는 다른 논증을 거기서 발견한다. 그것은 바울에게 있어 그리스도 역시 죽지 않았다는 것이다. 살아 있는 그리스도는 언제나 자기 민족과 연결되어 있다. 그리스도가 살아 있고 자기 민족을 떠맡고 있다면, 그리스도는 그 민족으로부터 절대 분리되지 않았으며 자신의 아버지에 의해 주어진 그 '특권들'에 대해 절대 부인하지 않았다. 결국, 그 특권들은 언제나 현시대의 관심거리가 된다.

예수가 유대인이라는 점과, 예수가 자신이 유대인임을 결코 부인하지 않았다는 점과(예를 들어 예수는 이스라엘의 잃어버린 양들을 위해 왔다고 선포하거나 그렇지 않으면 이스라엘은 본 집안 자손의 민족이라고 선포한다), 예수가 약속들을 성취했고 강화했다는 점과, 예수가 본래의 언약을 여전히 더 높이 세운다는 점과, 예수가 지적인 토론을 벗어나 이스라엘의 예배에다 자신의 힘과 진리를 다시 부여한다는 점과, 예수는 자기 민족 속에 있는 거룩한 영광의 반영이라는 점을 아무리 언급해도 결코 충분치 않을 것이다.

그 모든 점은 요한복음 4장 22절에 나오듯이 "구원은 유대인에게서 나온다"는 근본적인 신앙 고백의 전개일 따름이다. 그것은 예수 자신에게 주어진 선언으로서, 그 선언은 예수가 자기 민족으로부터 분리되지 않으며 그 민족의 대표자일 뿐임을 의미하는데, 그것은 초기 기독교 세대가 전적으로 인정했던 바이다. 바울도 그 점에 관해 강력히 주장한다. 즉 "모든 것이 그에게서 나오고, 모든 것이 그에 의해서이며, 모든 것이 그를 위해서이다. 모든 시대에 영광이 그에게 있을 것이다"라는 로마서 11장 36절 및 "유일한 하나님 아버지만이 있기 때문에 만물이 그에게서 나온다. 마찬가지로 유일한 주 예수 그리스도만이 있기에, 예수 그리스도에 의해 만물이 존재하고 우리가 존재한다"라는 고린도전서 8장 6절이 그 구절들이다.

예수가 이스라엘로부터 태어났다는 사실을 통해 이스라엘의 특권들은 공고해지고 더 현실화된다. 유대인이 그 점을 믿지 않을지라도 그러하다. 결국, 하나님이 보낸 선지자들 앞에서 그 민족과 왕들은 거역했으며 그 선지자들을 배척했음을 얼마나 많이 우리는 읽지 않는가. 하지만, 필요한 때가 지나자 그 민족은 그들을 진정한 선지자로 결국 받아들였고 그들의 예언을 성서라는 책 속에 포함했다.

예수에 의해 제기된 질문은 훨씬 더 가혹하고 그 대답은 더욱 받아들일 수 없다. 그것은 바울이 유대인의 분노를 사는 표현을 삼가지 않기에 더더구나 그렇다. 바울은 그 선민의 지속성을 주장한 후, 유대인을 격분케 할 수밖에 없었고 오늘날 여전히 그들을 격분케 하는 의견 진술로 마무리한다. 바울은 예수가 모든 것 위에 있는 하나님이며 영원히 축복받는 존재임을 선언한다. 그것이 이스라엘 안에 받아들여진 유일신론과 결별하는 지점이다. 그러나 정말로 결별이 있는가? 로마서 11장 36절에서 바울은 하나님이 그리스도에 의해 지워지거나 대체되는 것이 아니라, 하나님이 오직 예수 안에서 자신이 알려지고 완전함으로 나타난다는 점을 단지 언급한다. 유대인에게 속한 모든 선물은 예수에 의해 더 잘 이해되고 더 빛이 나며 더 확실해진다. 그러므로 예수는 이스라엘 전체를 절정에 달하게 하는 존재로서 나타난다.

그런데 그것은 당연히 유대인에게 있어서는 신성모독이다. 하나님이 그들에게 베푸는 선물의 정점이 그들에게는 분노를 일으키는 것이 된다. 왜냐하면, 그들은 이 특권들이 확인될 필요도 절정에 이를 필요도 없는 그들에게 속한 것으로서 해석했으며, 하나님과 유일한 관계로서 해석했기 때문이다. 그들은 육체를 따라 아브라함의 후손이고, 이 특권들이 그들 외에 다른 사람들에게 주어질 리 없다는 것이다. 우리는 바울 신학 전체의 열쇠 중 하나인 '특권을 자기 것으로 삼음'이라는 개념을 나중에 다시 발견할 것이다. 그것이 무엇이든 간에, 바울은 "이 모든 선물과 특권은 은총의 작용이었고, 예수는 이스라엘에 있어 은총의 마지막 선물이다"라고 단언한다.

유대인과 이교도의 하나 됨

늘 살아 있고 현시대의 관심거리가 되는 것으로 바울이 선포하는 이스라엘에 베풀어진 은총들을 그렇게 나열하는 가운데서, 우리는 이스라엘과 관련된 바울 신학의 서두가 유대인에게 적대적인 기독교의 관행과 완전히 결별하는 것과 마찬가지로 이슬람과도 결별한다는 점에 유의해야 한다. 마호메트는 유대인의 구원 문제에 대해 논의조차 하지 않는다. 그는 "유대인이 신앙을 갖든지 갖지 않든지 간에 그들은 어쨌든 단죄된다"라고 수라[22] 17장에서 기술하면서, 모든 논의를 갑자기 중단해 버린다.

결국, 그 신학의 권두에서 유대인의 특권에 대한 그러한 나열이 결코 우연한 것이 아님을 나는 보여주고 싶다. 이 구절들을 바울이 에베소서 2장 11~12절에서 '이교도'에 대해 다음과 같이 언급했던 것과 나란히 두어야 한다. 즉 "여러분은 이스라엘 안에 끼어들 자격이 없었으며, 언약과 약속에 대해 이방인이었습니다. 이 세상에서 여러분에게는 소망도 없었고, 무신론자로서 하나님도 없었으며, 그리스도도 없었습니다"라는 언급이다. 그것은 이스라엘에 있어 우리가 보았던

---

22) [역주] 수라(Surate). 이슬람 경전 코란을 구성하는 각 장을 가리킨다. 코란에는 114개의 수라가 있다.

바와 정확히 대응을 이룬다. 이스라엘은 메시아에 대한 소망이 있으며, 하나의 도성都城 곧 도시 국가를 이루고 있다. 유대인은 언약과 약속을 갖고 있으며, 진정한 소망을 지니고 있다. 이스라엘은 하나님에 몰입해 있고, 이 세상에서 하나님을 알고 있다.

　달리 말해 예수 그리스도가 온 것과 유대인 가운데서 예수가 몸을 바친 것에 의해서 뿐 아니라, 보편적인 하나님의 말에 대한 예수의 선포에 의해, 예전의 이교도는 신앙으로 이스라엘과 같은 특권을 받는다. 그 두 본문의 대응은 놀랍다. 따라서 바울이 그와 같이 이스라엘에 대한 신학을 시작하는 것은 우연이 아니다. 에베소서 본문이 "예수 그리스도 안에서 여러분은 가까워졌습니다. 예수 그리스도는 분리하는 벽을 무너뜨렸고, 그 둘로 하나만을 만들었습니다"라고 이어질수록 더욱 우연이 아니다. 그것은 놀라운 선포로서 유대인과 이교도가 하나가 된다는 것이다. 우리가 그러한 비전vision을 진지하게 받아들인다면, 그토록 수많은 세기 동안 유대인에 대한 증오 속에 살았던 우리 그리스도인은 아연실색한 채로 있어야 한다! "거기에는 부당한 신비가 있다"라는 것 외에는 달리 말할 수 없다.

2

불의한 하나님

로마서 9장 6~29절

6. 그것은 하나님의 말이 실패로 돌아갔다는 것이 아닙니다! 하지만, 이스라엘에서 나오는 모든 사람이 이스라엘을 이루는 것은 아닙니다.

7. 마찬가지로 아브라함의 혈통에 속한 자 모두가 아브라함의 가계家系를 이루는 것은 아닙니다. "이삭에게서 태어나는 자가 너의 후손이라 불릴 것이다"라는 말을 아브라함은 들었습니다.

8. 그와 같이, 하나님의 가계家系는 육신적인 가계가 아닙니다. 하지만, 약속의 가계만이 아브라함의 혈통으로 간주됩니다.

9. 실제로 약속의 말은 "이때쯤 내가 올 것이고, 사라에게 아들이 있을 것이다"입니다.

10. 그뿐만 아니라, 리브가가 우리 조상 이삭과 함께 단 한 번의 부부 관계를 한 이후에도 그러했습니다.

11. 그녀의 자식들이 아직 태어나지 않았고 선도 악도 행하지 않았는데도, 하나님의 계획이 자유로운 채로 남아 있도록 그러했습니다.

12. 그 계획은 인간의 행위에 달려 있는 것이 아니라, 오직 부르는 자에게 달렸습니다. "가장 큰 자가 가장 작은 자에게 복종할 것이다"라는 말을 리브가는 들었습니다.

13. 성서에 언급되듯이, "나는 야곱을 사랑했고 에서를 버렸다"는 것입니다.

14. 그러면 무어라고 해야 합니까? 하나님에게는 불의不義가 없습니까? 하나님에게는 불의가 있을 수 없습니다!

15. 왜냐하면, 하나님이 "나는 불쌍히 여기고 싶은 자를 불쌍히 여기고, 내가 자비를 베풀고 싶은 자에게 자비를 베풀 것이다"라고 모세에게 언급하기 때문입니다.

16. 그와 같이 그것은 의지나 노력에 달려 있는 것이 아니라, 중요한 것은 단지 하나님의 불쌍히 여기는 마음입니다.

17. 왜냐하면, 성서에는 바로를 두고서 "이것이 바로 내가 너를 격동시켰던 이유인데, 너에 의해 나의 권능을 나타내기 위함이고, 온 땅에 나의 이름이 널리 알려지게 하기 위함이다"라고 되어 있기 때문입니다.

18. 따라서 하나님은 불쌍히 여기고 싶은 자를 불쌍히 여기고, 완악하게 만들고 싶은 자를 완악하게 만듭니다.

19. 그래서 여러분 중 어떤 사람은 "하나님은 여전히 무엇을 책망하는가? 누가 하나님의 뜻을 거역할 수 있었는가?"라고 나에게 언급할 것입니다.

20. 그러나 자신을 누구라고 생각하기에, 하나님에게 따지고 드는 것입니까? 물건이 그것을 만든 사람에게 "왜 나를 이 같이 만들었습니까?"라고 할 수 있습니까?

21. 진흙을 반죽하는 토기장이가 찰흙 덩이를 가지고 귀한 그릇과 가치 없는 그릇을 만들 권한을 갖고 있지 않습니까?

22-23. 자신의 진노를 보여주기 원하고 자신의 권능을 알리기 원하는 하나님이 깨지기로 된 진노의 그릇을 많은 인내심으로 참아 주었다면, 또한 자비의 그릇에 자신의 영광의 풍성함을 알리기 원하는 하나님이 영광을 위해 그 그릇을 미리 예비해 두었다면, 우리는 그것에 대해 무어라고 다시 말하겠습니까?

24. 하나님이 유대인 가운데뿐만 아니라 이교도 가운데서 불렀던 것은 바로 우리입니다!

25-26. 그것은 호세아서에서 "나는 내 민족이 아니었던 민족을 내 민족이라 부를 것이며, 사랑받는 자가 아니었던 자를 사랑받는 자라 부를 것이다"라고, 또한 "너희는 나의 민족이 아니라는 말을 들었던 그곳에서, 그들이 살아 있는 하나님의 아들이라 불릴 것이다"라고 하나님이 언급했던 바입니다.

27-28. 이사야는 이스라엘에 대해 "이스라엘 자손의 수가 바다의 모래 수만큼 많을지라도, '남은 자'만이 구원받을 것이다. 왜냐하면, 주가 지상에서 자신의 말을 완전하게 신속히 성취할 것이기 때문이다"라고 외쳤습니다.

29. 그와 같이 이사야는 "만군의 주가 몇몇 후손을 우리에게 남겨 놓지 않았다면, 우리는 모두 소돔처럼 되었을 것이고 고모라와 같아졌을 것이다"라고 그렇게 미리 언급했습니다.

2

불의한 하나님

로마서 9장 6~29절

이제 우리는 가장 까다로운 문제 중 하나를 검토하기 시작한다. 지상에서 각 사람이 살아갈 삶이 어떠하든 간에 각 사람의 구원이나 혹은 파멸을 하나님이 창세부터 영원히 정했다는 '이중 예정설'을 받아들이지 않는 한, 바울의 구절들은 우리의 마음을 불편하게 할 따름이다. 그리하여 우리에게 불의不義 injustice처럼 보이는 하나님의 독단에 의해 우리는 마음이 불편해진다. 그러한 문제점에 대해, 우리의 기준이나 가치에 따라 하나님을 판단할 수 없음을 끊임없이 떠올려야 한다. 우리는 '의'義 justice에 대한 어떤 개념을 가지고 있으며, 그 개념에 근거하여 하나님이 의롭다거나 혹은 불의하다고 선언하면서 하나님을 판단한다고 자부한다. 그 점은 정의와 선과 같이 우리가 알고 있을 수도 있고 우리로 하여금 그런 판단을 내리게 할 수도 있는 가치들이 하나님 위에 있음을 의미할 수 있다. 하지만, 하나님 위에 가치들이 있다면 그런 하나님은 하나님이 아니라고 가차없이 주장해야 한다! 그런 하나님은 사람들이 원할 따름인 표상이나 허구이지, 하나님은 아니다.

하나님의 절대적인 자유와 인간의 무능력

하나님이 진정한 하나님이라면, 하나님 위에는 아무것도 없고, 하나님을 판단할 수 있게 하는 아무것도 없다. 선은 하나님이 이루는 것이고 의義는 하나님이 결정하는 것이라고 성서는 끊임없이 우리에게 언급하고 또 언급한다. 마치 우리가 그 속성들을 그 자체로 알고 분석할 수 있는 듯이 하나님의 '속성들'이라고 신학에서 일컬어졌던 바에 실제로 의거하지 않고서도, 우리는 성서 속에서 하나님의 현존이라는 예를 통해 다음 같은 점을 알 수 있다. 한편으로, 그것은 하나님은 절대적으로 자유로우며 하나님의 의지에는 어떠한 한계도 없다는 점이다(하나님은 키르케고르가 '제약받지 않는 자'라고 부르는 존재로서, 다시 말해 하나님의 존재와 하나님의 결정은 어떠한 외부 실재에 의해서 제약을 받지도 도발 당하지도 않으며 인과 작용에 관여하지도 않는다). 하지만, 다른 한편으로 그것은 사랑이 하나님이 아니라 하나님이 사랑임을 늘 기억해야 한다는 점이다.

하나님이 결정하는 바에서 하나님은 임의적이라고 할 수는 없다. 왜냐하면, 그러한 평가는 우리가 보기에 하나님이 임의적이지 않기 위해 지켜야 할 규칙이 있음을 의미할 수도 있기 때문이다. 그러나 그 이유로 말미암아 우리가 하나님의 그런 활동 앞에서 분개하며 마음이 불편해 질 수밖에 없음을 나는 잘 안다. 그것이 무엇이든 간에 또한 분개하든 않든지 간에, 이 23개 구절[23)]의 열쇠는 한편으로 하나님의 주

---

23) [역주] 제2장 「'불의한' 하나님」의 성서 본문에 해당하는 로마서 9장 6절부터 29절까지를 가리킨다.

권 속에서 하나님의 절대적인 자유이다. 다른 한편으로 그 열쇠는 인간이 "자신의 구원을 이루는데" 있어 또한 하나님에 의해 그렇다고 인정받은 선하고 의로운 행위를 스스로 하는데 있어, 인간의 전적인 무능력과 무력함이다. 그와 반대로 예수는 그 점을 여러 번 확인한다. 인간이 가장 큰 죄를 범하는 것은, 인간이 의로운 행위를 한다고 자부할 때이다. 위선자 바리새인들에게 가해진 질책의 의미가 그러하다.

유대 민족에 관한 바울의 설명 전체는 그러한 이중적인 신학적 토대 위에 기초한다. 그러므로 이해할 수 없는 실재 앞에서, 우리는 분개하는 행위를 택하거나 아니면 '예지叡智의 희생'sacrificium intellectus을 택해야 한다. 그러나 이 본문에서 하나님의 뜻이 그렇게 제시됨을 직접 설명하는 것은, 예수를 향한 유대인의 무無신앙에 아무런 잘못도 없음을 주장하기 위함이다. 왜냐하면, 분명 책임이 있다면 어쨌든 유대인 대다수의 무신앙은 하나님에게서 오기 때문이다. 바로 예수를 향한 다른 유대인의 신앙처럼 말이다. 우리는 또다시 하나님을 판단하지 말아야 한다. 왜냐하면, 하나님은 그렇게 하면서 바울이 묘사하려는 계획을 추구하기 때문이다. 하나님이 임의적인 방식으로 그렇게 하는 것이 아니라, 인간 역사에서 하나님의 활동 방식처럼 히브리 성서를 통해 우리에게 드러나는 바에 일치하여 그렇게 한다.

예수에 의한 하나님 말의 성취

하나님의 말은 효력이 없거나 혹은 무력한 것으로 남지 않았다. 하나님의 말은 이스라엘 대다수의 선택에 의해 '무효가 되지는' 않는다. 왜냐하면, 하나님의 말은 하나님이 예고했던 모든 바를 성취하는 예수 자신이기 때문이다. 새로운 것이란 예수의 가르침이 아니라(실제로, 예수는 구약 성서에 있는 바를 되풀이 하는데 만족한다), 예수의 삶이라는 점을 기억하자. 예수는 그러한 삶이 이루어지는 동안뿐만 아니라 십자가 위에서까지, 이전까지는 약속과 선포였을 따름인 바를 성취한다. 특히 예수는 이스라엘에 관해 예고되었던 모든 것을 성취한다. 예수는 목숨을 바쳤고, 동포 형제를 위해 저주를 받았다. 갈라디아서 3장 13절에 나오듯, "아브라함의 축복이 이교도를 위해 예수 그리스도 안에 성취되도록, 그리스도가 우리를 위해 저주를 받음으로써 (왜냐하면, 나무에 매달린 자는 누구든지 저주를 받는다고 기록되어 있기 때문이다) 율법의 저주로부터 우리를 구속했다"는 것이다.

따라서, 예수는 오늘날의 사람들 및 특히 이스라엘 민족과 관련된 사람들에 대한 온갖 단죄와 내버림과 배척을 포함하여 하나님이 선포했던 온갖 단죄와 내버림과 배척을 자신이 짊어졌다.[24] 즉 이스라엘 민족이 내버려진다면, 그 내버림은 결국 예수와 관련된다! 예수와 함께 멈추는 것이 아니라 이스라엘 전체와 함께 계속되는 이스라엘의 역사 전체가 예수 안에서 요약된다면, 예수 안에는 우리가 아주 잘못 이해하는 바인 하나님의 긍정OUI인 동시에 하나님의 부정NON이 있다. 왜냐하면, 긍정과 부정 사이에는 나눔이나 분리가 결코 없다는 점이 여전히 근본적인 진리이기 때문이다. 선지자들이 흔히 선포하는 끔찍한 부정이 거기서 멈추지 않음을 알려면, 또한 예언을 종결하며 마무리하는 긍정이 늘 있음을 알려면, 예언서들을 읽는 것으로 충분하다.[25] 하나님의 일 속에는 완전히 부정 아래에 있는 사물이나 혹은 사람도 없고, 완전히 긍정 아래에 있는 사물이나 혹은 사람도 없다.

---

24) 나의 소(小) 에세이 『고통의 인간, 예수의 고난과 시험 *L' homme de douleur, souffrances et tentations de Jésus*』을 볼 것.

25) 그것이 왜 선지자들의 단편적인 글과 몇몇 구절들만 읽는 것이 끔찍한가 하는 이유이다. 실제로 한 예언서는 겉으로의 모순이 그 선지자가 이루어낸 계시의 열쇠임을 파악하면서 그 예언서 전체로 읽어야 하는 하나의 전체이다.

"내 몸에 가시"와 "나를 치려는 사탄의 사자(使者)[26]라고 바울을 언급하듯이 가장 거룩한 인간 속에도 하나님의 부정이 여전히 있으며, 가장 사악한 인간 속에도 하나님의 긍정이 언제나 있다. 그것은 깊이 숨겨져 있고 말세에 드러날 것이다.

하나님에게는 아무도 아주 결백하거나 혹은 아주 사악할 수는 없다. 루터는 '늘 죄인이자 늘 의인인 상태' Semper peccator et semper justus라는 자신의 표현에서 그 점을 완벽히 깨달았다. 유대인이 십자가에 못 박힌 예수를 믿기 거부하더라도, 배타적인 듯이 보이는 그들의 부정으로 말미암아 하나님이 그리스도와 그들에 대해 선언했던 긍정이 무력해지지는 않는다. 그들의 거부에도, 그들은 하나님의 긍정 아래 여전히 남아 있다. 신앙을 갖는 것에 대한 그들의 거부가 "나는 거역하는 민족을 향해 손을 내밀었다…"[27]와 같은 이사야 및 그토록 많은 다른 사람에 의해 선포된 예언들에 일치하므로, 그 거부는 하나님의 긍정 아래 여전히 남아 있다.

예수가 계시의 말을 성취하는 것과 마찬가지로, 이스라엘은 자신의 역사 내내 각 단계에서 '남은 자'에 대한 택함의 원인이 되는 연속된 불순종에 의해 다음 같은 결정적 순간을 예비한다. 그 결정적 순간이란 그들이 보기에 메시아가 아닌 그 메시아를 믿기를 거부하는 순간이다. 왜냐하면, 우리가 잘 알듯이 이스라엘에 있어 메시아의 강림은 하나님나라의 강림 곧 새로운 창조와 일치했기 때문이다. 그것은 아주 미묘한 방식으로 어떤 본문들에 늘 기초하면서 신학적으로 정립되었지만, 그것은 지적인 인식 범주에 속한다. 그토록 많은 기독교 신학에서처럼, "인식은 무언가를 부풀리지만, 사랑만이 무언가를 이룬다"

---

26) [역주] 고린도후서 12장 7절 참조.
27) [역주] 로마서 10장 21절에서 인용된 내용으로서 구약성서 이사야 65장 2절과 관련이 있다.

라고 여기서 언급할 수 있다. 이스라엘 속에 대다수가 예수 안에 있던 사랑을 보지 못했다는 점이 비극이며, 그것이야말로 거기서 나타난 하나님의 사랑 자체였다는 점이 비극이다.

하나님의 약속과 은총에 따른 선택

그런데 '남은 자'에 대한 특별한 택함은 하나님이 야곱의 이름을 이스라엘로 바꾸었던 사실에서 이미 나타난다. 그래서, 아브라함의 모든 후손이 필연적으로 이스라엘이 되는 것은 아니다. 어떤 사람들만이 이스라엘의 '씨'를 지니고 있다. 그 '씨'는 성서에 따른 사고로는 '유산을 맡는 상속자'를 의미한다. 그것은 아브라함과 이스라엘에 부여된 소명과 관계된 것으로서, 그 소명은 지상에서 하나님을 나타내고 하나님의 뜻을 모두에게 알리며 하나님의 율법에 따라 살아가는 것이다. 하나님의 활동 속에서는 모든 것이 은총이듯이, 이스라엘의 소명에 세 측면은 은총의 측면들과 은총에서 나온 특징이다.

아브라함의 가계家系에서 특별한 상속은 은총의 표시이다. 우리가 이미 6절에서 9절까지 보았듯이, 육신을 따라 태어난 아브라함의 상속자라 해서 모두 그 표시를 받는 것은 아니다. 즉 "아브라함의 후손이 되려 한다고 해서, 그들 모두 아브라함의 자녀인 것은 아니다." 또한 "하나님의 자녀인 것은 육신의 자녀가 아니라, 진정한 후손인 것은 약속의 자녀이다." 이스마엘은 분명히 자손이기는 하지만, 육신에 따른 자손이다.

여기서 우리는 중요한 판단과 마주치는데, 그 판단은 다음에 다시 다룰 것이다. 왜 이스마엘은 아브라함의 자손이기는 하지만 그의 후손이 되지 않는가? 그것은 본부인의 아들이 아니라 첩의 아들이기 때문인가? 실제로 거기에는 어떠한 도덕적인 질문도 없다. 사람들이 그 점에 대해 그다지 신경 썼던 것은 아니다! 아브라함은 젊고 사라는 예뻤을 때 이집트에 내려간 아브라함을 떠올려 보자. 걱정거리를 없애려고 아브라함은 사라가 그의 누이라고 밝히고, 바로는 그녀와 잠자리를 함께할 수도 있다. 그런데 하나님은 그 점에 대해 아브라함에게 책망하지 않는다! 성서에 따른 계시에서 의례 그렇듯이, 모든 것은 하나님과 관계 속에 자리 잡고 있다.

아브라함은 하나님으로부터 후손에 대한 약속을 받았다. 사라는 늙었고 그 약속을 믿지 않았으며 웃었다. 아브라함은 오로지 그 약속을 확실히 믿었으나, 약속이 실현되는 것은 분명 늦추어진다! 아브라함은 기다리는데 진저리가 나서, 하나님의 약속을 자기 자신의 수단에 의해 성취하고 현실화하며 실현하기로 한다. 그리하여 그는 자신을 위해 아이를 가질 수 있는 여인을 선택하고 실제로 아이를 얻는다. 그러나 바로 그 아이는 인간의 결정에서 나온 것이기 때문에, 그 아이가 하나님의 선물이 아니므로, 그 아이가 약속을 받았던 인간의 의도적이고 독자적인 행위의 결과이기 때문에, 그 아이는 약속의 자녀로 하나님에 의해 인정받지 못한다.

그것이 근본적이고 결정적이다. 하나님이 약속할 때는, 하나님이 선택하는 순간 하나님만이 그 약속의 성취를 보장해야 한다! 육신으로부터 태어난 이스마엘도 물론 그렇기는 하지만, 약속의 자손은 은총으로부터 태어나야 했다! 아브라함에게는 은총이 이루어지는 것을 기다리는 인내심이 있어야 했다! 그것은 우리 모두가 삶에서 받아들여야 할 교훈이다. 하나님에 의해 성취된 기적에서 태어나는 자만이 모든 축복의 상속자가 될 것이다. 그런데 그것은 지극히 '불의不義한' [28]

---

28) [역주] 문맥상 '불의不義한'에 해당하는 프랑스어 표현 'injuste'를 '불공평한'이나 '불공정한'으로 옮기는 것이 적절하지만, 이 책의 전체 내용으로 보아 'injuste'를 그보다 더 폭넓은 의미인 '불의한'으로 옮기는 것이 바람직하다.

것이었다. 그 시대 민법에 따라 상속을 받았던 것은 정상적으로는 장자였다. 그런데 하나님은 뒤에 태어난 자를 선택한다. 결국, 법률적 측면에서 이 결정은 '불의한' 것이다.

하나님은 어떠한 정당한 권리도 힘도 없는 자를 흔히 선호하면서 그러한 종류의 선택을 새롭게 한다. 하나님의 기적으로부터 태어나게 되는 자만이, 하나님에 의해 약속의 상속자로 간주될 것이다. 어쨌든 이스마엘은 하나님에 의해 축복받는다는 점을 주목하자. 유일한 차이는 하나님의 약속에 대한 상속에 있는데, 하나님은 하나님의 그러한 말의 진리를 대대로 전달할 자를 지정한다. 각 단계에서 하나님은 은총으로 새로운 전달자를 선택한다. 하나님은 그 전달자를 택하는데, 바울은 "자손들이 아직 태어나지 않았고 그들이 선도 악도 행하지 않았을지라도, 하나님의 자유로운 선택의 계획은 행위와는 별개로 지속하고 그 계획은 부르는 자의 자유로운 의지의 표현이 되게끔 한다"라고 언급한다. 나중에 하나님이 리브가에게 그녀의 아들 중 장자가 가장 어린 자에게 예속될 것이라고 예고할 때, 그것은 마찬가지이다. 그러나 '예속된'은 굴복당하거나 정복되거나 소수가 되는 것을 뜻하지 않는다. 표명되는 것은 단지 약속의 전달자이다. 약속은 상속권에 의해 전달되는 인간적인 상속이 아닌 것과 마찬가지로, 선행과 순종으로 가득한 삶에 대한 보상도 아니다.

아브라함의 비극은 결국 이스라엘 역사 전체에서 반복되고 예수 안에서 정점을 이룬다. 실제로 그 이스라엘 민족은 신실하기를 원하고, 하나님의 말을 실현하기를 원하며, 그러한 하나님에게 면밀하게 순종한다. 그러나 이스라엘 민족은 아브라함처럼 하나님의 뜻 전체를 스스로 행하려 하고, 그로 말미암아 하나님을 그러한 순종 속에 가두어 놓는다. 그것은 면밀하게 이루어진 하나님의 뜻이기 때문에 하나님은 거부할 수도 없다. 각 주요 단계에서 하나님은 그 민족 속에서 다음 같은 사람을 선택하려고, 그토록 많은 선행과 선의와 순종을 따로 놓아 둔다(나는 '버린다' 거나 '단죄한다' 라고 표현하지 않겠다). 그 사람은 진정한 '약속의 전달자' 가 될 자이고, 다른 사람들보다 더 나은 아무 것도 받을 만하지 않은 자이다. 또한, 그 사람은 자기 자신을 가지고 아무것도 이룰 생각을 하지 않는다는 바로 그 때문에, 하나님에 의해 요구된 예기치 않은 놀라운 헌신을 위해 전적으로 자유로운 자이다.

기독교 교회 안에도 정확히 같은 비극이 있음을 주목하자. 조직의 과도함, 도덕지상주의의 과도함, '하나님의 말' 에 대한 순종의 과도함, 고착된 예배 의식의 과도함, 결국 계시에 전적으로 들어맞으려는 의지의 과도함을 통해, 성령의 활동이 차단되고 예수 그리스도 안에서 얻어진 자유가 파괴된다.

하나님이 원하는 자를 선택하는 하나님

여기 이 본문에서 관계된 것은 하나님의 계획을 위해 근본적이었던 것인 약속에 대한 추구이다. 그러나 우리가 끊임없이 반복했던 단어인 '약속' 은 무엇을 담고 있는가? 그것은 무엇에 대한 약속인가? 그것은 하나님의 선물로 남아 있어야 하는 언약에 대한 약속이고, 메시아에 대한 약속이며, 다가올 하나님나라에 대한 약속이다. 이스라엘의 역할은 그러한 미래가 존재함을 모든 사람에게 뚜렷이 나타내고 예고하는 것이다. 그것은 약속 안에 포함된 그 기쁜 선물에 모두가 참여할 수 있다는 선언이다. 다시 말해 이스라엘이 소망을 열 수 있다는 선언이다. 누가 그러한 약속을 세상 속에 전달할 것인가? 하나님은 임의로 이스라엘을 선택하고, 대대로 자신의 선택을 한다. 모든 사람이 그 일에 부름 받은 것은 아니며, 결국 모든 사람이 지상에서 하나님의 대사가 되도록 부름 받은 것은 아니다. 약속은 자동으로 한 사람으로부터 다른 사람으로 건네지지 않는다. 바로 그 '원죄' 도 마찬가지로 상속에 의해 전달되지 않는다는 점을 나는 덧붙이고 싶다!

하나님의 은총에 의한 이 '선별' sélection은 그 기원에 있어서 놀랍다. 하나님은 야곱을 택했다. 하나님은 야곱에게 맡기게 될 어떤 사명을 완수하도록 구체적으로 야곱을 택했다. 택함의 원칙은 '선한 기쁨' 이라는 의미에서 하나님의 '의향' bon plaisir이다. 그러면 하나님은 임의적인가? 사랑이 임의적이듯이, 바로 그러하다! 왜 어떤 남자와 어떤 여자가 서로 진정으로 사랑하는가? 아무도 그 점을 결코 설명할 수 없었다. 그것이 사랑과 관계된 것이기 때문에, "나는 에서를 미워했다"라는 바로 그 표현이 바울의 견해나 이사야의 견해를 설명한다고 나는 생각하지 않는다. 하나님은 증오를 모른다! 하나님의 무한한 사랑에는 증오를 위한 자리는 없다.

13절에서 바울이 다시 취한 이사야의 표현방식은, 아브라함과 이삭과 야곱의 하나님에 대한 계시 전체와 모순되기 때문에, 또한 그 표현방식은 잔인하고 불의한 하나님에 대한 반유대주의자의 판단을 확인해 주는 듯이 보이기 때문에, 그것은 아주 조바심 나게 한다. 우리는 이미 하나님의 '불의' 과 '임의성' 에 대해 이미 이해했다. 그러나 우리는 이 구절에서 부딪친다. 우리의 반응을 설명하는 것은, 마이요가 보여주었듯이 그것이 오역이 아니라면 적어도 '사랑하다' 나 혹은 '미워하다' 라는 동사에 대한 오해가 아마도 있다는 것이다. 즉 우리에게 그 동사들은 어떠어떠한 개인 앞에서 존재의 감정이나 일반적인 기질을 표현하는 단어이다. 그런데 히브리어에서 그것들은 아주 구체적인 동사들이다.

우리는 히브리 사상에서 어휘의 실제적이고 적극적이며 구체적인 성격에 대해 분명히 재검토해야 할 것이다. 다바르[29] 즉 '말'이 '행동'을 동시에 의미하는 것과 마찬가지로, '사랑하다'나 '미워하다'와 같은 동사들은 감정보다는 차라리 행동하는 방식을 표현한다. "나는 야곱을 선택했다"는 "나는 야곱을 사랑했다"와 같은 것이다. 그래서 문자적으로 히브리 단어나 그리스 단어가 실제로 "미워하다"라고 표현되더라도, 그것을 "나는 에서를 선택했다"거나 아니면 "나는 에서를 버렸다"라는 구체적 의미로 아마도 이해해야 한다. 하나님은 그가 원하는 자를 선택한다. 하지만, 그 선택에서 관계된 것은 영원한 구원도 아니고 생명의 약속도 아니다. 하나님은 자신이 원하는 자를 선택한다. 그것은 선택된 그가 하나님을 섬기기 위해서이고, 또한 인간이 떠맡기를 하나님이 원하는 구실을 하기 위해서이다.

이 본문들에서 영원한 구원과 영원한 지옥의 형벌을 받는 것은 문제되지 않는다. 그들은 내버려진 자들인가? 그러나 우리는 성서의 역사에서 그들이 성공하고 잘 사는 사람이 되는 것을 목격한다. 이스마엘 역시 축복을 받았고, 큰 민족이 되는 약속을 받는다. 그는 지옥의 형벌을 받은 자가 아니다. 여기서 사람들은 가인과 관련해 저질렀던 같은 잘못을 범할 수도 있다. 분명히 그 본문은 하나님이 가인에게 준 표시는 지옥의 형벌 표시가 아니라 그와 반대로 하나님이 가인에게 보장하는 보호의 표시임을 나타내는 것인데도, "그 눈은 무덤 속에 있었으며 가인을 바라보고 있었다"[30]는 표현처럼 사람들은 가인을 가지고

---

29) [역주] 히브리어로 말, 진술, 행동, 물건 등을 나타내는 다바르(Dabar)는 히브리어 성서에서 다양한 문맥으로 등장하는데, 가끔 '신(神)의 말' 즉 '다바르 야훼' 혹은 '하다바르 엘로힘'(Ha-Dabar Elohim)을 지칭하는 데에 쓰이기도 한다. '신의 말'은 하나님의 메시지를 자기 민족에게 특히 자신의 선지자에게 전하는데, 그 표현은 창세기 15장에서 처음으로 나온다.

30) [역주] 이 표현은 프랑스 작가 빅또르 위고(Victor Hugo)가 유랑하는 가인의 가족을 묘사한 「양심 La conscience」이란 시의 맨 마지막 구절을 인용한 것이다.

영원히 단죄를 받고 지옥의 형벌의 흔적을 지닌 유랑하는 유대인의 이미지를 만들었다. 가인은 지상에서 유랑하지만, 하나님의 보호 아래 있었다! 에서는 부유하고 강하게 되고, 야곱은 그 앞에서 겁을 먹는다. 그러나 결국 두 형제는 화해하기에 이른다. 하나님은 미움으로 에서를 추적하지도 않고, 그에게 사명을 맡기지도 않는다. 그것이 바로 택함élection이다.

그 본문을 통해 우리에게 떠오르는 바는, 사명을 수행하기 위한 그런 선택choix이 설득력 있는 듯이 보이는 '이유'에 근거하지 않는다는 것이다! 하나님의 계획은 인간에 의해 미리 이루어진 선행에도, 도덕의 준수에도, 인간 법률의 효력에도 기초하지 않는다. 그 선택에는 선택하는 자의 의지 외에 다른 이유가 없다. 하나님이 자신과 인간 사이에 의義 justice의 관계를 자신의 자유로운 참여 위에 설정하므로, 하나님은 의롭다고 우리는 말한다. 즉 "나는 너의 것이고, 너는 나의 것이다"라는 것은, 로마서 3장 21절에 나오듯이 "율법 밖에서 의義"이다. 다른 사람들, 그들은 사명도 없이, 하나님 앞에서 책임도 없이, 진리가 없는 인류 가운데 진리의 전달자가 되는 무거운 책무도 없이 살아간다. 평화가 없는 인류 가운데 하나님의 평화에 대한 증인이 되어야 하는 것과 마찬가지로, 하나님의 의에 대한 증인이 되어야 한다. 그런데 그 의는 우리의 이론 및 철학과 상반되기 때문에, 의에 대한 우리의 온갖 개념을 뛰어넘는다! 하나님은 인간적인 모든 그럴듯함을 거슬러서 선택한다.

가장 작은 자와 약한 자를 선택하는 하나님

이삭과 관련된 터무니없는 이야기가 있다. 하나님은 백 살이 된 남녀로부터 인간적으로는 태어날 수 없는 자를 선택하는 계획을 세우고 있다! 사람들이 원하던 원하지 않든 간에, 그것은 예수의 기적적인 출생을 떠올리게 한다. 백 살이 된 사람으로부터 아이가 태어나거나 혹은 처녀로부터 아이가 태어나는 것보다 더 기적적인 것이 무엇이 있는가? 두 경우에 그것은 하나님의 창조 행위이다.

또한, 야곱의 선택과 관련된 믿을 수 없는 이야기가 있다. 야곱은 둘째로 태어났다. 따라서 인간적인 생각으로는 그에게는 아버지에 대한 상속의 권리가 없다. 인간의 생각으로 **약속**을 상속하게 되어 있는 것은 다른 사람이다. 그런데 그렇지 않다. 약속을 상속하는 것은 권리가 없는 자이다! 과연 그 무거운 책무가 자신에게 맡기는 것이 더 마땅하다고 할 수 있을까? 물론 아니다! 그의 이름 야곱은 그가 마땅히 되어야 할 것 곧 거짓말쟁이를 지칭한다. 그는 계교를 써서 형에게서 형의 권리를 **빼앗는다**. 그는 사기의 성격을 띤 방법으로 아버지의 축복을 얻는다. 도덕적인 관점에서, 그는 어쨌든 비난받아 마땅하다!

그러나 하나님의 선택은 어떠한 도덕에도 어떠한 미덕에도 일치하지 않는다! 하지만, 우리는 유일한 실재인 하나님만을 결국 중시하는 야곱을 본다! 설사 하나님이 기대를 저버리더라도, 하나님에게 있어서는 근본적인 기지 사항 곧 하나님 편에서의 축복과 언약의 상속만이 있다는 것이다! 그가 세 사람의 방문을 받을 때, 그는 하나님에게서 온 세 천사를 거기서 식별할 줄 안다.[31] 그가 냇가 어귀에서 공격을 당할 때, 그는 하나님과 함께 싸우는 것임을 알고, 유일한 것 곧 축복만을 요구한다.

그러한 야곱에게 중요한 것이란 바로 가장 중요한 것을 식별하는 능력일 따름이다! 그러나 그 점을 통해 야곱을 영원히 선택하는 자유롭

---

31) [역주] 창세기 32장 1~2절 참조.

고 제약받지 않는 하나님의 결정이 설명되는가? 우리는 하나님의 자유와 '의향' bon plaisir을 언급했다. 물론 그렇다. 하지만, 성서에 의해 우리에게 주어지기 때문에 우리가 염두에 둘 수 있는 작은 실마리가 있다. 그것은 하나님의 동기에 대한 실마리도 아니고 하나님에게 불가피하게 주어진 우연성에 대한 실마리도 아니라, 하나님이 자신을 위해 선택하는 일종의 기준선에 대한 실마리이다. 그 기준선은 씨실 속에서의 진홍색 실로서 하나님이 우리로 하여금 얼핏 보게끔 하는 것이다. 하나님은 백세가 된 자들의 아들을 선택한다! 하나님은 마지막 순간에 자신이 구원하는 죽음의 형벌을 받은 자를 선택한다. 하나님은 권리가 없는 자, 도덕성이 없는 자, '인간적인 존중'을 받을 수 없는 자를 선택한다! 하나님은 자신의 말을 전달하려고 말더듬이를 선택하고, 첫 번째 왕으로서 "이스라엘의 가장 작은 지파의" 대표자를 선택하며삼상9:21, 두 번째 왕으로 이새의 아들 중 가장 어린 자를 선택한다. 가장 어린 다윗이 거인 골리앗을 대항하는 것이다.

그와 같이 매번 하나님은 가장 작은 자와 가장 약한 자를 자신의 은총과 언약의 전달자로 선택한다. 하나님은 인간 가운데 하나님을 드러낼 막중한 책무를 그런 자에게 맡긴다.

이것이 이스라엘 민족 자체와 관계된 것일 때, 바로 다음 같은 선포가 우리에게 있다. 즉 "너는 여호와를 위한 거룩한 민족이다"거나, "여호와는 네가 모든 민족 가운데서 여호와에게 속하는 민족이 되도록 너를 선택했다"거나, "하나님이 너희에게 애착을 두는 것은 너희가 민족들 가운데 강하기 때문이 아니다. 왜냐하면, 너희는 모든 민족들 가운데 가장 보잘 것 없기 때문이다"신7:7 같은 선포이다. 몇 번이나 그러한 선언이 되풀이되는지!

또한, 이것은 바울이 다음 같이 고린도 교인들에게 설명할 때, 바울이 확인하고 일반화하는 것이다. 즉 하나님이 강한 것을 부끄럽게 하려고 세상의 약한 것을 선택하고, 분별 있다는 것을 부끄럽게 하려고 세상의 어리석은 것을 선택하며, 결국 '존재하는' 것들을 부끄럽게 하려고 존재하지 않는 것들을 선택한다는 것이다.[32]

왜 하나님의 그런 이상한 방침politique이 존재하는가? 그것은 혼동이 없게 하기 위함이다. 또한, 그것은 인간이 하나님으로부터만 오는 바를 자신의 지혜와 힘과 수완에 부여하지 않게 하기 위함이다. 그 점은 강하고 힘이 있거나 혹은 풍성한 것을 하나님이 단죄하며 지옥의 형벌에 처한다는 것을 의미하지 않는다! 혼동하지 말아야 한다! 그런데 하나님의 행위와 성과였던 바를 인간이 어느 정도까지 자신의 것으로 돌릴 준비가 항상 되어 있는지 하나님의 지혜는 잘 알고 있다! 그래서 하나님은 인간적으로 어떠한 수단도 성공의 기회도 없는 자로 하여금 자신의 일을 성취하게 한다. "아무 육체도 주 앞에서 자랑하지 않도록 하기 위함이다"[33]는 것이다.

하나님의 일은 하나님의 일이다. 사람들은 하나님의 일을 그러한 것으로 인정해야 한다. 따라서 이스라엘은 자신의 두드러진 능력이 아니라 약함으로 말미암아 선택된다. 하나님의 계획과 하나님이 그 계획을 실현하고자 선택하는 수단 사이에는 타당치 않은 면이 변함없이 존재한다! 그러나 하나님은 세상에서 직접적으로 절대 행동하지 않기 때문에, 그 수단과 인간과 민족에 의해 또한 그 수단과 인간과 민족을 통해 행동한다. 하나님은 인간을 사용하지만, 인간을 로봇으로 만들지 않는다. 인간 중 가장 약한 자가 하나님 능력의 가장 훌륭한 도구가 되는데, 그 도구는 그러한 것으로서 드러나 보일 것이다. 거의 아무것

---

32) 고린도전서 1장 27~28절 참조.
33) 고린도전서 1장 29절 참조.

도 아닌 것을 가지고 그렇게 위대한 것을 만든 것에 대해, 사람들은 하나님에게 영광을 돌릴 것이다. 바로 이 구절들에서 바울은 신성한 택함élection의 자유를 강조하는데, 그것은 부르는 자에 달려 있는 것이지, 행위에 달려 있는 것이 아니다.

"이스라엘이 필요 불가결한 일부를 이루는 구원의 역사에서 그 흐름을 결정하는 하나님은 자신의 주권적인 선택choix에 따라 행동하는데, 그 선택에 어떠한 인간도 영향을 미치지 못한다"무스너 약한 자와 혜택을 받지 못한 자 가운데 선택하면서, 하나님은 무한한 선택을 한다. 악하고 하나님에게서 멀리 떨어진 인류 가운데 하나님은 자신이 원하는 사람을 자유롭게 선택하고, 이스라엘 민족 가운데서도 하나님은 자신이 원하는 사람을 선택한다. 이미 우연히 발견된 '남은 자'로서 그들은 다른 신을 향해 가지 않을뿐더러, 자신들의 능력과 종교와 도덕과 신실함을 신뢰하지 않는 자들이다. 예수가 선택한 자들인 약속의 전달자들도 그와 같다. 그러나 '이스라엘 전체'가 은총으로부터 배제되고 악해질 수도 있다고 생각할 수 있을까? 전혀 그렇지 않다. 우리는 그 점에 대해 자세히 다시 살펴보게 될 것이다.

하나님에 대한 대항과 불순종의 의미

그렇지만, 우리는 이스라엘과 관련하여 다음 같은 극히 어려운 질문과 마주치기 때문에, 이 논리 전개를 중단해야 한다. 그것은 "악惡, 하나님의 뜻을 행하는 것의 거부, 하나님에게 대항하는 대립, 그것들이 하나님 밖에 있는 힘의 표현인가?"라는 질문이다. 달리 말해 사람들은 딜레마에 다시 빠진다. 하나님이 선하다면 하나님은 악을 행할 수 없고, 하나님이 악을 행한다면(혹은 악을 행하도록 내버려둔다면) 하나님은 선하지 않다는 것이다! '선의 신'과 '악의 신'이라는(간혹 그것은 '악의 하나님'은 구약 성서의 하나님이란 괴상한 견해이다) 두 신은 어디에서 늘 새롭게 만들어져 나오는가. 아마도 우리는 성서의 하나님이 선지자의 입을 통해 전쟁을 일으키고 징벌을 하며 재난이 생기게 하는 것을 목격한다. 그 점이 예수의 하나님을 '아주 선한 존재' 다시 말해 아주 자비롭고 관대한 존재인 '선한 하나님'으로 만드는 우리의 감수성에[34] 충격을 준다. 그러나 그것은 사실이 아니다. 이사야 45장 7절처럼 "나는 여호와이고 다른 이는 없다. 나는 빛을 만들고 어둠을 창조한다. 나는 번영을 주고 역경을(혹은 불행을) 만든다"거나, 예레미야 애가 3장 37~38절처럼 "주가 그것을 명령하지 않았는데도 어떤 일이 일어난다고 누가 말하는가? 악과 선행이 나오는 것은 지극히 높은 자의 의지로부터가 아닌가?"라는 것이다.[35]

따라서 우리는 악이 하나님에 의해 만들어지고 의도된다는 것이 아니라, 악이 하나님의 힘 밖에 있지 않음을 인정하기에 이른다. 그러므로 하나님의 뜻에 순종하기를 거부하는 것도 하나님의 힘 속에 역시 포함된다. 이 본문에서 다시 언급되는 야곱에 대한 선택choix이 실현되는 것은, "자손들이 아직 태어나지 않았으며 그들이 선도 악도 행하지 않았음에도, 하나님의 택함élection의 계획이 행위에 달려있지 않은 채 지속하기 위해 또한 부르는 자의 유일한 뜻대로 지속하기 위해서" 이

---

34) 나는 최근에 그런 점을 확인했다. 나는 「개혁 Réforme」지(誌)의 글에서 결국 에이즈가 이 사회의 엄청난 타락 앞에서 하나님 심판의 표현이라고 썼다. 그것이 가장 가증스러운 병이 아님을 분명히 밝히면서 미리 온갖 대비를 했다. 하지만, 얼마나 부끄러운 일인가! 나는 나 자신도 모르게 전적으로 동의했다.

35) 여기서 두 가지 점을 지적해야 한다. 우선 하나님에게서 오고 하나님이 결정했던 악에다 인간은 자신이 행하고 하나님이 단죄하는 악을 덧붙인다는 것이다. 다음으로, 내가 방금 인용한 본문 바로 앞에 다음 같은 구절들이 있다는 것이다. 즉 "주(主)는 언제나 내버리지는 않습니다. 하나님이 괴롭힐 때 하나님에게는 자신의 위대한 자비에 따라 긍휼이 있습니다. 왜냐하면, 하나님이 인간의 자손들을 낮추고 괴롭힐 때 기꺼이 그렇게 하지는 않기 때문입니다!'

다.[36] 그와 같이 하나님의 뜻에 대립하는 것 자체는 하나님의 힘을 무력하게 하는 것이 아니라, 그 자체가 창조자의 주권적인 뜻 속에 근거를 둔다! 우리가 이미 언급했듯이 하나님의 명령이나 혹은 활동을 거부하는 인간의 자유는 하나님의 자유와 결정을 제한하거나 무력하게 할 수 없다. 그와 반대로 인간의 부정적인 자유를 가능하게 만드는 것은, 구원자인 동시에 창조자인 그의 전능함이다. 그러나 신심을 우리에게 더 쉬운 것으로 만들려고 우리가 하나님을 가지고 만드는 틀에 박힌 이미지들을 기꺼이 버린다면, 우리가 이스라엘 역사의 긴 여정 속에서 보듯이 하나님의 계획은 명백하다.

역사의 흐름에서 하나님이 격동시키는 대항자들은, 하나님이 전능함 속에서 그런 자들도 구원할 수 있음을 드러내려고 결국 나타난다. 그들은 불순종하는 자들과 반대자들로서, 하나님은 자신의 사랑 가운데서 그들을 구원한다. 예수 그리스도에 대한 이스라엘의 대항이 영원한 내버림의 '이유'가 아니라, 이스라엘의 하나님이 구원받기 원하지 않았던 자들도 예수 그리스도 안에서 구원한다는 사실에 대한 입증임을 이해하는데 그 점은 근본적이다!

분리할 수 없는 순종과 불순종의 한 쌍

이제 그와 같은 계시의 다른 측면에 접근해보자. 우리는 방금 이 구절들에서 야곱과 에서라는 한 쌍을 자세히 고찰했다. 나중에 어떤 구절에는 모세와 바로라는 한 쌍이 나온다. 바울은 귀하게 쓰이는 그릇과 천하게 쓰이는 그릇을 만드는 토기장이의 작업에 대해 이야기하면서 일반화시킨다. 우리는 여기서 칼 바르트의 견해와 마주친다. 그것

---

36) 게다가 그것은 신앙의 행위 없이 은총으로 이루어지는 구원에 대한 위대한 선포의 정상적인 결과일 따름이다. 개신교도들이 지옥의 형벌을 받은 자의 존재에 그렇게 오래 관심을 뒀다고 사람들은 잘못 이해하고 있다.

은 성서상의 역사, 결국 아주 짧은 역사에서 다음 같은 한 쌍이 하나님 앞에 늘 있다는 견해이다. 그것은 하나님의 뜻과 하나님이 맡기는 사명을 받아들이며 하나님의 부름을 따르는 사람과, 택함을 거부하는 사람으로 이루어진 한 쌍이다. 그러나 오랫동안 눌려온 견해에 따르면, 그들은 하나님의 사랑을 나타내는 한 사람과 하나님의 의를 나타내는 영원한 멸망으로 예정된 다른 사람이라는 모순 된 두 이미지가 아니다. 그러한 해석은 다음 같은 사실을 간과한다. 즉 단죄를 유발하는 하나님의 의 전체가 예수 그리스도에 의해 성취되었으며, 예수 그리스도에 대한 단죄로 충분하다는 사실이다. "나는 죄인들을 구원하러 왔기" 때문에, "나는 모든 사람을 내게로 이끌 것이기" 때문에, 악인들에 대한 다른 단죄는 필요 없다는 것이다.

하나님의 구원 계획은 언제나 그림자 곧 음성적陰性的인 것을 동반했는데, 음성적인 것은 단순히 내버려지지 않는다. 왜냐하면, 음성陰性 속에서조차 음성적인 것은 하나님의 계획에 도움이 되기 때문이다. 또한, 하나님의 의를 거듭 나타내기 위해서가 아니라, 하나님이 인간의 모순으로부터 은총을 더 크게 나타내려고 그 모순을 이용한다는 점을 보여주고자, 음성적인 것은 하나님의 주권적인 뜻에 도움이 된다. "죄가 많이 있었던 곳에 은총이 넘쳐났다"는 것이다. 하나님이 거역하는 자에게 은총을 베푼다면, 하나님이 온순한 어린 양들만 불렀을 때보다 하나님의 은총은 분명히 더 진실하고 강력하고 중요하다. 그래서 그것은 더는 은총이 아니다! 하나님의 말이 선포되는 각 상황에는, 듣고 받아들이는 사람 및 거부하지만 역시 은총의 대상이 될 사람이 늘 있다![37] 모든 것이 한 쌍으로 진행된다. 그것이 분리할 수 없는 한 쌍이다.

---

37) 나는 가롯 유다에 관한 바르트의 긴 입증을 여기서 다시 재론하지 않겠다.

여기서 모세와 바로에 대한 이야기가 나온다. "나는 너에게 나의 권능을 보여주려고 또한 나의 이름이 온 세상에 공표되도록, 나는 일부러 너를 격동시켰다." 바로가 하나님의 뜻에 대립하지 않고 순종했다면, 히브리인은 기적에 의해 해방되지 않았을 것이고, 그들은 하나님의 유일한 활동으로 노예상태와 괴로움에서 벗어나지 않았을 것이며, 하나님은 그 무엇보다도 해방자로서 선포되지 않았을 것이다. 바로는 하나님의 계획과 뜻에 도움이 된다. 하나님이 가장 강한 주권자보다 더 강하다는 것을 나타내려고, 하나님은 바로의 마음을 완악하게 한다. 그것은 아주 흔히 말해지듯 하나님의 의를 나타내기 위해서가 아니라, 하나님의 권능을 나타내기 위함이다.

하나님은 **해방자**로서 선포될 것이다. 하지만, 어떠한 인간의 힘도 하나님의 은총의 자유로운 뜻을 능가할 수 없음을, 하나님은 모든 인간의 눈앞에서 보여 줄 것이다. 그 이야기 속에서 바로는 긍정적인 역할을 한다. 바로가 명백히 보여주는 바는, 모든 것을 결정하고 지배하는 가장 강력한 왕도 하나님의 은총이 지나가는 것을 아무것도 방해할 수 없다는 냉엄한 사실을 본의 아니게 드러낸다는 것이다. 바로는 가룟 유다처럼 구원의 역사 속에서 자신의 역할을 담당했다. 하나님의 관점에서, 또한 루터가 "하나님이 **부정**NON을 언급하면서도 온 땅에 하나님의 이름을 널리 퍼지게 했다는 것으로 우리는 할렐루야라고 하기에 충분할 것이다"라고 말하듯이, 바로는 자신의 거부를 통해 실제로는 순종했다는 것이다.

그러나 또다시 착각하지 말아야 한다. 구원의 역사를 이루는 그 역사에서 히브리인은 '선하고' 바로는 '악하다고' 생각한다면, 아무것도 이해하지 못할 수도 있다. 그것은 도덕의 문제가 아니다. 오로지 주만이 선하다는 것이다! 주는 비참한 자와 죄인에게 은총을 베푼다는 것이다! 역사에서 하나님 은총의 활동 속에 분리할 수 없는[38] 한 쌍이 늘 존재한다는 사실을 통해, 언제나 선민인 동시에 내버려진 민족인 이스라엘의 처지가 분명히 밝혀진다. 우리가 언급했듯이 이스라엘 민족은 끊임없이 '남은 자'로 국한된다. "오 이스라엘아, 너의 민족이 바다의 모래처럼 될 때 '남은 자'만이 돌아올 것이다. 이스라엘의 '남은 자'는 자신들을 때리는 자에게 더는 의지하지 않을 것이고, 이스라엘의 거룩한 자 여호와에게 확신하고 의지할 것이며, 강한 하나님에게로 돌아올 것이다" 사10:20~23

그것이 바빌론 포로생활로부터 나올 '남은 자'와 관계된 것이라고 여기서 말할 수 있지만, 실제로 진정한 질문은 '이스라엘이 누구에게 자신의 신앙을 두는가?'이다. 즉 '자신의 신앙을 인간의 힘에다 두는가, 그렇지 않으면 자신의 주의 유일한 힘에다 두는가?'라는 질문이다. 그것이 '남은 자'의 일이다. 이스라엘은 선민으로 남아 있지만, 불순종으로 숫자와 질적인 면에서 얼마나 감소하였는가. 그것은 "나는 홀로 남았다"는 엘리야의 체험인 것과 마찬가지로 사무엘의 체험이다. 그와 같이 이사야 1장 9절에 나오듯이 이스라엘의 모든 불순종 속에는 연약한 '남은 자'가 있지만, 그들은 이스라엘 안에서 싹이자 상속자이자 축복의 전달자이다.

축복과 약속의 전달자? 그러나 그것은 자기 자신을 위하거나 자신의 이익을 위함은 아니다. 그러한 전달자 곧 그러한 싹은 늘 선민 일부분이 되고, 아마도 혼자이지만 상관없이 그 민족 가운데로 택함을 전달한다. 그 약속의 전달자 안에서 이스라엘은 전체적으로 구원을 받

---

38) 왜냐하면 결국 긍정(OUI)이 부정(NON)으로부터 분리될 수 없고, 그와 반대로 부정이 긍정으로부터 분리될 수 없기 때문인데, 양성陽性과 음성陰性에 대한 '현대적' 표현방식이 여기서 암시될 수 있다.
  [역주] 이 부분은 본래 각주가 아니지만, 글의 원활한 흐름을 위해 역자가 각주로 설정한 것임.

는다. 그 점을 통해, 예수를 거부하는 이스라엘이 처한 상황은 특별한 날에 가서야 밝혀진다. 우리의 신앙에 따라 예수가 이스라엘의 자손이자 다윗의 후손이라면, 예수는 이스라엘을 위해 지속하는 싹이다. 유대인의 거부는 거기에 아무런 변화를 주지 않는다.

동일한 은총 속에서 둘이지만 같은 역할이 아닌 모순되는 한 쌍에 의해 하나님의 은총이 늘 나타났다면, 이스라엘의 거부는 교회가 된 이교도의 신앙과 한 쌍이 된다. 그러나 우리가 긍정이 부정과 분리될 수 없음을 어느 정도 이해했다면, 또한 부정이 긍정의 조건임을 이해했다면, 그것은 바로 이스라엘이 교회와 분리될 수 없음을 의미한다. '그 자체로' 존재했던 적이 결코 없었던 이스라엘은 스스로 존재할 수 없지만, 교회도 마찬가지이다. 교회는 '스스로' 존재할 수 없는 것과 마찬가지로 "그 자체로" 존재하지도 않는다. 교회는 이스라엘에 관련되어, 이스라엘에 따라, 이스라엘을 위해 존재한다!

인간이 하나님에게 하는 항의와 비판 – 첫 번째 지적

물론 나는 우리가 방금 언급했던 모든 것, 즉 앞에서 내가 설명했던 바를 우리가 믿더라도, 그것이 우리를 진정으로 이해시킬 수 없음을 안다. 우리에게 '불의'라는 감정이 어쩔 수 없이 남아 있다는 것이다. '인간이 하나님에게 제기하는' 비판 속에 표현되는 것은 인간의 '식견'bon sens이기 때문에, 바울은 자신의 '논증'이 빈약함을 잘 안다. 그것과 관련된 구절은 "오 인간이여, 너는 '왜 하나님이 여전히 질책하는가?'라고 내게 말할 텐데, 아무런 동기 없이 선택하고 인간을 인도하는 것이 하나님이기 때문이다. 도대체 왜 하나님은 인간에게 어떤 것을 책망하는가?"이다.

바울의 논증을 다시 다루기 전, 이 점에 관해서 두 가지 지적을 하겠다. 우선, 하나님이 내버리는 자들은 버림받아 '마땅했고', 그와 반대로 하나님이 받아들이는 자들은 받아들여져 '마땅했다'는 사실로부터 우리의 비판이 나온다는 것이다! 그러나 또다시 우리의 견해로는, 그것은 사람들이 은총을 받아 마땅한지 그렇지 않은지에 대한 확신의 문제로 불가피하게 되돌아갈 수밖에 없다. 그런데 실제로 성서 전체와 함께 이 본문은 정확히 그 반대되는 것을 우리에게 언급한다. 하나님에 의해 선택되고 부름 받은 자들은 아무것도 받지 않은 것이 마땅하다. 또다시 그것은 은총 가운데서만 믿어야 한다는 우리의 어려움이다. 게다가 "의인은 하나도 없으며 단 하나도 없기" 때문에, 우리는 모든 사람이 진노와 내버림을 받아 "마땅했다"고 이해해야 한다. 행위의 가치에 대한 그런 확신을 우리에게서 송두리째 뽑아낼 수 있어야 한다.

그러나 고려해야 할 상반된 문제점이 있다. 매우 흔히, 그리스도인은 하나님이 의로움을 '증명하기' 원한다. 그래서 그들은 하나님이 불의를 행하지 않음을 많은 이유를 들어 입증하기 원한다. 나는 '정의正義 가치' valeur de justice에 대해 언급했던 바를 재론하지 않겠다. 하지만, 모든 기독교 변증론에서 다시 발견되는 잘못인 하나님의 영예를 '지키려' 하는 잘못을 강조할 것이다! 우리를 의롭다고 인정하는 것은 하나님임을 잊어버리면서도, 우리는 하나님을 "의롭다고 인정하는" 책임을 지려 한다! "오, 논쟁을 하는 인간이여, 하나님과 언쟁하려는 너는 누구인가?"라는 것이다. 하나님은 하나님이기 때문에, 하나님과 논쟁하려는 인간은 단지 할 말이라곤 아무것도 없다!

그러나 우리가 지극히 자유로운 사랑으로서 존재하는 하나님을 인정할 때, 우리의 침묵은 운명에 의해 쓰러지고 결정론에 눌린 인간의 침묵이 아니다! 바로 하나님의 자유는 운명에 반대되는 것이다. 더는 파툼[39]도 없고, 아난케[40]도 없다. 완전히 이루어진 미래가 아니라 이루어야 할 미래로의 길이 자유로운 은총에 의해 인간에게 다시 열린다. 성서에 따른 하나님의 은총과 자유는 바로 이슬람의 알라와 반대된다. 멕투브[41]도 인샬라[42]도 더는 없다!

침묵하는 인간은 욥과 같다. 욥은 한없이 논쟁했고 질문과 반항을 늘어놓았지만, 하나님이 욥에게 말할 때, 욥은 "나는 당신이 모든 것을 할 수 있음을 인정합니다"라고 하면서 침묵하며 입에 손을 갖다 댄다. 그래서 주는 욥에게 온갖 선물을 베푼다! 그것이 하나님이 누구인지 진정으로 인정했던 자의 침묵이다. 또한, 그것은 존중의 침묵과 인정認定의 침묵을 좋아할 수밖에 없는 자의 침묵이다. 신학적이건 아니건 온갖 논쟁은 주를 전적으로 인정하지 않음과 대대로 주가 추구했던 일을 인정하지 않음을 전제로 한다.

그래서 두 종류의 그릇과 관계되는 구절이 나온다. 즉 '천한' 용도로 예정된 '진노의 그릇'이(혹은 '불태워질 그릇'이) 되려고 만들어진 그릇과 '영광의 그릇'이다. 첫 번째 그릇은 결국 깨질 것이고, 다른 두 번째 그릇은 영광스럽게 될 것이다. 그런데 이 본문은 우리가 지금껏 자세히 설명했던 모든 것과 상반되지 않는가? 하나님은 그릇을 만들었는데, 그것은 어떤 순간 깨질 진노의 그릇 곧 불태워질 그릇이다. 그런 판단에 의해 하나님은 자신의 진노와 권능을 드러낸다는 것이다. 우리는 전통적인 주장과 마주하고 있다. 그러나 그 주장에는 몇몇 조심성을 요한다. 우선 이 두 종류의 '그릇'이 하나님에게 유용하다는 점을 주목해야 한다. 어떤 것들은 하나님의 영광을 드러내기 위함이

---

39) [역주] 파툼(fatum). 라틴어로서 '운명, 숙명'을 뜻한다.
40) [역주] 아난케(Anankê). 그리스 신화에 나오는 신 제우스의 정부(情婦)로서 운명과 필연의 여신이다.
41) [역주] 멕투브(Mektoub). 아랍어로서 '숙명'을 나타낸다.
42) [역주] 인샬라(inch' Allah). 아랍어로서 '알라가 뜻하는 대로'라는 뜻이다.

고, 다른 어떤 것들은 하나님의 진노와 의를 드러내기 위함이다. 그 점은 한편으로 '영광', 다른 한편으로 '진노'라는, 용어에서 부조화를 드러낸다. '진노'도 '의'조차도 하나님의 영광이 아니다! 조금도 하나님을 영광스럽게 하지 않는 것이 사건들과 결정들이다.

게다가 영광은 자비에 의해 확실히 설명된다. 즉 하나님의 영광을 드러내는 것은 하나님의 은총과 자비이다. 그러나 스스로 그러한 자비를 받을 만하고 그러한 자비를 받아 마땅하며 그 존재 자체의 보응을 단순히 받는 자가, 어떠한 은총과 자비로 거기서 구원을 받고 높임을 받아야 할까? 거기에는 어떠한 자비도 없다! 하나님이 그 선물의 값을 냈던 자에게 선물을 준다면, 또한 마땅히 사랑받을 자를 하나님이 사랑한다면, 어떠한 은총도 자비도 없다! 하나님이 자신의 의를 나타낼 수도 있는 것은 다음 같은 때이다. 곧, 하나님은 행할 바를 했던 자에게 귀속될 것을 줌으로써 의롭다. 주인은 작업 전체를 행했던 제1시의 노동자에게 합의되었던 임금을 지급함으로써[43] 의롭다. 여행에서 돌아와 일을 잘한 하인들에게 "잘했다. 이제 나에게 저녁 시중을 들어라"라고 말할 때[44] 그는 의롭다.

결국, 그 본문이 '하나님은 어떤 사람들에게 자비를 베푼다.'라고 되어 있을 때, 그것은 그 자비를 받을 자격이 없는 사람들과 관계된 것이다! 영광의 그릇은 본래 그러한 것이 아니지만, 토기장이가 자신의 영광과 자비를 나타내려고 그것들을 만들었기 때문에 그러하다. 하나님이 요구했던 바를 일생 행했던 칭찬할 만한 사람들을 거기서 찾지 말아야 한다. 그것이 잘못 행동했고 불순종하며 거역하고 '반박하는' 사람들 곧 하나님과 복음을 싫어하는 사람들과 관계된 것임을 이 단

---

43) [역주] 마태복음 20장 1~16절 참조.
44) [역주] 누가복음 17장 7~10절 참조.

어들이[45] 의미한다면, 그와 마찬가지로 소위 '진노의' 그릇은 자비가 있어야 한다! 그래서 실제로 하나님이 자신의 진노를 나타내려고 그 것들을 사용하기 원한다는 이유에서만이, 진노의 그릇은 자비를 필요로 한다.

인간이 하나님에게 하는 항의와 비판 – 두 번째 지적

그러나 두 번째 지적은 다음과 같다. 즉 바울은 그것이 한 경우에는 하나님의 자비를 나타내고 드러내며 다른 경우에는 하나님의 의를 나타내고 드러내는 것이라고 언급한다. 나타낸다는 것과 드러낸다는 것이란? 누구에게 또한 누구를 위해 나타내고 드러내는 것인가? 그 본문에서 그것이 최후의 심판과 영원한 구원과 영생과 관계된 것이라면, 누가 "지옥의 형벌에 처하고" 누가 구원을 받는지 세상에서는 아무도 말할 수 없어서 그 점은 전혀 아무것도 나타내거나 드러낼 수 없다. 그것은 하나님의 비밀인데, 그 점은 지상에서 살아 있는 인간에게 아무것도 보여주지 못하고 알려 주지 못한다는 것이다! 그것은 살아 있는 인간의 눈에 나타나고 드러나야 할 수밖에 없다! 그러나 그것은 구원 외에 다른 것과 관계된 것으로, 인간이 보고 확인할 수 있는 실재와 관계된 것이다. 따라서 두 경우에서 마찬가지로, 그것은 지상에서 일어나는 것으로서 인간 가운데 완전히 보이고 이해될 수 있는 하나님의 활동과 관계될 것이다!

게다가 바로의 예는 독특하다. 하나님은 바로를 지옥의 형벌에 처하기 위해서가 아니라, 그를 무너뜨리고자 그의 마음을 완악하게 만든다. 그것은 아브라함과 모세의 하나님이 바로보다 더 강하다는 점과 하나님이 노예 상태와 괴로움을 능가하고 이겨낼 수 있다는 점을 명

---

45) [역주] 이 단언들이란 위에 나온 '은총, 자비'를 가리킨다고 볼 수 있다.

백하게 하기 위함이다! 그것은 인간이 삶을 이어가는 동안 명백히 나타나는 역사적 형벌과 관계되는 것이다. 우리는 그렇게 자주 되풀이되었던 너무 단순한 방식으로 말할 수도 있는 것일까? 즉 부유하고 성공하는 자는 하나님에 의해 축복을 받은 것이고, 그 사실로 말미암아 그는 구원을 받은 것인가? 전혀 그렇지 않다! 부유했고 강했던 자는 바로였으나, 그에게 진노가 떨어진다. 그와 반대로, 가난한 자는 하나님에 의해 저주받은 것이 아니다! 여기서 인간의 성공과 실패를 자비와 진노로부터 분리해야 한다.

인간의 힘을 쌓아 올리는 자는 벼락을 끌어들이는 피뢰침과 같다. 거기에 하나님의 의가 있다. 그를 천한 용도의 불태움의 그릇으로 만드는 것은 그의 성공 자체이다! 거꾸로 말해, 실패했고 하나님에게 제시할 아무것도 없는 '가난한' 자가 자비의 그릇이다. 그러한 자가 자비의 영광을 받는 것은, 지상에서 그가 삶을 사는 동안 인간들 가운데서 이다! 그런데 모든 가난한 자가 복이 있다고 공언해야 하는가?[46] 전혀 그렇지 않다! 왜냐하면, 여기서는 그렇게 억지로 규정하지 못하기 때문이다. 병든 자, 억압받는 자, 희생자, 고통받는 자, 비참한 자 같은 '가난한 자'는 자동으로 영광의 그릇이 되지는 않는다. 하나님이 자신의 주권적인 자유 안에서 가난한 자를 부유하게 하거나 혹은 치유할 때가 아니라, 구원하고 사랑을 베푸는 하나님이 누구인지 가난한 자 안에 나타나게 할 때, 가난한 자는 영광의 그릇이 된다. 게다가, 그 점은 모든 것이 박탈된 삶 속에서만 투명하게 나타날 수 있다. 그래서, 다른 그릇과 같은 흙으로 만들어진 이 그릇은 하나님에게 유용한

---

46) 형식상 나는 수없이 언급되었던 것 즉 "가난한 자들은 복이 있다"라는 표현이 다른 사람들을 가난하게 만드는 자들이나 혹은 가난한 자들을 가난으로부터 끌어내기 위해 아무것도 하지 않는 자들을 조금도 정당화하지 않음을 상기시키려고 한다. 그러한 사람들은 전형적으로 '진노의 그릇'이다.

'자비의 그릇'이 되는데, 다시 말해 인간이 그 대신 줄 것이 아무것도 없는데도 모든 것을 주는 하나님의 자비를 나타내기 위한 그릇이 된다.

또다시 그것은 역사적 모험과 관계된다. 다시 말해 그 모험은 신비적이거나 혹은 형이상학적인 것이 아니라, 삶의 줄거리trame 속으로 개입하는 것이다. 어떻게? 그 모험은 단순히 사람들 가운데서 하나님의 일을 수행하는 것이고, 모든 사람에게 약속을 전달하는 것이며, 증인이 되는 것이다. 그것이 전부이고 그것으로 충분하다.

인간들이 살아 있는 하나님의 수중에 떨어지는 것이 끔찍한 일임을 이해하도록, 어떤 사람들은 하나님의 진노가 표명되는 가운데서 하나님의 존재를 드러내는 데 도움이 된다. 또한, 다른 어떤 사람들은 하나님의 대가 없는 무한한 사랑을 그들의 구체적인 예로써 입증하는 데 도움이 된다. 전자의 사람들은 즉각적으로나 자동으로 두들겨 맞지는 않는다. 그들의 역사가 진행되는 동안, 하나님은 그들을 용납하고 묵인한다. 하나님은 그들의 여정을 따라가도록 그들을 내버려둔다. 하나님은 그들이 행하는 바를 용인한다.

우리가 방금 지적했던 그 이중적인 특성을 통해, 우리는 욥의 경험으로 돌아간다. 현세적일 따름인 욥의 불행은 친구들이 주장하는 바와 반대로 영원한 심판과 동일시되지 말아야 한다. 그와 반대로 욥은 힘 있는 자였고 힘이 있는 가운데서 두들겨 맞지만, 실제로 그는 자신의 원수를 갚는 자가 살아 있으며 여호와가 그를 구원한다는 점을 안다. 우리가 유대 민족을 다시 발견할 때 본질적이 될 그 본문에서, 인간 가운데 나타난 영광이나 혹은 진노만이 문제 될 따름이다.

그러한 심판의 영원한 진리에 관해 우리는 그 진리가 예수 그리스도 안에 완전히 요약됨을 안다. 하나님의 진노 전체를 견뎌내려면 예수 그리스도밖에 없다. 또한, 지옥의 형벌을 감당하려면 예수 그리스도밖에 없다. 택함을 받은 동시에 내버려지고 저주받은 동시에 축복받은 유일한 예수 그리스도 안에서, 하나님은 의와 사랑이라는 이중적인 힘을 모두를 위해 실현한다.

더욱이 우리 모두를 위해 저주와 축복이 된 것은 예수 그리스도이다. 갈라디아서 3장 13절에 나오듯이, "그리스도는 우리를 위하여 저주가 됨으로써 율법의 저주로부터 우리를 대속代贖했다"는 것이다. 그러므로 바울은 예수 그리스도에게는 물론 "어떠한 인간에게도 구원과 지옥의 형벌이라는 마지막" 심판이 결코 없었다고 담대하게 말할 수 있다! 로마서 3장 23절에 나오듯이, "왜냐하면, 모두가 죄를 지었고 하나님의 영광이 박탈되어 있지만, 그들은 예수 그리스도 안에 있는 구속救贖에 의해 대가 없이 의롭게 되기 때문이다"는 것이다.

그런 중요한 신학적 주장의 각 표현을 검토해야 한다. 나는 바울이 따로 떨어진 몇 대목에서 자기 말을 스스로 부정한다고 생각하지 않기 때문에, '진노의 그릇'도 예수 그리스도 안에서 은총으로 구원받는다는 점을 나는 인정해야 한다. 따라서 그들에 대한 단죄는 오로지 현세적이고 역사적이다. 이스라엘에 대한 '내버림'은 조금도 구원으로부터 배제가 아니라, 어떤 한 시기에 옆으로 떼어 놓는 것이다. 로마서 9장 27~29절에서 바울에 의해 인용된 이사야의 본문처럼, 이스라엘 민족 속에는 언약을 전달하는 '남은 자'가 늘 있으며, 시대마다 약속을 전달하는 후손이 있다. 하지만, 하나님은 자신의 언약 곧 자신의 복음이 장차 세계적으로 전파되도록, 선민에 속하지 않았고 이제 동일한 소명을 갖고서 세상을 위해 동일한 약속을 전달할 다른 자들을 부른다. 로마서 9장 25~26절에 나오듯이, "나는 내 민족이 아니었던 민족을 내 민족이라 부를 것이며, 사랑받는 자가 아니었던 자를 사랑받는 자라 부를 것이다. 또한, 그들이 '너희는 나의 민족이 아니다' 라는 말을 들었던 그곳에서 그들은 살아 있는 하나님의 아들이라 불릴 것이다"라는 것이다.

단지 그와 같이 두 종류의 그릇에 대한 비유를 그렇게 이해해야 하는데, 그것은 인간 쪽에서 항의할 수 없는 바이다. 하나님은 자신의 복음을 전달하기 위한 그릇을 선택하는데(우리는 흙으로 된 그릇 속에 있는 진리를 전달한다), 그것은 그 그릇이 그럴만한 가치가 더 있기 때문이 아니다. 즉 그 그릇은 하나님이 그것을 선택하기 때문에 그럴만한 가치가 있다! 우리가 이미 강조했듯이, 그것은 특권을 위한 선택이 아니라 헌신을 위한 택함election이다.

하나님의 부름의 세 가지 동향動向

그와 같이 결국, 우리는 그러한 '논증' 속에 세 가지 동향動向이 있음을 본다. 즉 하나님은 약속이 세상에 전달되고 언약이 모두에게 선포되도록, 약속의 전달자를 택한다는 것이다. 그 전달자가 순종하지 않으므로 하나님은 거기서 '남은 자' 를 선택하는데, 그것은 거의 세대마다 반복된다. 그 역할을 하도록 하나님이 불렀으나 구실을 하지 못하는 그들을 하나님은 내버리면서도 '도구들' 로서 내버리고, 하나님의 힘을 나타내려고 그들의 마음을 완악하게 만든다.

하나님은 택할 수도 있고, 택했던 자를 내버릴 수도 있다. 그 가장 비극적인 '유형' 은 사울이다. 하지만, 내버림은 하나님의 사랑 밖으로 배제하는 것이 결코 아니다. 사울의 최후가 그것을 특징적으로 드러낸다. 사무엘상 31장 11~12절에 나오듯이, 길르앗 야베스의 거주민들은 사울이 죽은 후 그의 장례식을 거행해주고, 사무엘하 1장 13~16절에 나오듯이, 다윗은 여전히 사울을 '여호와의 기름 부은 자' 라고 부른다. 또한, 사무엘하 1장 17~27절에 나오듯이, 사울에 대한 내버림을 통해 사울왕의 기름 부음이 무효가 되지 않았고, 다윗은 사울에게 경의를 표시하고자 '의인들의 책'에 기록된 놀라운 애도의 노래를 만든다.

결국, 세 번째 동향이란, 점점 감소하는 그 '남은 자' 속에 한 '남은 자'를 선택함으로써 예수 그리스도라는 유일한 '남은 자'만이 존재한다는 것이다. 물론 모든 유대인뿐 아니라,[47] 온 세상에서 하나님의 사랑에 대한 선포를 듣는 모든 자가 하나님의 민족이 되도록 부름을 받는데, 그것은 예수 그리스도로로부터이다! 그것이 앞에서 인용된 "나는 내 민족이 아니었던 자들을 내 민족이라 부를 것이다"라는 본문이 선포하는 바이다. 놀랍도록 연구된 그 움직임은 다음같이 그림으로 나타내는 비셔Visscher에 의해 밝혀진다.

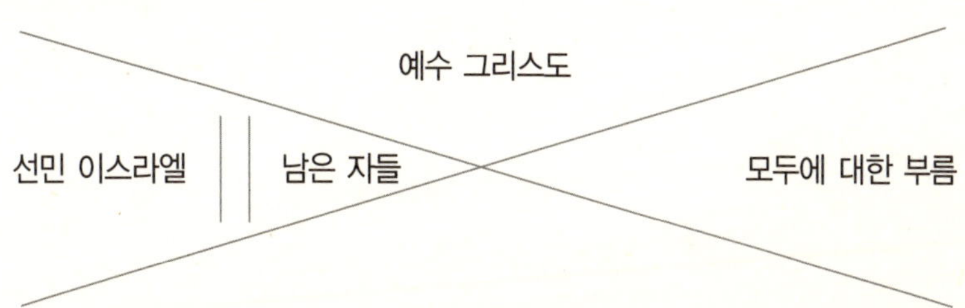

그와 같이 바울에 의해 드러난 그런 '방침'politique 속에서 하나님의 자유는, 하나님의 보편적이고 대가 없는 자비 안에 마무리되는 하나님의 사랑으로부터 나오는 자유이다. 신적인 '임의성'은 변덕과 아무런 공통점이 없다. 하나님의 '방침' 전체가 하나님이 추구하는 목적,

---

47) 한 '남은 자'가 선포되는 각 선지자에게 있어서와 마찬가지로, 모든 동포 형제에게 이스라엘의 하나님에 대한 유일한 신실함으로 돌아가도록 권유하는 일이 그 '남은 자'의 역할이다.
[역쥐 이 부분은 본래 각주가 아니지만, 글의 원활한 흐름을 위해 역자가 각주로 설정한 것임.

즉 모두에게 자비를 베푼다는 목적에서 기인한다는 사실에 끊임없이 주의를 기울여야 한다. 사람들이 세상이 구원받기를 원한다면, 하나님의 자유롭고 주권적인 계획을 받아들이고 그 계획을 정말 좋아해야 한다. 그 하나님은 이 세상의 인간이 구름 속에서 일어날지도 모르는 미지의 기적에 의해 구원받음을 전제하는 하나님이 아니라, 인간 없이는 절대 활동하지 않음을 전제하는 하나님이다. 따라서 인간은 하나님의 구원 계획에 연결되어야 하고, 다른 사람들을 위한 은총의 증인 및 언약과 약속의 전달자가 되어야 한다.

3

어떻게 그들은 신앙을 갖게 될까?

로마서 9장 30~33절

30. 무슨 말을 더 하겠습니까? 의를 추구하지 않았던 이교도는 신앙에서 나오는 의를 얻었습니다.

31. 율법에서 나오는 의를 추구했던 이스라엘은 율법에 도달하지도 못했습니다!

32. 왜 그렇습니까? 왜냐하면, 그들은 의가 신앙에서 나오는 것이 아니라 행위에서 나올 수 있다고 생각했기 때문입니다. 이스라엘은 걸림돌에 부딪혔습니다.

33. 그것은 "이같이 나는 걸림돌과 사람들이 그 위에서 비틀거리는 장애물을 시온에다 두겠다. 하지만, 그를 신뢰하는(그를 믿는) 자는 수치를 당하지 않을 것이다"라고 성서에 언급된 바와 같습니다.

로마서 10장 1~21절

1. 형제들이여, 유대인을 위한 나의 간절한 소원과 하나님에게 드리는 기도는 그들이 구원을 얻는 것입니다.

2. 나는 그들이 하나님에 대한 열성을 갖고 있지만, 그 열성에는 분별이 없음을 그들에게 입증합니다.

3. 하나님의 의를 인정하지 않고 자신들의 의를 세우려고 애쓰는 그들은 하나님의 의에 순종하지 않습니다.

4. 왜냐하면, 율법의 결말은 신앙을 가진 자 모두를 의에 도달하게 하는 그리스도이기 때문입니다.

5. 왜냐하면, 율법에서 나온 의에 대해 모세가 "그것을 실천하는 자는 그 의로 살 것이다"라고 기록하고 있기 때문입니다.

6-7. 그러나 신앙에서 나온 의는 이렇게 언급합니다. 즉 "너는 '누가 하늘까지 올라갈 것인가?' 라고 하지 말라. 그것은 그리스도를 하늘에서 내려오게 하는 것일 수도 있다! 마찬가지로 '누가 심연으로 내려갈 것인가?' 라고도 하지 말라. 그것은

그리스도를 죽은 자 가운데서 다시 올라오게 하는 것일 수도 있다!"라고 말입니다.

8. 결국, 신앙에서 나온 의는 무어라고 언급합니까? "말은 너와 아주 가까이 있으며 너의 입과 마음속에 있다"라고 합니다. 신앙의 말은 그러하고 그것이 우리가 전하는 바입니다.

9. 왜냐하면, 당신이 예수를 주라고 입으로 고백하고 하나님이 예수를 죽은 자 가운데서 다시 살렸음을 마음으로 믿으면, 당신은 구원받을 것이기 때문입니다.

10. 마음으로 믿는 것은 의에 이르게 하고, 입으로 고백하는 것은 구원에 이르게 합니다.

11. 왜냐하면, 성서에 "하나님을 믿는 모든 사람은 수치를 당하지 않을 것이다"라고 되어 있기 때문입니다.

12. 그와 같이 유대인과 그리스도인 사이에는 아무런 차이가 없습니다. 왜냐하면, 하나님을 부르는 모든 사람에게 자비로운 동일한 주가 모두에게 있기 때문입니다.

13. 왜냐하면, 주의 이름을 부르는 모든 사람은 구원받기 때문입니다.

14. 하지만, 그들이 믿지 않았던 자를 도대체 어떻게 부르겠습니까? 그들이 듣지도 못했던 자를 어떻게 믿겠습니까? 전하는 사람이 없는데 그들이 어떻게 듣겠습니까?

15. "기쁜 소식을 전하는 이들의 발길이 때맞추어 도착했다!"라고 기록되어 있음에도, 하나님이 아무도 보내지 않으면 어떻게 전해지겠습니까?

16. 그러나 모두가 복음에 귀를 기울였던 것은 아닙니다! 이사야는 "주여, 우리가 들었던 바를 누가 믿었습니까?"라고 합니다.

17. 그런데 신앙은 듣는 바에서 나오고, 듣는 바는 그리스도의 말에 힘입어서 전해져 내려옵니다.

18. 나는 "그들은 정말 듣지 못했습니까?"라고 다시 묻습니다. 절대 그렇지 않습니다! 성서에는 "그들의 목소리는 온 땅에 퍼졌고, 그들의 말은 세상 끝까지 퍼졌다"라고 나와 있습니다.

19. 나는 "이스라엘이 정말 이해하지 못했습니까?"라고 묻기까지 하겠습니다. 맨 처음으로 모세는 "나는 나라가 아닌 나라에 대해 너희가 시기하게 할 것이고, 어리석은 자들의 나라에 대하여 너희가 화를 내게 할 것이다"라고 합니다.

20. 그다음으로 이사야는 "나를 찾지 않았던 자들에 의해 나는 발견되었고, 나를 탐문하지 않았던 자들에게 나는 나타났다"라고 감히 하기까지 합니다.

21. 그리고 이스라엘에 대해 이사야는 "나는 순종하지 않고 거역하는 민족을 향해 매일 나의 손을 내밀었다"라고 합니다.

3

어떻게 그들은 신앙을 갖게 될까?

로마서 9장 30~33절

로마서 10장 1~21절

본문의 연구에 앞선 세 가지 지적

이 본문에 대한 연구에 들어가기 전, 바울의 견해와 연구방식을 밝히고 그 방향을 설정하는 일반적인 세 가지 지적을 하는 것으로 시작해야 한다. 첫 번째 지적은 9장과 대비된 10장의 '중심 이동'과 관련된다. 우리가 살펴보았듯이 9장은 전체적으로 하나님의 계획과 자유 및 하나님이 행하는 '임의적인' 선택에 방향이 맞추어져 있었다. 거기서 바울이 전체적으로 언급하는 것이란, 예수 그리스도의 하나님과 동일한 아브라함과 이삭과 야곱의 하나님에 대한 계시이다. 그런데 10장은 온통 인간에 집중되어 있고, 인간이 얻을 수 있거나 혹은 얻을 수 없는 의에 집중되어 있다. 또한, 10장은 부름에 대한 귀 기울임에 집중되어 있음은 물론, 유대인에게도 집중되어 있다. 여기서 중심이 되는 것은 인간의 활동과 반응과 의무 및 하나님 앞에서 인간의 자세이다.

두 번째 지적은, 9장과 마찬가지로 10장이 자신이 유대 민족에 속한다는 표명 및 "형제들이여, 그들을 위한 내 마음의 서원誓願과 하나님을 향한 나의 기도는 그들이 구원받는 것입니다"[48]와 같이 자기 민족에 대한 사랑의 표명을 바울 스스로 문제 삼음으로 시작한다는 것이다. 한편으로, '서원' voeu이라는 개념은 바울에게서 흔하지 않고, 게다가 신약 성서 전체에서도 흔하지 않다. 서원은 단순한 소원도 아니고, 이교도 세계에서 서원과도 다르다. 마찬가지로, 서원은 하나님이 은혜를 베풀고 소원을 들어주면 순례의 길을 떠나는 서원을 하는 식의 가톨릭에서 행해졌던 서원과도 다르다. 또한, 서원은 단순한 예절 행위로서 새해맞이 서원을 하는 식의 19세기 서구 세계에서 서원과도 다르다. 여기서 서원에는 '간구하는 힘' force votive이 있다. 곧, 내 인격 personne 전체를 개입시키고 하나님을 향해 나를 완전히 개입시키는 간청을 하나님에게 하면서, 하나님을 위해 헌신하기로 하는 것이다.

바울은 사랑하는 자기 민족을 위해 '마음의 서원' 을 한다. 다시 말해 바울은 자신의 인격 전체의 서원을 하는데, 히브리적인 사고에서 '마음' 은 감정적인 것이 아님을 유념하자. 다른 한편으로, 바울은 자신을 위해 기도하고 유대인의 구원을 위해 '간절한 기도' 를 한다. 그런데 기도는 가능한 '미래' 가 있음을 드러내기 때문에, 기도에 대한 그런 언급은 아주 중요하다! 심지어 사람들이 오늘날 유대인은 내버려져 있다고 생각할지라도, 유대인의 '운명' 이 위태로운 것은 아니다. 결정적으로 정해진 '운명' 이란 없으며, 이스라엘의 문제는 종결되거나 끝난 것이 아니다. 또다시, 우리는 미리 결정된 상황은 절대로 존재

---

48) [역주] 로마서 10장 1절 참조. '내 마음의 서원誓願(voeu de mon coeur)' 이란 표현은, 이 장의 서두에 실린 로마서 인용에는 '나의 간절한 소원' (mon plus cher désir)으로 되어 있다.

하지 않는다는 근본적 진리와 이스라엘이 그 성과이자 증인이었던 해방자 하나님이 운명과 반대되는 존재라는 근본적 진리를 다시 발견한다. 그것은 예수 그리스도 안에서 완전히 확인되었던 바이다.

마침내 우리가 미리 할 수 있는 세 번째 지적은 9장 마지막 부분과 10장에서 상당수의 히브리 성서 인용이 있다는 것인데, 그것은 22절로 된 10개의 인용이다! 성서를 완벽하게 확실히 아는 바울은 왜 그런 인용에 신경을 쓰는가? '나는 아무것도 지어내지 않으며 바로 이것이 나의 가르침의 근원이다' 와 같이, 분명 그 의미는 바울이 자기 자신의 근거와 권위에 대해 이야기하려는 것이 아니라, 자신이 성서에 우선으로 근거하고 있음을 이야기하려는 것이다. 바울은 자기 자신의 문제를 벗어나 유대인에게 일어나는 바가 놀라운 일도 예기치 않은 일도 아니라는 점을 그렇게도 표명한다. 그와 반대로, 이스라엘 민족에게 이미 계시되었던 상당수의 본문은 성취된다.

그들의 현재 역사는 구약 성서의 징표 아래 계속 위치한다고 바울은 언급한다! 그러나 그것은 명백하지는 않았다. 우선 그 본문들을 이해해야 했으며, 닥쳐올 것에 대한 예언으로서든지 이스라엘이 주의하도록 이스라엘에 주어진 경고로든지 그 본문들을 받아들여야 했다! 현대 서구 독자에게 바울의 해석은 '억지인' 듯이 보인다. 그러나 바울의 방법은 그 시대 랍비의 성서 해석 방식에 분명히 일치하며, 바울 자신이 그러한 방법에 따라 교육받았음을 잊지 말아야 한다! 그것이 무엇이든 간에 그 본문들은 전혀 명백하지 않았던 것처럼 보인다. 그 본문들은 실제 사건이 일어난 이후에만 '진정으로' 이해될 수 있었다. 그것은 실현된 이후에만 진정한 의미가 이해될 수 있었던 예언적 선포에 흔히 해당하는 것이었다.

이스라엘에 대한 '내버림' 이후에만 분명해 지는 그 본문들에서도 마찬가지라고 바울은 생각한다. 물론 그 본문들은 이미 명확히 설명되었기 때문에, 어쨌든 그것은 새로운 방식으로 그 예언들을 이해할 수 있게 하는 것이다. 그 긴 논증을 가까이서 읽으면서, 하나님이 결국 "두 개의 체스판 위에서 놀이를 한다"고 할 수도 있을 것이다. 게다가, 그 점은 "하나님의 자유 안에서 인간의 자유"란 바로 그 표현을 이해하는 동시에 어떻게 하나님이 모든 것을 예견하고 아는가를 이해하는데 특히 도움이 되는데, 그렇다고 해서 인간은 결정지어져 있지는 않다. 무한히 수를 읽는 체스 경기자처럼 하나님은 인간의 모든 결정과 일어날 수 있는 모든 선택에서 가능한 모든 것들을 예견하며, 그 가능한 것들 각각에 대하여 하나님은 미리 자신의 대답과 특별한 계시를 준비한다고 나는 생각한다.

이 같은 경우, 이스라엘이 하나님의 계획에 완전히 순종하거나(하나님의 계획은 모든 민족이 사랑과 구원의 유일한 하나님을 인식하고 인정하는 보편적 구원임을 잊지 말아야 한다), 그렇지 않으면 이스라엘이 세상에 복음을 전하려 택함을 받았거나 이다. 그 경우, 하나님은 신실한 종인 이스라엘로 하여금 그 일을 하게끔 한다. 그러나 그와 반대로 이스라엘은 온갖 미덕으로 말미암아, 토라를 엄격히 지키려는 염려로 말미암아, 자신의 주에 대한 끊임없는 숭배로 말미암아, 소명의 본질 및 해방의 복음 선포를 내버려 둘 수도 있다. 또한, 이스라엘은 율법과 자신에 대한 선택Election에 너무 편협하게 고정됨으로 말미암아, '열방들'에게 문을 닫을 수도 있다. 하지만, 시편 87장 4절 이하에 나오듯이 "내가 이집트와 바빌론을 사랑했던 것은 시온 안에서다"와 같은 것이 자주 선포된다. 이 경우, 하나님의 사랑의 보편성을 세상으로 중계하고 전달하는 다른 자가 있어야 한다.

하나님은 그런 가능성 및 일어나게 될 변화도 이미 예견했다. 물론 이스라엘은 하나님에 의해 단죄되지는 않지만, 이스라엘은 계시와 복음을 전달하는 도구가 더는 아니다. 사랑받고 선택된 민족인 이스라엘이 하나님이 기대했던 바를 행하지 않았기 때문에, 그래서 그 일을 성취할 수 있도록 하나님조차도 자기 아들 자신personne 안에 있어야 한다. 또한, 그런 가망성은 계시 속에서 이스라엘에 알려져야 한다. 경우에 따라서는 지금 '열려 있는' 그 본문들이 그러한 가정 속에 있는 하나님의 결정을 포함할 수 있어야 한다! 그 때문에 바울은 자기가 언급한 바가 다음 같은 본문들에 근거를 두기를 열망한다. 즉 그 본문들은 유일한 이스라엘을 향한 그러한 계시가 인간이 자유롭게 선택할 수도 있는 온갖 활동과 결정을 포괄한다는 점을 우리로 하여금 이해시키도록 예정된 것들이다.

Ⅰ. 로마서 9장 30절 ~ 10장 13절

결국, 무슨 이유로 이스라엘은 하나님에 의해 일시적으로 제외되는가? 이스라엘의 근본적인 잘못은 첫째로 '의'justice와 관련된다. 의란 무엇인가? 우리가 의라는 '단어'를 생각하고 하나님의 계시 안에서 이 단어의 성서적 의미를 이해하고자 할 때, 서구적 사고에서 우리가 습관적으로 이 단어에다 두는 의미를 떼어놓아야 한다! 그것은 법률과 재판관의 선고에 따르는 사법적 '정의'justice와 관계된 것도 아니고, 인간 사이에 평등으로 귀결되는 우리가 지금은 익숙한 정치적 혹은 사회적 정의와 관계된 것도 아니다. 결국, 그것은 '가치'로서의 정의 곧 철학적이거나 형이상학적인 정의도 아니다. 성서적으로 의는 선과 공정한 것을 선택하는 어떤 행동이 아니다. 울피아누스[49)]의 원칙과는 반대로 그것은 '공평과 선의 예술'ars aequi et boni이 아니다.

나는 성서에 따르는 의가 욥기 28장에서 욥이 '지혜'에 대해 언급한 바와 일치한다고 생각한다. "지혜는 어디에 존재하는가? 예지叡智 intel-ligence의 거처는 어디인가? 인간은 그 가치를 모른다. 그것은 산자의 땅에 존재하지 않는다. 그것은 돈으로도 살 수 없다. 도대체 지혜는 어디에서 오는가? 예지의 거처는 어디인가? 그 길을 아는 것은 하나님이다"라는 것이다.

성서가 의에 대해 언급할 때, 그 모든 것은 의에 대해 언급된 것일 수도 있다! 우리는 의가 진정으로 무엇인지 알 수 없다. 우리에게는 의에 대한 어떠한 근사치도 없다. 하나님만이 의로운 자이고, 하나님의 뜻만이 의롭다. 하나님의 의를 잴 수 있는 기준이 되는 '정의 가치'는 없다고 우리는 이미 언급했다! 하나님만이 의로운 것이 무엇인지 선언한다. 우리가 의라는 명칭으로 지칭하는 바는, 법적 정의나 혹은 사회적 정의처럼 동일한 문화의 인간 사이에 협약일 수 있고, 아니면 '정의 가치'처럼 인간이 설정한 전제에 입각한 인간 예지의 수립일 수 있다.

토라 자체를 하나님의 의로 착각한 이스라엘

그런데 토라를 받았던 이스라엘은 토라가 저절로 하나님의 의가 되는 것으로 해석했다. 다시 말해 이스라엘은 의를 차단하려고 했으며, 어떤 의미에서는 하나님의 의에 대한 계시 속에 하나님을 가두려고 했다. 면밀하고 세밀한 방식으로 토라를 이행하는 것은, 자기 자신이 의롭게 되는 것이었고 하나님의 의 자체가 되는 것이었다. 그것은 하

---

49) [역주] Domitius Ulpianus(? ~ 223). "법은 선과 공평의 예술이다"(Jus est ars boni et aequi)라는 표현을 남긴 3세기 초 로마의 정치가이자 법률가.

나님의 의를 가로채는 일, 곧 '자기 자신의 의' propre-justice와 관계된 것이었는데, "우리가 그러한 토라를 완전히 이해했기 때문에" 그럴 수 있다는 것이다.

따라서 이스라엘의 본래 잘못은, 토라에 언급된 바를 면밀히 실행함으로써 자기 것으로 삼을 수 있는 본문과 계시된 토라를 혼동하는 것이었다. 그것은 의 전체가 될 수도 있는 것이나, 결국 그것은 행위로부터 오는 의이고, 엄격한 순종의 의이다. 또한, 그것은 토라를 알고 받아들였으며 토라를 한없이 묵상하는 자에게만 속할 수밖에 없고, 다른 어떤 사람에게도 속할 수 없다. 물론 십여 개의 본문이 의를 계명에 대한 엄밀한 순종과 동일시함은 확실하다.

하지만, 드물기는 하나 의미 있는 경고가 그런 동일한 성서에 있었다! 즉 에스겔 20장 25절 이하에 나오듯이, "나는 옳지 않았던 계율들도 너희 조상에게 주었고, 그들이 그 명령들로 살아갈 수 없었던 명령들도 그들에게 주었다. 나는 그들의 헌물로 그것들을 더럽혔다! … 나 자신이 그들을 불의不義 속으로 끌어들이면서 그와 같이 그들을 벌하기를 원했고, 내가 여호와임을 그들로 하여금 알게 하기를 원했다!"거나, "너희 이스라엘아, 너희의 우상을 섬기러 가라!"이다. 따라서 이스라엘의 하나님이 해방자이기 때문에, 이스라엘은 언약과 토라를 가지고 인간을 가두는 그물을 만들지 말아야 했고, 자기 쪽으로 토라를 간직하지 말아야 했다. 만약 사람들이 그러한 오해를 범한다면, "자신들을 넘어지게 하고 자신들이 그 위에서 깨지는 뜻하지 않은 장애물"에 부딪치는데, 이사야 8장 12절 이하에 나오듯이, "너희가 신성하게 해야 하고 두려워해야 하는 것은 여호와이며, 여호와는 지성소가 될 것이다. 그러나 여호와는 뜻하지 않은 장애물과 이스라엘의 두 집에 대한 걸림돌과 예루살렘 주민에 대한 그물과 함정도 될 텐데, 여러 사람이 넘어지고 깨질 것이다…"라는 것이다.

그래서 끔찍한 점은 하나님 자신이 '뜻하지 않은 장애물'이 된다는 것이다! 이스라엘이 부딪치는 것도 하나님이고, 이스라엘을 넘어지게 하는 것도 하나님이다. '왜'라고 바울은 묻지만, 그것은 바로 이스라엘이 토라를 '매우 잘' 이행하려고 했기 때문이다! 이스라엘은 율법에 의해, 엄격한 순종에 의해, 행위에 의해, 의를 얻으려 했다. 선지자들이 있음에도, 이스라엘은 항상 움직이고 늘 새로운 살아 있는 말로서 토라를 더는 받아들이지 않았다. 그렇지만, 시편 2장 12절에 나오듯이, 뜻하지 않은 장애물인 하나님을 믿는 자, 곧 단순히 하나님에 대한 신앙을 가진 자는 멸망하지 않는다! 그런 하나님과 관계는 엄격한 순종과 행위의 관계가 아니라, 사랑과 신앙의 관계일 수밖에 없다.

하나님은 자신의 토라 속에 갇히지 않는다. 하나님의 의는 행위에 대한 정확한 보상이 아니다. 그래서 사람들은 하나님의 의의 진리에 근본적으로 대립한다. 구체적으로 유대인에게 있어 의는 다른 사람에게 신세를 입은 바를 정확히 주는 것이었다. 여호와와 관계에서도 의에 대한 그런 개념이 역시 지배하고 있었다. 하나님의 의에 대해 예수 그리스도 안에서 우리에게 드러난 것이 바로, 의는 아무 신세를 입지 않은 자에게 주는 선물이라는 데도 말이다! 하나님은 모든 것을 준다. 완전히 대가 없는 선물인 자유와 언약과 토라를 받았던 이스라엘은 그 점을 잘 알고 있었고, 그것이 바로 하나님의 의였다. 하나님은 이스라엘을 위해 의를 행한 것이다.

토라의 실천에 있어 이스라엘의 잘못된 확신

예수 그리스도 안에서 하나님의 의는 우선 불의한 자를 의로운 자로 인정하는 것이다! 그와 같이 의를 찾지 않았던 자들도 의를 받는다고 바울은 언급한다! 실제로 히브리 민족뿐 아니라 아브라함은 의를 찾지 않았는데도 의를 받았다. 하나님이 인간에게서 기대하는 것이라고는, 단지 인간이 믿는 것이다. 즉, 하나님이 베푸는 의와 약속을 믿는 것이고, 하나님이 인간의 죄와 방황에도 인간을 의롭게 만든다는 점을 믿는 것이다.

그것은 우리의 이해력을 넘어서는 정말 놀라운 실재이다. 즉 하나님에게 있어 의롭게 된 인간은 바로 자신이 불의하고 죄인임을 인정하는 자이고, 하나님의 의로부터 인간을 떼어놓는 엄청난 거리를 메울 수 없음을 인정하는 자이며, 그 거리를 메우는 것을 포기하고 가치 없는 죄인으로서 단지 나타나는 자이다. "나의 입술이 부정不淨하기 때문에 나에게서 멀어지십시오"라고 이사야는 언급한다. 마찬가지로 제11시의 일군들의 비유50)는 하나님의 의가 무엇인지 드러낸다. 예수에게 있어 의는 주인이 제 1시의 일군들에게 그들과 합의했던 것을 주는 때가 아니라, 주인이 마지막 11시의 일군들 곧 주인이 아무 신세를 입지 않았던 자들에게 같은 것을 줄 때이다. 거기에 하나님의 의가 있는데, 그것은 사랑과 혼동된다.

혼동이 있음을 어떤 식으로 내가 언급할 수 있을까? '하나님은 하나' 라는 간단한 '신학적인' 이유가 있다. 하나님에게는 여러 모습이 없고, 하나님은 우리처럼 모순되는 감정들로 나누어지지 않는다! 우리의 인간적인 연약함 때문에 우리 안에 때로는 분노가, 때로는 사랑이, 때로는 복수심이, 때로는 화해의 심정이 있다. 그러나 그러한 것은 우리 인간이다. 우리의 형상에 따라 하나님을 우리에게 나타내는 것

---

50) [역주] 신약성서 마태복음 20장에 나오는 예수의 비유. 포도원 주인이 유대 시간으로 제1시부터 맨 먼저 일한 일군들과 제11시부터 맨 나중에 일한 일군들에게 미리 약속된 똑같은 노임을 줌으로써 제1시의 일군들이 불평하지만, 그 주인은 똑같이 주는 것은 자신의 뜻이며 자기 것을 가지고 자기 뜻대로 하는데 왜 불평하느냐고 하는 내용이다.

은, 받아들일 수 없는 신인동형동성론[51]을 취하는 것일 수도 있다. 하나님은 하나이다. 즉 하나님에게는 연속적인 감정이 없고, 하나님은 상황과 사람이나 혹은 시대에 따라 다르지 않다.

하나님은 진노의 모습과 사랑의 모습을 지닌 '두 얼굴의 야누스'가 아니다. 하나님의 사랑은 질투하는 사랑이다. 다시 말해 하나님의 의가 사랑의 선물이듯이, 하나님의 사랑은 그러한 요구와 '진노'를 전제한다! 하나님은 그 자체로 완벽히 하나이기 때문에, 하나님의 사랑은 달라질 수 없다! 예를 들어 "하나님은 행하려 했던 악을 뉘우친다"라고 누군가 우리에게 언급할 때, 물론 그것은 하나님이 그 자체로 변한다거나 한 감정에서 다른 감정으로 옮겨가는 것을 의미하지 않고, 인간에 대한 하나님의 관계에서 하나님은 가르침을 바꾼다는 것을 단지 의미한다.

그와 같이, 토라 전체를 이행했고 가장 작은 계명에도 충실했으며 하나님 앞에서 자신에 대해 확신하는 바리새인은 자신을 위한 자기 자신의 의를 분명히 지니고 있지만, 그 점이 하나님을 전혀 감동시키지 못함을 예수는 우리에게 언급한다! 그와 반대로, 자신이 죄인임을 인정하는 세리에게 있어 비록 '선행'을 했을지라도 자신이 단지 죄인임을 인정하는 점이, '의로운 자로 인정받게' 하는 것이다. 그런데 바리새인은 그렇지 않다. 왜냐하면, 율법으로부터 오는 의를 자신을 위해 지니고 있었던 바리새인은, 어쨌든 의로운 자로 인정받을 필요가 있었기 때문이다! 왜 그러한가? 그것은 바로 바리새인이 토라를 율법으로 변형시켰기 때문이고, 순종과 신뢰와 신앙에 대한 호소가 되는

---

51) [역주] 신인동형동성론(神人同形同性論 anthropomorphisme)은 성서의 문자대로의 해석을 통해 하나님에게 인간의 형태 즉 인간의 육체를 부여하는 기원 4세기의 이단 종파를 가리킨다. 그것은 인간의 형상을 따라 신성(神性)을 이해하는 경향으로서 신의 본질이 인간의 본질과 비슷할 것이라는 신앙이다.

의미 전체를 토라로부터 이끌어내는 대신 토라를 '계명들'로 잘게 나누었기 때문이다. 그래서 율법의 완벽한 이행에서 의를 구했던 자들은 의로운 자로 인정받지 못했다. 그런데 "나는 시온에다 걸림돌을 두지만, 그를 믿는 자는 부끄러움을 당하지 않을 것이다"와 같이, 하나님이 사용하는 유일한 '방책'은 신앙이라는 방책이다.

문제가 된 실수scandale가 유대인이 겪을 수 있는 실수가 되는 것은, 유대인이 그들의 하나님이 다른 사람들에게 말을 거는 것을 알아차릴 때이며, 하나님이 선민의 일부를 이루지 않는 자들도 부를 때라고 나는 생각한다! 왜냐하면, 이제 하나님이 이방인 곧 언약도 약속도 받지 않았던 자들을 부르기 때문인데, 그것은 이방인에게 요구된 신앙을 갖는다는 유일한 조건으로 하나님이 단지 베푸는 의를 이방인이 받게 하려고, 다시 말해 이방인이 자신들에게 베풀어진 선물을 믿도록 하기 위해서이다. 또한, 그것은 하나님을 신뢰하는 자에게 하나님이 베푼 '의롭다고 인정받음'justification의 형태로 그 의를 전하고 선포하는 자를 이방인이 아주 단순히 신뢰하도록 하기 위해서이다. 즉 "나를 신뢰하는 자는 부끄러움을 당하지 않을 것이다!"이다. 따라서 그것은 의와는 완전히 다른 개념이다.

이스라엘 민족은 어떤 면에서 토라를 아주 잘 실천했고 너무 면밀하게 살펴보았으며 토라를 하나님의 뜻과 동일시했기 때문에, 일시적으로 제외된 것이라 할 수도 있다. 토라 속에 계시된 모든 것을 이행하면서, 유대인은 하나님의 뜻 전체를 이행한다는 확신을 하고 있었다. 바로 그것이 잘못인데, 그것은 도덕적 잘못이 아니라 '신학적' 잘못이다! 하나님의 뜻 전체를 아는 것은 분명히 불가능하다. 하나님의 뜻에 대한 계시 전체를 받아들이는 것조차도 우리에게는 불가능하다. 놀라운 점은, 이스라엘에 대한 계시의 수많은 본문이 그렇게 언급한다는 것이다! 그러나 그 본문들에 귀를 기울이는 대신, 이스라엘은 토라에서 하나님의 뜻으로 파악했던 바와 하나님의 뜻을 동일시하는(따라서 제한하는) 쪽으로 기울어진다. 토라의 모든 것을 이행함으로써, 이스라엘은 모든 것을 행했으며 의롭게 되었다고 자부했다.

우리는 그 뜻의 작은 부분, 즉 하나님이 우리에게 계시하기를 기꺼이 원하는 뜻만을 알고 있다. 우리에게 요구되었던 것 전부를 우리가 행했을 때, "우리는 쓸모없는 종입니다"라고만 단지 언급할 수 있다. 그런데 이스라엘 안에 신실하고 경건한 많은 사람은 그렇게 언급할 용의가 없었던 것처럼 보인다. 바울은 유대인이 토라를 실천하는데 엄청난 열성을(열정과 경건과 용기를) 지니고 있음을 인정한다. 하지만, 그들에게 예지가 없다고 바울이 말할 때 그에게는 잔인한 면이 있다! 왜냐하면, 이스라엘에 물론 비난을 가할 수는 있지만, 예지가 부족한 것은 분명히 아니기 때문이다! 특히 토라에 대한 예지가 부족하다고는 할 수 없다! 그들은 토라를 자구字句 상으로 모두 살펴보았고, 토라 전체에 주석을 달았으며, 토라 전체를 면밀하게 설명했다. 그들의 주석은 복합적이고 결함이 없다. 그들은 자신들의 예지 전체와 마음 전체로 토라를 알고 있다.

그러나 비셔는 그들의 열성이 "완벽을 지향하는 종교적이고 도덕적인 이상주의"라고 언급하게 된다. 그것은 그 이상 가능한 것이 없는 완벽함이자, 다른 사람들에 대한 적대적인 판단을 가능케 하는 엄밀한 의를 확실하게 하는 완벽함이다. 그들의 열성은 우리가 많은 선지자에게서 보는 그대로이자 예수 그리스도에게서 성취된 하나님의 열성, 곧 "타자他者를 향해 거리낌 없이 돌려진 사랑"이라는 열성이 아니다. 그와 같이, 모두를 위해 해방자 하나님에 대한 선포를 책임졌던 유대인은, 의에 대한 너무 엄밀한 이해로 말미암아 그와 반대로 이 모두

를 배제했다! 유대인은 자신들에게 주어졌던 계시 속에 있는 계시의
핵심, 곧 예외가 없는 모두를 위한 하나님의 사랑을 이해할 줄 몰랐다.

유대인과 그리스도인이 저지른 같은 잘못

토라가 의는 아니었지만, 모두를 향한 약속의 전달자가 되도록 요구
된 훈련이요 순종이라 할 수도 있다. 초기 기독교에서처럼 인간의 불
의 가운데서 의에 대해 증언하고 의를 공급하는 큰 줄기였던 것은 순
교였다. 그러나 그렇게 하면서도 유대인은 하나님의 계시로 일종의
특권을 만들었다. 거기서 '고임' goyim[52]은 배제되는데, 이 사실로부터
'고임' 은 의로부터 배제되듯이 진리로부터 배제된다. 어느 정도까지
유대인이 개종자를 만들고 유대교로 개종시키는데 거의 신경 쓰지 않
았다는 점이 알려졌다. 불가지론자와 무신앙자는 그것을 대단한 장점
이자 긍정적인 가치로 여겼다. 그런 의연한 태도를 기독교에서 "개종
시키는 자들"의 도에 지나침과 수단과 비교할 때, 어떤 의미에서 그것
은 하나의 장점이다.

수 세기 동안 그리스도인은 그러한 움직임을 정확히 재현했기 때문
에, 그 움직임은 '본성' nature에 완전히 들어맞는다. 그리스도인 역시
수 세기 동안 '그들만의 신앙' 과 '그들만의' 신약 성서를 가지고 그들
만이 구원받았고 하나님의 사랑을 받았다는 식의 특권으로 만들었고,
더 나아가 그들의 소유물로 만들었다. 상당한 명성을 얻었던 어떤 기
독교 작가의 글에서도, 몇 번씩이나 우리는 "나의 예수!"라는 그런 신
비스런 외침을 들었는가! 그것은 '우리의 소유물' 예수이다! 내가 그
렇게 언급하는 것은, 바로 그런 방향으로 나아가는 유대인을 내가 조

---

52) [역주] '고임' (goyim)은 히브리어 '고이' (goy)의 복수형. '고이' (goy)는 사람들의 집적체
인 민족과 대조적으로 제도를 갖춘 국가를 지칭하기 위해 히브리어 성서에 나타나는 표현
이다.

금도 판단하지 않는다는 점을 강조하기 위함이다. 그러나 바울이 인간의 단순한 계명이라고 당연히 언급하는 그토록 많은 유대교 계명이나 혹은 기독교 계명처럼, 그 열성은 하나님에게 드려질지라도 그것은 순전히 인간적이다!

이스라엘은 약속의 메시지인 토라를 제 것으로 삼았고, 유대인은 충실하게 토라를 실행함으로써 토라에 걸맞아지려고 했다. 하지만, 그들은 토라가 유일하고 보편적인 하나님의 말이라는 것을 이상하게도 잊어버렸다. 그렇기는 하나, "나 외에 다른 하나님은 없다"라고 얼마나 여러 번 하나님은 선포되는가. 이스라엘은 그 점을 다른 신을 숭배하는 다른 사람들에 적대적인 위협으로서가 아니라, 모든 노예 상태로부터 해방하는 하나님이란 복음으로서 다른 민족들에게 알려야 했다!

그러나 수 세기 동안 기독교의 설교가 복음이라는 설교 대신 지옥과 **단죄**라는 설교였을 때, 또다시 우리 그리스도인은 정확히 같은 것을 행했다! 따라서 그것은 우리가 잘 알고 인정하는 유혹이며, 이스라엘 안에서 우리가 단죄할 수 없는 유혹이다. 그러면 차이는 무엇인가? 그 차이는 이스라엘의 토대가 토라였다는 데 있다. 그러나 토라는 스스로 효력을 드러낼 수 없었다. 유대 민족이 토라에 기초하여 모두에게 하나님의 말을 전하도록, 토라는 유대 민족에게 넘겨졌던 것이다.

예수 안에서 은총으로 주어지고 성취되는 하나님의 의

유대 민족의 신앙과 기독교 신앙의 차이는 기독교 신앙이 한 인물 personne에 근거를 둔다는 점인데, 그 인물의 이름으로 우리는 많은 어리석은 말을 하고 어리석은 짓을 한다. 우리가 기록을 통해서만 아는 인물이지만, 그 인물에 대해 우리는 다음 같은 신앙 곧 확신을 하고 있다! 즉 그 인물은 부활해서 지금 살아 있으며, 그의 활동을 수행하면서 그의 은총을 선포해야 할 자들의 잘못과 거짓과 경멸과 게으름을 놀랍게도 바로잡는다. 또한, 그 인물과 유일한 관계는 사랑의 관계이자 (그것은 물론 토라와 시온을 위해 이스라엘에 부족하지 않았다!), 신앙의 관계로서, 하나님의 의 전체는 그것으로 요약된다. 왜냐하면, 그러한 신앙을 통해 우리가 연결되는 예수 그리스도에 의해 그 의가 완전히 성취되었기 때문이다. 그와 같이 이스라엘은 모두에게 하나님의 해방 의지를 전달하는 하나님의 계획을 저버리고 나서, 이스라엘의 궁극적인 '남은 자' 인 예수에 의해 대체된다. 그러나 예수는 언제나 이스라엘의 궁극적인 '남은 자' 이다!

그 점은 이중적인 면으로 근본적이다. 즉 우리가 매우 일반적으로 생각하는 바와 반대로, 이스라엘을 대체하는 것은 교회가 아니라는 것이다.[53] 교회는 예수의 종이며 복음적인 메시지의 전달자이지, 이스라엘이 아니다! 이스라엘을 대신하는 것은 진정한 종인 예수이다. '남은 자' 라는 개념에 대한 다른 중요한 진리는 비셔에 의해 잘 밝혀졌다. 즉 이스라엘 민족의 역사 전체에서 하나님의 약속을 전달하려고 하나님에 의해 택함을 받은 '남은 자' 는 이스라엘 전체를 대표했다는 것이다! 비셔가 당연히 큰 중요성을 부여하는 '전체를 위한 부분' pars pro toto이다.

---

53) 나는 이 주장이 베드로전서 2장에 입각한 논쟁을 곧 불러일으킬 것임을 안다. "그와 반대로 당신들은 선택을 받은 족속이고 왕 같은 제사장이며 거룩한 나라입니다 … 예전에는 민족이 아니었지만, 지금은 하나님의 민족인 것은 당신들이고, 또한 전에는 자비를 얻지 못했지만, 지금은 자비를 얻은 것은 당신들입니다." 그와 같이 이야기하면서 베드로는 교회를 상대로 말하는 것이 아니라 타국에 있거나 본도와 갈라디아 등에 흩어진 모든 자를 상대로 말한다. 다른 한편으로 그는 우리가 하나의 민족과 하나의 거룩한 나라를 형성한다고 선포한다. 단일성은 여기서 근본적이고, 결국 그것은 분리와 배제로 무엇보다 특징 되는 교회와는 아무런 관계가 없다! 마침내 그 모든 것은 신앙의 진정성에 근거를 두고, 따라서 우리의 평범한 신심들과는 별다른 관계가 없다! 우리는 조금 뒤에 다른 곳에서 그것을 다시 다룰 것이다.

그러나 궁극적인 '남은 자'인 예수 역시 '전체를 위한 부분'으로서 받아들여지고 인정되어야 한다. 다시 말해 이스라엘 전체는 예수라는 인물 안에 포괄되고 요약되며 종합되고 표현된다! 따라서 "예수가 유대인이었음을 잊지 말자"라고 단지 언급할 필요는 없고, "예수 안에 이스라엘 전체가 있다"라고 언급해야 한다. 그것은 대체되고 비워지기 위해서가 아니라, 예수 안에서 이스라엘 전체가 고통받았고 죽음에 처했다는 것이다. 이스라엘은 예수 안에 영원히 존재한다. 첫 증인인 유대 민족만의 기반이고 무기이며 갑옷인 토라와 반대로, 예수는 모든 인간에게 주어진 선물이라 할 수도 있다.

그러므로 바울이 언급하듯이 예수는 '토라의 종결'이다. 그러나 이 종결에는 두 의미가 있다. 즉 그것은 하나님의 선하고 의로운 뜻, 곧 하나님의 의를 표현하기 위한 존재 이유가 토라에 더는 없다는 점에서 (하나님의 의는 이제 예수 안에 완전히 구현되므로 토라는 이제 의미가 없다), 가장 명백한 의미에서 종결이다. 그러나 그것은 하나님의 의가 예수 그리스도에 의해 완전히 성취되었다는 점에서도 종결이다. 일단 한번 성취되면 토라는 그 가치를 잃는다. 존재와 행함에 세심한 주의를 함으로써 또한 예수가 하는 말에 귀를 기울임으로써 우리는 이제 성취된 토라 전체를 갖고 있기 때문에, 토라는 그 가치를 잃는다. 그래서 토라를 업신여기고 소홀히 해야 하는가? 이를테면 그리스도인은 토라에 더는 관심을 두지 말아야 하는가? 우리가 예수를 살펴볼 줄 전혀 모르기 때문에, 그와는 정반대이다. 우리가 예수의 모든 말을 이해한다고 여길 때 자만한다. 하지만, 우리는 예수 안에 있는 하나님의 의를 진정으로 식별할 수 없다.

그래서 토라는 예수가 누구인지 우리에게 알려주는 데 상당한 도움이 된다! 토라는 예고와 선례와 예언으로서 나타난다. 바울이 이 서신서에서 보여주듯이, 그것은 구약 성서에서 나온 본문들이다. 그 본문들을 통해 바울은 예수 그리스도 안에 나타난 예수의 의가 인간이 율법으로부터 끌어낼 수 있었던 의를 어떠한 점에서 능가하고 종결시키는지 더 잘 언급할 수 있다! 그와 같이 진정으로 토라는 예수가 누구인지를 우리에게 알려주고, 예수는 '의의 율법' 곧 노모스nomos로서 토라를 종결시킨다. 왜냐하면, 계명 중 가장 작은 것도 성취했던 것은 예수뿐이기 때문이다. 그 점이 예수 이후 그 계명들이 계명 곧 제약의 율법이 더는 아니라 예언으로 남게 한다. 또한, 그 점이 그 계명들이 현재의 의무에 대한 성찰이 되는 대신 예언과 같은 것으로서 미래에 대한 열림으로 남게 한다.

늘 지속하는 그러한 율법은, 그 행위들에 의해 우리가 하나님 앞에서 의로울 수도 있는 '의의 행위들'을 하려는 것을 더는 가능하지 않게 한다. 또한, 우리에게 그 율법은 그리스도 안에서 얻어진 자유를 바르게 사용하기 위한 안내와 표지標識 구실을 한다. 그래서 "자, 나는 선과 생명, 악과 죽음을 네 앞에 둔다. 네가 살려면 선을 선택하라"는 신명기의 무한한 관점 속에 모든 것이 위치한다. 우리는 예수 안에서 얻어진 자유를 특징짓는 선택 앞에 있으며, 선은 '행위들'을 가능하게 하는 '의의 율법'이 단지 아니다! 최상의 선은 그 말을 믿는 것이며, 하나님이 "선을 택하라"고 선언할 때 하나님이 말하는 바를 특별하게 믿는 것이다.

하나님은 우리에게 다음 같이 말한다. 즉 하나님은 우리 쪽에서 우리와 함께 있고, 우리의 선택을 기다리며, 그것이 신앙과 선에 대한 선택이자 하나님의 자유와 사랑에 대한 선택임을 기대한다는 것이다. 그러한 관점에서 새로운 윤리가 불가피하게 생겨나기 마련인데, 그것은 율법의 윤리나 행위의 윤리가 아니다. 그것은 의를 얻는 것에 목적을 두는 면밀한 순종의 의지도 더는 아니다. 그렇게 '목적을 두는 것'은 엄청나게 다른 것이다! 의는 이제 예수 그리스도 안에서 은총으로 주어진다. 다시 말해 하나님에 의해 우리는 의롭다고 인정받으며, 우리는 그 너머에서도 다른 곳에서도 의를 찾을 필요가 없다. 하나님의 의는 주어진다.

예수에 의해 예수 안에서 얻어지는 하나님의 의

바울은 "의를 찾지 않았던 이교도가 신앙에서 나오는 의를 얻었다" 란 역설逆說을 아주 멀리 끌고나가는데, 그것을 믿는 데는 어려움이 따른다. 우선 그것은 사실이 아니다. 즉, 수많은 종교적 경로나 혹은 철학적 경로로 의를 찾고 있었던 많은 이교도가 있지만, 그들은 아무것에도 이르지 못했음을 알아차렸다. 그래서 바울은 그들이 복음을 접하고 그들의 신앙을 드러낼 때 그들은 의롭다고 인정받지만, 그 순간부터 그들은 하나님의 뜻을 좇아가기 위해 해야 할 일을 발견해야 한다고 선언한다. 그들은 이미 주어진 **율법**을 자세히 살펴보아야 하는 것이 아니라, '의롭다고 인정받음'justification에 입각한 윤리를 만들어야 한다는 것이다! 그들은 한편으로는 신앙의 위험, 다른 한편으로는 자유의 위험이라는 이중적인 위험을 감당해야 한다. 확실한 보장도 없이, 계시된 객관적인 본문도 없이, 하나님 앞에서 홀로 각자가 그 위험을 감당해야 한다. 하지만, 하나님이 사랑하는 모든 자들의 모임 안에서이다!

두 상황 사이에 대립을 잘 보여주는 것은, 10장 5~8절에서 대립이다. "모세는 '그러한 것들을 실천하는 자는 그것들로 말미암아 살 것이다' 와 같이 **율법의 의를 규정한다**"라고 바울은 언급한다. 그러나 신앙에서 나오는 의가 어떻게 말하는지는 다음과 같다. 즉, "네 마음속으로 '거기서 의를 찾으러 누가 하늘로 올라가겠는가?'라고 하지 말라. 그것은 그리스도를 거기에서 내려오게 하는 것이다. 혹은 '누가 심연으로 내려가겠는가?'라고 하지 말라. 그것은 그리스도를 죽은 자 가운데서 다시 올라오게 하는 것이다. 도대체 그 의는 무슨 말을 하는가? 그 의는 '말이 너 가까이에 있고 네 입 안에 있으며 네 마음속에 있다'라고 말한다"는 것이다. 그것은 '의를 찾으러 하늘에 갈 필요가 없다'라는 인상적인 본문이다!

그리스도는 하늘에 있었고, 인간에게 의를 전해 주러 하늘에서 내려왔다. 네가 해야 할 일은 단지 그 점을 믿는 것이고, 의가 예수 그리스도와 함께 하늘에서 왔다는 점을 믿는 것이다! 심연으로죽음으로 뛰어들 필요는 없다.[54] 예수 그리스도는 심연과 죽음 속으로 이미 뛰어들었고 거기서 다시 올라왔다. 예수 그리스도의 의는 심연과 죽음을 쳐부수는 것이다! 심연에는 어떠한 의도 없다. 바울은 모세의 엄격한 율법에 만족하는 율법주의자와, 하늘로 올라가서 거기서 의를 찾으려고 하는 신비주의자와, 의가(진리가) 죽음 속에 존재한다고 생각하는 허무주의자를 사방에서 직면한다![55] 그렇지 않다. 율법의 의, 위에 있는 의, 아래에 있는 의와 같은 의 전체는 예수 그리스도에 의해서 예수 그리스도 안에서 얻어진다. 그것은 충격적인 동시에 실망스럽게 하는

---

54) 우리는 욥기와 마찬가지로 잠언이 지혜에 대해 말하는 바를 그 표현방식이 정확히 요약한다는 것을 이미 지적하게 했다!
55) 다음은 보들레르(Baudelaire)의 시이다.
오, 죽음이여, 늙은 선장이여, 떠날 시간이다! 닻을 올리자!
오, 죽음이여, 늙은 선장이여, 떠날 시간이다! 닻을 올리자!
이 지방은 우리를 지겹게 하네, 오, 죽음이여! 떠나자!
이 지방은 우리를 지겹게 하네, 오, 죽음이여! 떠나자!
하늘과 바다가 잉크처럼 검다면,
하늘과 바다가 잉크처럼 검다면,
네가 아는 우리의 마음은 빛으로 가득 찬다네!
네가 아는 우리의 마음은 빛으로 가득 찬다네!
그러나 그가 찾는 것은 선도 아니고 정의도 아니며 새로운 것이다!

발견이다. 우리는 칭송받을만한 영웅적인 행위에 대해 준비를 하고 있었다. 그런데 우리에게 요구된 것은 믿는 것, 신뢰하는 것, 하라는 대로 하는 것, 우리의 신실함을 보여주는 것, 우리 스스로 원하기를 그만두는 것과 같은 거의 하찮은 것이다!

이스라엘 민족을 향한 하나님의 계시와 예수 그리스도 안에 있는 하나님의 계시 사이에 실제로 어떠한 대립도 없음을 보여주려고 바울은 신명기 30장 11~14절을 또다시 인용하는데, 그것은 다음 같은 점을 역시 의미한다. 즉 모세와 '신앙의 의'가 언급하는 두 가지 의가 우리에게 있다고 이해하는 데 있어 대립이 생기면 모순이 없음을 의미하고, 결국 모세의 말이 그때부터는 '신앙의 말'에 입각하여 이해되어야 함을 의미한다! 물론 사정이 달라질 리는 없다. 모세가 하나님의 영감靈感을 받아 분명히 말을 했다는 것을 믿어야 하고, 그 말들이 언제나 하나님의 말임을 믿어야 한다.

그러나 그 말들이 하나님의 말이라면, 그 말들은 '이러한 것들'에 대한 면밀한 실천으로 축소될 수 없다. 왜냐하면 '이러한 것들'은 하나님의 의 전체를 담을 수 없기 때문이다! 그 계명들에 대한 실천이 그 자체로서 삶일 수는 없지만, 그 대신에 바르트가 정확히 언급하듯이 삶과 죽음 사이에 경계를 만드는 계명들이다! 계명들에 의해 한정된 삶의 영역 안이지만 그 안에서는 자유로운 이쪽에 네가 머물러 있으면, 너는 살 것이다! 그러나 네가 계명들을 어기고 계명들을 준수하지 않으면, 너는 신앙도 율법도 없는 세상 곧 죽음의 영역인 잃어버린 세상의 위험에 내맡겨질 것이다. 그것은 예수에 의해 확인된 바로서, "칼을 잡는 자는 칼에 의해 죽음을 당할 것이다"[56]이다.

---

56) [역주] 마태복음 26장 52절 참조.

자유 안에서 예수에 대한 신앙으로 표현되는 의

그것이 무엇이든 간에, 우리는 어떤 면에서 우리 자신으로 되돌아와 있다! "나는 세상 끝 날까지 매일 너희와 함께 있다"[57]와 같이, 말이 너 가까이에 있다는 것이다. 세상의 다른 끝으로 갈 필요는 없다! "이제부터 하나님의 말을 하는 것은 너이며, 그에 따라 하나님은 그 말을 너에게 줄 것이다"와 같이, 말은 네 입 안에 있고 네 마음속에 있다는 것이다. 즉 너 자신을 바라보는 것이 아니라, 하나님이 신앙에 의해 너의 존재로 하여금 겪게 했던 변화를 바라보라는 것이다. 거기에 의가 있지만, 거기서부터 삶을 살아야 한다.[58] 다시 말해 그것은 일어날 수 있는 놀라운 충격을 기대하지도 않고서, 계명들을 꼼꼼히 따르지도 않고서, 예수 그리스도 안에서 자유를 체험하는 해방된 인간의 행동을 만들어내는 것이다. 그런데 그 계명들은 본보기와 가르침으로 남아 있기 때문에, 세심하고 주의 깊게 그 계명들을 고려하면서 그러한 행동을 만들어내는 것이다.

'하나님의 관심을 끌지 않는 것은 아무것도 없다'라는 중요한 가르침이 이미 있다. 아주 단순한 듯이 보이거나 혹은 세부적이고 중요하지 않은 듯이 보이는 수많은 계명이 '모세'의 율법에 있다고 여긴다면, 우리는 엄청난 착각을 하는 셈이다. 그 계명들이 거기 있는 것은, 인간의 삶에서 모든 것이 하나님에게는 중요하다는 점을 우리에게 말하기 위함이다. 인간과 관계되는 것이라면 그 무엇에 대해서도 하나님은 무관심하지 않기 때문에, 옷을 입는 방식이나 혹은 먹는 방식 같은 모든 것이 하나님에게는 중요하다! 바울은 "당신들이 먹든지 마시든지 모든 것을 하나님의 영광을 위해 하시오"[59]라는 구절로 그 점을

---

57) [역주] 마태복음 28장 20절 참조.
58) 나의 연구서인 『자유의 윤리 *Une éthique de la Liberté*』참조.
59) [역주] 고린도전서 10장 31절 참조.

확증한다. 게다가 우리가 위선자가 아니라면 아무렇게나 행동할 수 없고 하나님의 영광을 위해 아무런 것이나 할 수 없기에, 그 점은 우리가 할 수 있는 바를 놀랍도록 제한한다! 그래서 의는 우리의 자유 안에서 예수 그리스도에 대한 신앙으로 표현되어야 할 것이다. 거기서 우리는 세상의 곤경을 바라보며 삶의 약속을 따라, 인간 가운데 있는 하나님에게는 가장 진실한 것이 될 그것에 대한 어려운 선택을 해야 할 것이다!

그 모든 것을 확증하는 것은, 그 두 가지 의가 다음 같은 십자가에서 서로 만난다는 점이다. 한편으로 그 십자가에서 로마서 6장 6~11절에서처럼 의인이 불의한 자들을 위해 죽었지만, 거기에는 우리가 이미 묵상했듯이 '나무에 매달린 인간'[60] 때문에 토라 역시 존재한다. 모든 것은 성취되고, 인간은 십자가의 피로 의를 얻는다. 우선, 우리 이교도와 유대인 모두(유감스럽게도 지금은 그리스도인 역시!), **부활** 속에서 생겨나는 죽음에 대한 생명의 승리와 허무에 대한 하나님의 승리를 우리의 온 마음을 다해 믿게끔 되어 있다. 그다음으로, 우리 모두 그 내적인 신앙의 결과로서 인간들 앞에 그러한 승리를 선포하게끔 되어 있다. 신앙은 우리로 하여금 의에 참여하게 하고 구원의 선포에 참여하게 한다. 유일한 주가 있다면 유일한 아버지가 있고, 유대인, 그리스인, 이교도, 그리스도인 모두 함께 사랑을 받는다. 그렇지만, 하나님은 '하나님을 부르는 자들에게 있어' 풍성하다.

그리고 "주의 이름을 부르는 자는 구원을 받을 것이다"는 요엘 2장 32절의 약속이 글자 그대로 바울에 의해 다시 취해진다. 거기서 여전

---

60) [역주] 이것은 이 책 앞부분에서 인용된 갈라디아서 3장 13절의 내용과 관련이 있다. "아브라함의 축복이 이교도들에 있어 예수 그리스도 안에서 성취되도록, 그리스도가 우리를 위해 저주를 받음으로써(왜냐하면, 나무에 매달린 자는 누구든지 저주를 받는다고 기록되어 있기 때문이다) 율법의 저주로부터 우리를 구속했다."

히 바울은 성서의 예언을 예수에게 적용하면서 그것을 인용하지만, 바울은 유대인에게 전해진 동일한 약속을 조금도 취소하지 않는다! 그와 같이 유대인은 '이름'을 부르기 때문에 이런 사람도 저런 사람도 구원을 받는다. 그러나 결국 예수 그리스도 안에서 모두를 위해 얻은 의에 힘입어 구원을 받는다. 그렇지만, 주와 '여호와'의 동일성을 거부하고 예수 그리스도 안에서 성취된 의를 거부하는 이스라엘의 비극은 늘 남아 있다. 무엇을 더 말하겠는가?

Ⅱ. 로마서 10장 14~21절

이스라엘은 신앙에서 나오는 의를 거부함에 변명 거리가 있을까? 18절에 나오듯이, 그들은 복음을 듣지 못했다는 것이다! 하나님의 선물인 구원과 의는 신앙에 일치한다. 또한, 구원과 의는 사람들이 받아들이는 신앙이자 아버지 하나님과 주를 향한 신앙인 아주 명확한 신앙 속에 있다. 이 질문에 대답하기 전 바울은 놀라운 연결을 시도한다. 즉 "사람들이 믿지 않았던 자를 어떻게 부르겠습니까? 사람들이 그에 대해 말하는 것을 듣지 못했던 자를 어떻게 믿겠습니까? 아무도 전파하지 않는다면 그것에 대해 말하는 것을 어떻게 듣겠습니까? 전파하는 자들이 보내지지 않으면 전파하는 자들이 어떻게 있겠습니까? … 그와 같이 신앙이 듣는 바에서 나오고, 듣는 바는 그리스도의 말에서 나옵니다!"[61]라는 구절이다.

---

61) [역주] "듣는 바는 그리스도의 말에서 나옵니다"는 이 장의 서두에 있는 로마서 인용에는 "듣는 바는 그리스도의 말에 힘입어서 전해져 내려옵니다"로 되어 있다.

듣는 바에서 나오는 신앙

이 구절들은 미리 해야 할 세 가지 지적[62]을 요하는 듯하다. 근본적인 첫 지적은 "신앙은 듣는 바에서 나온다"는 것이다. 그것은 시각視覺 vue과 이미지[63]가 중심이 된 사회에서 특히 어려운 주제이다. 사람들이 듣는바, 오직 그것으로부터 신앙이 나온다는 것이다! 우선, 시각과 이미지는 계시의 진리를 전달할 가능성과 사람들을 신앙으로 일깨울 가능성이 없다. 근본적으로 어떠한 텔레비전 방송이든, 어떠한 그림이든, 어떠한 사진이든, 무엇이든 간에 계시된 진리를 전달하지 못한다. 그것은 이 시대와 같은 때에 기분을 상하게 하지만, 나는 신앙의 쇠퇴를 과도한 이미지와 이미지에 국한된 정보에 쉽게 연결할 수도 있다. 지금 교회의 실패가 교회가 이미지에 파묻히어 있다는 사실에서 나온다는 점이 나에게는 확실하다. 게다가, 그런 주장이 성화상聖畵像[64]을 '숭배하는' 그리스 정교도에게는 훨씬 더 터무니없음을 나는 알고 있다.

하지만, 진실이 그렇게 말할 수밖에 없게 만든다. 성화상은 아주 아

---

62) [역주] 여기서는 '세 가지 지적'이라고 언급하지만, 중간에 두 번째 지적이 빠져 있어 '두 가지 지적'만이 있다고 볼 수 있다.

63) 이 질문에 전적으로 집중된 나의 책, 쇠이(Seuil) 출판사의 『모멸당한 말 *La Parole humiliée*』을 볼 것.

64) [역주] 성화상聖畵像(icône). 예수 그리스도나 성모 마리아나 성인들을 그린 그림으로서, 그림을 성화(聖畵), 조각을 성상(聖像)이라 한다. 8세기 동방 가톨릭교회의 그리스도인들은 성화상 문제에 대해 우상숭배냐 아니냐 라는 신학 논쟁을 벌인다. 이 문제는 787년 니케아에서 열린 제7차 공의회에서 논의의 대상이 되며, 교회는 "성화에 바치는 공경은 성화에 그려진 성인(聖人)들에 대한 것이지, 성화를 숭배하는 게 아니므로, 성화 공경은 절대 우상숭배가 아니다"라고 결론을 내린다. 성화상의 종교적 기능과 의미를 놓고 논란을 벌인 8~9세기 우상 타파 논쟁 이후, 동방 가톨릭교회는 성상 숭배의 교리상 근거를 공식화한다. 하나님이 예수 그리스도의 몸을 입어 실재 인간의 형상으로 나타났기 때문에 그림으로도 나타낼 수 있다는 것이다. 그리하여 성화상은 교회의 필수적인 부분으로 간주하며 특별한 경배의 대상이 된다. 또한, 제단을 감싸주는 성상칸막이에는 신약성서에 나오는 장면과 교회의 제식, 유명한 성인들을 묘사한 성화상이 가득 그려져 있어 교육받지 못한 신자들에게 교리를 가르치는 수단이 되기도 한다. 전통 성화상은 사실적이기보다는 상징적인 미술로서 선과 색을 통해 교회의 신학적 가르침을 전달하는 기능을 갖는다.

름다우며, 어떤 신앙심을 지탱해주는 구실을 한다. 하지만, 성화상은 계시된 진리와도 아무 관계가 없고, 부활한 그리스도에 대한 신앙으로 이끄는 것과도 아무 관계가 없다. 그다음으로, 신앙이 말에서 생겨났을 때, 이미지는 부차적으로 뒷받침과 편리함이 되어야 한다. 아마도 그 이상은 아니다. 따라서 신앙을 만들어내는 것은 사람들이 듣는 바이지, 사람들이 읽어내는 바인 이미지가 아니다.

여기서 경건서로서 성서를 개인적으로 읽는 개신교도의 습관이 재검토되어야 한다. 본문texte은 우선 말해졌고, 그다음에는 기록되었다. 본문은 창조적인 힘을 상실한다. 본문의 힘을 되찾으려면 본문을 새로이 말해야 하고, 본문을 듣게 해야 한다. 또한, 본문은 자신과 다른 사람을 위해 본문을 언급하는 사람에 의해 전달되기 때문에, 본문을 현재의 것으로 만들어야 한다. 정도의 차이는 있어도, 시詩 애호가들에 의해 형성된 경험이 있다. 시 애호가들은 시로 쓰인 본문이 큰 목소리로 낭독되려고 만들어진 것이지, 침묵 속에 읽히려고 만들어진 것이 아님을 잘 안다. 성서에서는 얼마나 더 그러한가!

계시된 진리가 선행, 자선 사업, 정치적 결속이나 혹은 조합원 간의 결속, 타인을 위한 인도적인 참여를 통해서는 표현되지도 전달되지도 않듯이, 신앙도 그런 것들에 의해서는 일깨워지지 않는다. 여기서, 나는 그 모든 것이 쓸데없다고 하지는 않는다! 신앙은 행위 속에서 표현되어야 하고, 이웃에 대한 사랑은 단지 단어로서가 아니라 아주 구체적으로 표현되어야 하는 것은 분명하다. 하지만, 그런 것은 이후에만 오는 것이고, 말에 대한 선포를 결코 대체하지 않는다. 엄밀히 말해 삶 전체와 봉사를 통해서는 계시된 진리는 아무것도 전달되지 않는다. 그런 행위들을 통해 사람들은 행위에 의한 의에 이르게 된다!

말의 근본적이고 절대적인 중요성

그런데 왜 말이 그렇게 우위에 있는가? [65] 그것은 말에 신기한 효능이나 암시적인 더 큰 힘이 있어서가 아니라, 오직 자신의 말에 의해서만 활동하는 하나님의 영속적인 표현에 말이 기준을 두고 따르기에 그러하다. 하나님이 우주를 창조한 것도, 선지자들에게 영감을 준 것도 말에 의해서이다. 또한, 하나님이 '이 사람은 나의 사랑하는 아들이다'라고 선언하는 것도, 예수를 살아 있는 자로 새로이 창조하고 부활시킨 것도 말에 의해서이다. 인간의 말은 하나님의 말의 그러한 근본적인 성격 속에서 중요성을 띤다. 오직 우리의 말만이 경우에 따라 그 나름대로 하나님의 말이 될 수도 있다. 말은 마음을 신앙의 의로 돌려지게 한다. 즉, 마음으로 사람들은 의를 받아들이면서 믿지만, 말은 효력도 메아리도 없이 남아 있기도 한다.

"전파하는 사람이 아무도 없다면, 어떻게 그들이 그것에 대해 말하는 것을 듣겠습니까?"와 같이, 받아들여진 말은 증언으로 귀결되어야 한다. 따라서 하나님의 설교자와 대변자가 곧바로 되지 않고서는 주에 대한 신앙으로 일깨워질 수 없다고 그 본문은 우리에게 전한다. 바로 앞 9~10절에 나오듯이, "이제부터 너의 입으로 신앙을 표명해야 한다"는 것, 즉 다른 사람이 네게 할 수 있었던 말을 이제 네가 선언해야 한다는 것이다! '다른 사람들'이 듣고 신앙을 가질 수 있는 것은, 신앙을 표명하는 자가 그와 같이 있다는 조건에서 만이다. 다른 사람들이라고? 모두이다! 왜냐하면 "나는 모든 사람을 내게로 이끌 것이다"라고 하는 예수가 바로 주이고 모두의 구원자이기 때문이다. 유대인처럼 그리스인도 그렇게 되겠지만, 맨 처음은 유대인이다!

---

65) 바아니앙(G. Vahanian)의 놀라운 책, 『익명의 하나님 혹은 단어들에 대한 공포 *Dieu anonyme ou la peur des mots*』데클레 드 브루워(Desclée de Brouwer), 1989. 를 볼 것.

그렇지만, 바울이 말에 부여한 그런 절대적인 중요성을 통해, 유대인과 그리스도인 사이에 상대적인 차이가 분명히 드러난다. 유대인은 본질적으로 기록에 따른다. 그것은 문자인데, 진리를 담고 진리를 옮기는 기록의 각 문자이다. 그리스도인에게 있어 그것은 말이다. 초기 기독교 세대에 있어 그 점은 훨씬 더 사실이었다. 복음서도 아직 기록되지 않았고 '신약 성서'도 없었으며 실제로 모든 것이 말로 전해졌던 그때, '신약 성서'가 형성되던 토대 위에서 필수적이었던 것은 강론 prédication이었는데 바울도 마찬가지였다.

결국, 이 구절들과 관계되는 미리 해야 할 세 번째 지적은, "전파하는 자들이 보내지지 않는다면 어떻게 전파하는 자들이 존재하겠는가?"이다. 누구에 의해서 보내지는가? 나는 바울에게 있어 그것이 교회와 관계되는 것도, 권력 당국과 관계되는 것도 아니라고 생각한다. 즉 전파하는 자들을 하나님이 보낸다는 것이다. 말을 전달해야 하는 자들을 보내는 것은 하나님이다. 왜냐하면, 하나님의 말을 그들 안에 두는 것은 하나님이기 때문이다. 그것은 결정적인 논증으로서, 하나님의 말과 말씀[66]을 인간에게 전하는 '수직적인' 방식으로뿐 아니라, 사자使者와 전달자를 보내는 수평적인 방식으로, 하나님은 언제나 구원의 시초에 존재한다. 사자와 전달자는 인간의 수준에서 일하게 된다. 그것은 결국 타인에게 전해지는 사람들의 말이지만, 하나님이 보낸 사람들이 하는 말이기도 하다. 그런데 문제가 그 말이 들리느냐에 달렸거나 아니면 신앙이 생겨나느냐에 달렸기 때문에, 그 말은 결정적이 된다. 이처럼, 어쨌든 그 구절들에 따르면 포교apostolat는 교회의 첫째 임무인데, 그 교회는 전도자를 보내는 교회가 아니라 말을 전달

---

66) [역주] 말씀(Verbe)은 삼위일체의 제2위인 그리스도를 가리킨다고 볼 수 있다. 신약성서 요한복음 1장 1절의 내용 참조.

하는 자로 구성된 교회이다!

이스라엘을 향한 복음 전파와 관련된 문제

18절에서 우리는 놀라운 주장 앞에 있다! 유대인은 듣지 못했는가? 그와 반대로, 바울은 그들이 완벽하게 들었다고 외친다! 분명히 그들은 하나님의 말이 예수 그리스도 안에서 전해졌음을 알았다! 우리는 유대인 중 아주 적은 일부분만이 예수를 들을 수 있었으며 훨씬 더 적은 일부분이 예수를 메시아로 식별할 수 있었다고 생각한다. 그것은 분명히 복음서가 우리에게 보여주는 바다. 우리는 띠생Thiessen의 『갈릴리인의 그림자』L' Ombre du Galiléen 같은 소설을 쉽게 이해한다. 그 소설은 유대인 대부분과 나중에 예수를 인정하는 사람들조차 예수의 행적을 발견할 수밖에 없었음을 아주 명확히 보여준다. 그들은 그림자를 식별했고, 그 그림자로부터 그 인물personne로 거슬러 올라간다. 따라서 유대 민족 중 엄청난 대다수가 그 말을 조금도 듣지 못했으며, 결국 신앙을 가질 수가 없었음은 명백하다! 로마 제국에 흩어진 모든 유대인 식민지를 고려한다면 그 수는 훨씬 더 많다. 그런데 바울은 그들이 모두 들었다고 담대히 주장한다.

주후 57년 그 시기에 바울은 알려진 세계, 곧 로마 세계의 모든 유대인 공동체 내에 복음이 분명히 전해졌다고 확신했을 수도 있다. 그가 로마에 편지를 쓴 사실이 그 점을 입증할 수도 있다. 그런데 상당수의 공동체 내에서 유대인들이 예수에 관한 전파prédication를 거부했음을 바울이 알았을 수도 있다. 확실한 개종자 가운데 아주 적은 수의 사람이 유대 식 이름을 갖고 있었음은 사실이다. 그래서 바울은 단편적인 사실을 확대 적용하면서, 곳곳에서 복음을 듣고 선택할 상황에 놓였던 유대인들이 그리스도 예수에 관한 계시를 거부했다고 결론지었을 수도 있다. 그들은 들었으나 원하지 않았으며, 이 상황에서 그들은 하나님의 계획에서 제외된다는 것이다.

그러나 그것은 역사가들의 가정일 따름이다. 바울이 자신의 주장 가운데서 언급하는 것은 그런 방식으로 근거를 두지 않는다. 또한, 바울이 그렇게 선포하는 것은 정보에 근거해서가 아니라, 이스라엘의 성서에 근거해서이다. 우선, "주여, 우리가 전한 것을 누가 믿었습니까?"라는 이사야서 53장 1절을 인용함으로써 이다. 그것이 이사야의 전파prédication라고 할 수도 있다. 하지만, 바울이 표명하고자 하는 바는, "산 위에서 평화를 전하고 좋은 소식을 전하는 발길은 얼마나 아름다운가…"[67]처럼 이스라엘에 복음을 전할 때, 이스라엘은 복음을 받아들이지 않는다는 것이다! 그런데 그것은 새로운 사실이 아니다.

바울이 그 본문들을 가장 놀랍게 사용하는 것은, "그들의 목소리는 온 땅으로 퍼져 나갔고 그들의 말은 세상 끝까지 나아갔다"라는 시편 19장 5절의 인용임이 분명하다. 바울은 이 문장을 복음 전달자에게 적용하면서 인용한다. 그러나 이 본문은 전혀 다른 것을 언급하며, 창조의 눈부신 아름다움을 겨냥한다. 즉 "하늘은 하나님의 영광을 이야기하고, 우주 공간은 하나님의 손으로 이룬 일을 나타내며, 태양은 하나님의 궤적 속으로 솟아오른다"와 "그것은 언어가 아니고, 그것들은 소리가 들리지 않는 말이 아니다"이다.[68] 그래서 바울이 그 문맥으로부터 이끌어내는 문장이 이어진다! 그것은 복음전파자와 관계되었던 것이 전혀 아니라, 여호와의 영광을 입증하는 창조의 눈부신 아름다움과 관계되었던 것이다!

바울은 세상의 그러한 완성이 말이라고 선언한다! "그리스도의 말

---

67) [역주] 이 장의 서두에 나오는 로마서 인용에는 이 구절이 "기쁜 소식을 전하는 이들의 발길이 때맞추어 도착했다!"로 되어 있다.
68) [역주] 시편 19장 1~4절 참조.

을…" 그들은 듣지 않았는가? 유대인들은 토라로부터 우주 속에 있는 하나님의 말의 충만함을 이해해야 했을 것이다. 그런데 그 충만함은 하나님의 사랑이 구현되지 않는 한 완전하지 않다. 그러므로 창조에 대한 찬양을 통해 전해진 것은 복음 그 자체이다! 성서를 잘 알고 있었던 유대인은 그와 같이 전해진 복음을 이해해야 했다. 왜냐하면, 그들의 성서에는 하늘이 그것에 대해 증언한다고 나와 있기 때문이다. 그러나 사정이 그렇다면 그들은 구원 밖으로 내버려져 있는가? 우리는 그 점을 다시 다루게 될 것이다.

이교도를 통한 이스라엘의 시기심 유발

그전에, 바울은 '어떻게 그들을 설득할 것인가?'라는 질문을 제기한다. 모세는 자기 민족이 불순종할 것을 예견했지만, 하나님이 그 민족을 선택했고 사랑했기 때문에 그것은 하나님이 그 민족을 버리게끔 하는 이유가 아니다! 바울은 이사야의 두 가지 다른 본문에 따른다. 한편으로는 이스라엘이 하나님의 의를 인정하려 하지 않기 때문에, 하나님은 이방 민족, 곧 하나님의 민족이 되도록 선택되지 않았던 자들로 하여금 그 의를 알게 한다. 다시 말해 이사야 65장 1절에 나오듯이, "하나님의 의를 전혀 찾지 않았고 그것에 골몰하지 않았으며 그것을 요구하지 않았던 민족들"로 하여금 그 의를 알게 한다는 것이다. 이교도에게 베풀어진 은총의 결과로 이교도에게서 일어나는 바를 유대인이 보게 될 때, "나는 민족이 결코 아닌 민족으로 하여금 너희의 시기심을 불러일으킬 것이다"라는 모세의 예언이 실현된다고 바울은 주장한다.

그래서 이스라엘은 그러한 계시의 진리로 다가오는데, 그 계시는 이스라엘이 그렇게 오래전부터 '시기심으로' 지니고 있었던 계시를 마무리하는 것이다.

계시를 받았던 유일한 민족임을 자랑스러워하는 이스라엘은, 계시되는 하나님에 대한 더 깊은 인식을 이제 받아들이고 맞아들이는 이교도를 보고서 시기하게 된다! 그러나 그것은 하나님이 자기 민족으로부터 돌아섰음을 조금도 의미하지 않는다. 그와 반대로 하나님의 마음은 언제나 열려 있다. 하나님은 언제나 자기 민족을 부른다. "나는 거역하고 반대하는 민족을 향해 온 종일 내 손을 내밀었다…"라는 것이다.

잠언 1장 24절에 따르면, 그것은 하나님의 지혜의 부르짖음과 관련된다.[69] 하나님은 이스라엘을 향해 언제나 자신의 손을 내민다. 그것은 하나님이 인간의 무관심 앞에서, 특히 이스라엘의 무관심 앞에서, "내 민족아…. 내가 네게 무엇을 했다고 그러느냐?"[70] 같은 하나님의 고통을 밝히는 성서의 충격적인 본문 중 일부분이다. 또 그것은 소위 "탕자의 비유"라고 잘못 불리는 비유에서(그 비유를 아버지의 인내와 사랑의 비유라고 불러야 할 것이다!), 아들에 대해 절대 실망하지 않고 아들이 돌아오는 것을 한없이 기다리는 아버지를 다시 한 번 생각나게 한다. 이 구절들을 통해, 이스라엘의 지옥 형벌에 대한 엄청난 주장들은 허위라는 점이 입증된다.

하나님의 민족으로서 이스라엘

10장에 대한 묵상을 마무리하는 데 있어, 나는 두 가지 사항을 제시

---

69) [역주] 잠언 1장 20~21절. "지혜가 길거리에서 부르며, 광장에서 그 소리를 높이며, 시끄러운 길머리에서 외치며, 성문 어귀와 성 안에서 말을 전한다." / 잠언 1장 24절. "그러나 너희는 내가 불러도 들으려고 하지 않고, 내가 손을 내밀어도 거들떠보려고도 하지 않았다."
70) [역주] 미가서 6장 3절 참조.

하고 싶다. 하나는 이스라엘 민족과 관련 된다.[71] 이스라엘은 무슨 수를 써서라도 하나님의 민족으로 남는다. 교회는 하나님의 민족이 아니다. 신약 성서 어디에도 '하나님의 새로운 민족' 이라는 표현방식은 없다. 그와 반대로, 우리가 방금 읽었던 구절들에는 이스라엘이 나라 nation로 남고 이스라엘의 시기심은 나라조차도 아닌 것에 의해 유발된다고 나와 있다.

그 민족의 신학은 과거에 속한 것도 아니고, 시대에 뒤진 것도 아니다. 그 신학은 오늘날 여전히 유대 민족이 자기 자신에 대해 이해하고 있는 바를 결정짓는다. "이스라엘과 유대 민족은 랍비 문학 전체에서 신학적으로 같은 것으로 간주한다"[72]는 것이다. 하나님에게 있어 그리스도인은 하나의 민족이라고 전하는 본문들에서조차, 다른 민족에 의한 이스라엘의 대체는 문제가 되지 않는다. 우리가 다음 장에서 다시 다루게 될 교회는 이스라엘이란 뿌리에 참여할 수밖에 없다. 그 민족은 이제 유대인과 이교도로 형성되지만, 아버지의 진정하고 유일한 민족이자 나라인 이스라엘 전체에는 그것을 통해 아무런 변화도 생기지 않는다. 이스라엘은 하나님의 민족으로서 언제나 교회 곁에 머무른다!

전체적이고 영적이며 민족적인 의미에서 이스라엘이 하나님의 민족일 때, 민족이란 용어를 영적인 의미로 보아 교회가 하나님의 민족이라고 무스너가 말하는 것은 아마도 당연하다. 즉, 이스라엘은 하나님의 특별한 소유물이며, 하나님의 '유산의 몫' 이다. 이스라엘은 민족이면서 또한 하나님의 민족이기도 하다. 그것은 다른 민족뿐 아니라 교회를 위해서도 긴장 속에서 살아야 하는 유대 민족 안에 존재하는

---

71) 무스너의 앞의 책 20~26 페이지 참조.
72) '유대인들' 을 아주 좋아하면서도 자신을 반(反)시온주의자로 선언하며 많은 그리스도인이 저지르는 끔찍한 결별이 그것을 통해 끝나야 한다! 그것은 거짓이고 위선이다.

내부적 긴장의 원인 중 하나이기조차 하다! 특히 유대인에게 있어 땅의 회복에 대한 희망은 조상의 하나님에 대한 흔들리지 않는 신앙에서 나온다! 바울을 따라가며 11장에서 보게 되듯이, 그 때문에 교회와 이스라엘 민족은 정확히 보완을 이룬다.

이스라엘과 비교된 교회의 세 가지 죄과罪過

결국, 내가 제시해야 할 마지막 지적은 10장에 대한 바르트의 주석과 관계된다. 바르트는 대담하게 이 본문 모두를 교회에 적용했다! 그 때문에 그는 자신의 주석에 「교회의 죄과罪過」 *La Culpabilité de l'Eglise* 라는 제목을 붙였다. 이 끔찍한 논증을 다른 사람들에게 적용하면서 그 논증에서 벗어나기는 아주 쉬울 수도 있으며, 바리새인 같은 우리 그리스도인으로서는 '죄인' 을 지정하기 아주 쉬울 수도 있다!

바르트는 "아니다. 유대 민족과 더불어 또한 유대 민족을 통해 실제로 겨냥된 것은, 유대 민족으로부터 분리되지 않으나 유대 민족의 자리에서 나쁜 행동을 이미 저질렀던 교회이다"라고 언급한다. 즉, 교회는 유대인을 배제하면서, 계시를 자기 것으로 삼았다. 교회는 옛 언약으로 선언했던 언약을 자기를 위해 취했고, '구약 성서' 라고 선언된 히브리 성서를 취했으며, 유대 민족에게 이루어졌던 계시를 유대 민족에게서 박탈했다. 그런데 예수는 그 계시를 결코 부인한 적 없었고, 앞에서 살펴보았듯이 바울 역시 마찬가지였다! 교회는 계시를 자기 것으로 삼았는데, 그것은 바로 이스라엘에 가해진 비난 중 하나이다. 또한, 교회만이 계시를 해석하고 완성하는 권한을 가진다면서 무류성無謬性이란 덕목을 자기에게 부여했는데, 그때까지 이스라엘은 결코 그렇지 않았다.

두 번째로, 그것은 바울의 처지에서 보면 마찬가지로 유사한 것이자 가해질 수 있는 비난이다. 교회는 예수 그리스도의 복음을 도덕적인 율법으로 변형했고, 예수 안에서 얻어진 의를 가지고 도덕을 만들었으며, 자유의 율법을 가지고 일련의 계명을 만들었다! 계명과 '규범'을 구분하고 중대한 죄와 사소한 죄를 구분하면서, 교회는 부수적인 미덕과 기본적인 미덕의 목록과 죄의 목록을 만들었다. 게다가 교회는 잘못에 있어 유대 민족보다 훨씬 더 멀리 나아갔다. 결국, 교회는 의가 행위로 얻어질 수 있다고 믿었고 가르쳤다. 바르트는 가톨릭교도에 대한 비난으로서가 아니라 모든 그리스도인에 대한 비난으로서 그렇게 언급한다!

　세 번째로, 교회의 호칭이 무엇이든 간에 교회는 바로 앞에 이교도가 있다. 그러나 교회는 복음을 가져다주는 것이 아니라 교리나 율법을 가져다주기 때문에, 진정으로 그들에게 복음을 전파할 줄 몰랐다. 따라서 교회는 이스라엘과 같은 잘못을 저질렀다! 결국, 오늘날 우리가 교회의 쇠퇴와 기독교 신앙의 상실을 한탄한다면, 자기 자신의 곤경에 책임이 있는 것은 교회 자신이고, 그 죄과는 바로 교회가 그 점을 인정하기를 거부하는 데 있다! 그것은 교회의 현재 곤경이 자신에게 과해졌던 임무를 성취하지 못한 데서 나옴을 인정하기를 거부하는 것이다. 그리스도인이여, 근본적으로 우리의 상황을 직시하자. 교회의 곤경을 부인하거나 혹은 회피하는 것은, 실제로 하나님을 회피하려는 것이다.

4

접붙여진 올리브 나무

1. 그다음으로, 나는 "하나님이 자기 민족을 버렸을까?"라고 언급합니다. 그럴 수는 없습니다! 실제로 나 자신도 이스라엘 사람이고, 아브라함의 혈통과 베냐민 족속에 속합니다.

2-3. 이처럼, 하나님은 자기 민족을 버리지 않았습니다! 그 민족은 하나님이 다른 모든 민족에 앞서 알았던 민족입니다. 그렇지 않다면, "주여, 그들은 당신의 선지자를 죽였고, 당신의 제단을 무너뜨렸으며, 나만 홀로 남아 있는데 그들은 내 생명을 노리고 있습니다"라고 이스라엘을 하나님에게 고발했던 엘리야의 이야기에서 성서에 언급된 내용을 여러분은 모르는 셈입니다.

4. 그런데 그 대답은 무엇이었습니까? "나는 7천 명을 나를 위해 남겨 두었다! 그들은 바알 앞에 무릎을 꿇지 않은 자들이다"였습니다.

5. 따라서 지금도 마찬가지입니다. 은총의 자유로운 선택에서 나오는 '남은 자'가 있습니다.

6. 그것이 은총에 의해서라면, 그것은 더는 행위에 의해서가 아닙니다. 그렇지 않다면, 은총은 더는 은총이 아닙니다!

7-8. 그것은 무슨 뜻입니까? 이스라엘이 찾는 것을 이스라엘은 발견하지 못했지만, 선택된 자들은 그것을 발견했습니다. 다른 모든 사람은 마음이 완악해졌습니다. "하나님이 그들에게 그들을 둔하게 만든 정신을 주었으며, 있어도 보지 못할 눈과 듣지 못할 귀를 주었는데, 오늘날까지 그러하다!"라고 기록되어 있듯이 말입니다.

9-10. 다윗은 "그들의 제단이 올가미가 되어 그들이 그 올가미의 희생물이 되고, 거기서 넘어지며, 그것이 그들의 보응이 되게 하십시오! 그들의 눈이 어두워져 보지 못하게 하고, 그들의 등이 끊임없이 굽어지게 하십시오!"라고 언급합니다.

11. 나는 "그들이 비틀거려서 영원히 쓰러졌습니까?"라고 다시 묻습니다. 그럴 수는 없습니다! 왜냐하면, 그들이 실수한 덕분에 이교도의 구원이 이루어졌기 때문인데, 그 구원은 그들의 시기심을 불러일으켰습니다.

12. 그들의 실수를 통해 세상이 풍성해졌고 그들의 쇠퇴를 통해 이교도가 풍성해졌다면, 그들 전체가 구원을 받을 때는 어떻게 되겠습니까?

13-14. 태생적으로 이교도인 여러분에게 나는 다음같이 말합니다. 내가 나와 같은 혈통의 사람 중 어떤 이들을 구원에 이르게 하려고 그 사람들의 시기심을 이렇게 불러일으킨다면, 그만큼 더 나는 이교도의 사도로서 그 직분을 더욱더 영광스럽게 여긴다는 것입니다.

15. 그들의 버림받음이 하나님이 세상과의 화해를 이루는 것이었다면, 그들의 통합 73)이 죽은 자 가운데서 솟아나는 생명을 이루는 것이 아니면 그 무엇이겠습니까?

16. 맏물로 바쳐진 반죽 덩이가 거룩하면 반죽 전체도 거룩합니다. 또한, 뿌리가 거룩하면 가지들도 거룩합니다.

17-18. 어떤 가지들이 부러지고 야생 올리브 나무인 여러분이 다른 가지들 가운데 접붙여져 그 가지들과 함께 올리브 나무뿌리의 풍성한 수액을 빨아들인다면, 부러진 가지들을 업신여기지 마십시오. 여러분이 혹시라도 그 가지들을 업신여기게 될 때는, 여러분이 뿌리를 지탱하는 것이 아니라 여러분을 지탱하는 것이 뿌리라는 점을 잊지 마십시오.

19. 여러분은 "그 가지들은 내가 접붙여지기 위해 부러졌다"라고 할지도 모릅니다.

20. 좋습니다! 그러나 그 가지들은 무신앙 때문에 부러졌습니다. 그런데 여러분이 거기 붙어 있는 것은 신앙 때문입니다. 그러므로 다른 사람들을 깔보지 마십시오! 차라리 두려워하십시오!

21. 왜냐하면, 하나님이 본래의 가지들을 아끼지 않았다면, 여러분도 아끼지 않을 것이기 때문입니다!

22. 하나님의 너그러움과 준엄함에 유의하십시오. 그 준엄함은 넘어진 자들에 대한 준엄함이지만, 그 너그러움은 여러분에 대한 너그러움입니다! 여러분이 그런 너그러움 속에 머무르는 한, 하나님의 너그러움은 머물러 있습니다. 그렇지 않으면 여러분도 잘려나갈 것입니다!

23. 유대인은 무신앙 속에 머무르지 않는다면 그들은 접붙여질 것입니다! 왜냐하면, 하나님은 새로이 그들을 접붙일 수 있기 때문입니다.

24. 야생 올리브 나무에 본래 속했던 여러분이 본성과는 반대로 재배된 올리브 나무에 접붙여지려고 잘렸다면, 그들은 얼마나 더 자연스럽게 그들의 본성에 따라 올리브 나무에 접붙여지겠습니까!

---

73) [역주] '그들의 통합'이란 '하나님이 그들을 받아들임'을 의미한다고 볼 수 있다.

4

접붙여진 올리브 나무

로마서 11장 1~24절

Ⅰ. 로마서 11장 1~10절

11장의 서두는 "따라서 나는 '하나님이 자기 민족을 버렸을까?' 라고 언급합니다"이다. 주후 3세기까지 유대인은 버림받는 데 대한 염려 속에 살고 있기 때문에, 바울의 이 질문은 그 당시 유대인에게는 신성 모독임이 분명하다. 그들은 주권적인 하나님이 "자신의 얼굴을 돌리지" 않을까 두려워한다. 그것은 그들에게 있어 가장 큰 두려움으로서, "왜 당신은 당신의 얼굴을 숨깁니까?"라는 시편 44장 25절의 구절처럼 하나님의 돌아섬은 하나님의 진노보다 훨씬 더 심각하다. 그들은 하나님이 너무나 주권적이기 때문에 하나님이 원하는 바는 실현되는 동시에 확실하다는 경험이 있다. "오 하나님, 왜 당신은 당신의 양떼에게 화를 냅니까? 왜 당신은 영원히 내버립니까?"라는 시편 74편은 가슴을 뭉클하게 한다. 따라서 끔찍한 가능성이 존재한다!

"하지만, 당신은 내버렸고 배척했으며 당신의 기름 부은 자에게 화를 냈습니다"라는 시편 89장 39절의 구절처럼, 사람들은 하나님이 했던 약속을 하나님에게 떠올리게 한다. 마찬가지로, 우리는 '유배된 선지자들'에게서 같은 문제를 끊임없이 재발견한다. 하나님은 우리를 버렸고, 예루살렘은 황폐하며, 성전은 무너진다. 그 선지자들은 민족의 용기를 다시 북돋우려고, 또한 역사적 상황에도 하나님이 선민에 대한 내버림도 언약의 없앰도 표명하지 않았음을 선포하려고 온 힘을 다한다. 그러나 절망에 빠지지 않고서 용기와 소망을 지닌 이 선지자들은 결정적인 내버림의 가능성을 가장 내밀한 곳에 지니고 있다.

하나님을 소유물로 만든 이스라엘의 지나친 확신

그런데 3세기부터 이스라엘에는 신조信條 opinion의 돌변과 아울러 신학의 돌변이 생겨난다! 유대인은 자신들에 대한 택함이 결정적이라는 점과 자신들의 주권적인 하나님이 자신들을 결코 내버리지 않을 것이란 점을 너무나 확신하게 된다! 수많은 본문이 그 점을 입증한다. 즉, 불안의 시대는 끝나고 이스라엘은 하나님과 함께 나아간다는 것이다. 그 점은 역사적 사건들에 연결된 동시에, 토라에 대한 새로운 이해에도 연결되어 있다.[74] 마이요가 말하듯이 "하나님의 택함은 이스라엘에 의해 사로잡혀 있다!"는 것이다. 따라서 우리는 이미 살펴본 '자기 것으로 삼기'라는 동일한 문제를 다시 발견한다. 달리 말해, 그 문제가 더할 나위 없이 정확하다는 것이고, 그것은 이스라엘이 이제 받아들이는 계시에 대한 더 나은 이해라는 것이다.

하나님은 자신이 선택했고 사랑했던 자를 내버릴 수 있다. 하나님은

---

74) 바롱(W. Baron), 『유대 민족의 역사 *Histoire du peuple juif*』 2권, PUF. - 솔리니에 (Saulinier), 『이스라엘의 역사 *Histoire d'Israël*』 3권, Le Cerf, 1985년.
　[역주] 이 부분은 본래 각주가 아니지만, 글의 원활한 흐름을 위해 역자가 각주로 설정한 것임.

'영원히' 내버리지는 않는다. 하나님이 돌아설 때, 하나님은 자신의 언약에 대한 기억을 절대 잊지 않는다. 그 시기의 경험은, 물론 하나님은 내버리지만, 그것이 일시적일 따름이라는 것이다. 사람들은 하나님을 신뢰할 수 있고, 확신한 채로 남아 있을 수 있다. 하나님은 영원히 버리지는 않는다. 즉, 그 점은 사실이지만, 그 언약의 영속성이 기반을 두는 것을 잊지 말아야 한다. 하나님은 약속했던 바를 언제나 지킨다. 하나님은 자신이 선언했던 언약을 역사의 변천을 거치더라도 유지한다.

하지만, 모든 것은 하나님에게만 근거를 둔다. 타자他者가 신실하지 않더라도 하나님은 신실한 채로 남아 있다. 언약은 유지되지만, 언약은 하나님의 신실함과 사랑과 용서와 인내에 근거를 둔다. 우리는 그것을 받을 만한 어떠한 자격도 없다. 인간이 일시적인 것으로 파악하는 그 '내버림'을 거쳐 지나가면서 인간이 할 수 있는 일이란, 무슨 수를 써서라도 자신의 하나님을 신실한 하나님으로 인정하는 것이고, '나의 하나님'으로서 하나님에게 늘 기도하는 것이다.[75]

여기서 일어난 변화는 이스라엘이 자신에 대해 너무 지나치게 확신하게 되었다는 점이다! 이스라엘은 하나님이 이스라엘을 버리지 않을 것을 확신한 나머지 하나님을 일종의 소유물로 만드는데, 그 점은 자명하다. 모든 것이 은총임을 떠올리지 않아도, 하나님이 은총에 의해 또 하나님 자신에 대한 신실함에 의해 '영원히' 내버리지 않음을 떠올리지 않아도 말이다! 달리 말해, 이스라엘이 모두에게 전달해야 했던

---

75) 그러한 신뢰에 대한 결정적인 예와 하나님의 신실함으로 그렇게 되돌리는 것에 대한 결정적인 예는, 예수가 "나의 하나님, 나의 하나님, 왜 당신은 나를 버렸습니까?"라고 외칠 때, 십자가에서 예수에 의해 우리에게 주어진다. 그러나 이 외침 속에는 그의 신앙도 존재한다. 왜냐하면, 한편으로 그가 그러한 하나님을 절대로 부인하지 않기 때문이고, 다른 한편으로 그가 그러한 하나님을 '그의 것' 곧 나의 하나님으로 선언하기 때문이다. 그 하나님은 무슨 수를 써서라도 나를 위한 하나님이 되는 것이다!

계시와 복음으로서 모두에게 전해야 했던 언약을 제 것으로 삼았던 것과 마찬가지로, 이제 이스라엘은 어떤 면에서 하나님의 신실함과 택함élection을 제 것으로 삼는다! 이스라엘은 자신에 대해 너무 확신하게 된다. 바로 그 때문에 바울이 제기하는 질문이 그 시대 유대인에게 있어 터무니없고 신성모독이 된다. 하지만, 그 시대 유대인은 자신들의 역사에 대한 역사적 이해라는 관점에서, 그리스인과 셀레우코스 왕조[76]와 로마인에 대한 자신들의 굴복에 대한 질문들을 제기할 수도 있었던 것과 마찬가지로, 애스모니언 왕가[77]와 헤롯 왕가[78]라는 터무니없고 불길한 시기에 대한 질문들을 적어도 제기할 수 있었을 것이다.

하나님이 이스라엘을 버리지 않았음을 입증하는 바울의 논증

바울은 그러한 질문을 제기할 뿐 아니라, 게다가 하나님이 이스라엘을 버리지 않았음을 입증하기 위한 놀라운 논증을 펼친다! 그 증거는 바울 자신이다! "하나님이 자기 민족 전체를 버렸는가? 아니다. 왜냐하면, 내가 거기 들어 있기 때문이다!"라는 것이다. 바울은 베냐민 족속이라는 순수한 혈통의 이스라엘인이다. 베냐민 족속은 이스라엘과 유대 사이에 결별이 있을 때 다윗 가家에 충실히 남아 있었던 유일한 토박이 족속이었음을 기억하자. 베냐민 족속은 역사 속에서와 하나님 앞에서 '이스라엘 전체'를 나타내는 족속이다. 베냐민은 신명기 33장

---

76) [역주] 셀레우코스 왕조(Séleucides). 셀레우코스(Séleucos) 1세가 기원전 312년에 시리아에 창시한 왕조.

77) [역주] 애스모니언 왕가(Asmonéen). 주전(主前) 140년부터 36년까지 유대를 통치했던 유대의 마지막 왕조.

78) [역주] 헤롯 왕가(Hérodiens). 헤롯왕은 로마 제국 시대에 유대 지방에 분봉된 왕 곧 로마 제국이 유대를 간접 지배하고자 유대의 왕으로 임명한 자이다. 신약성서 마태복음 2장에 나오는 동방 박사와 예수의 탄생 이야기에서 어린 아이를 죽이라고 명령한 왕으로 알려졌다.

에서 이스라엘 자손을 위해 모세가 축복할 때 주의 사랑 받는 자로 불린다. 르우벤은 살고 유다는 하나님과의 언약을 되찾고 레위는 신실하고 단과 갓은 사나운 전사戰士가 될 것이고 스불론은 부유해질 것이다. 하지만, 베냐민에 대해서는 "그는 여호와의 사랑 받는 자이고 여호와 곁에서 안전하게 살 것이며, 여호와는 언제나 그를 덮을 것이고 그의 어깨 사이에 머물 것이다"라고 되어 있다. 사실상 이스라엘 역사 내내 베냐민은 하나님의 계획 속에서 으뜸가는 역할을 맡았다. 역시 베냐민 자손인 예레미야에게서 그런 중요성이 다시 발견된다. 우선 이 족속에 대해, 베냐민 족속 선지자의 목소리를 통해 "나는 나라들과 왕국들 위에 언제나 너를 세울 것이다"라고 선포된다!

어쨌든 바울은 하나님 언약의 영속성을 입증하려고, 자신의 예와 다른 예들을 제시할 수도 있었을 것이다! 복음 전체가 예수의 말 위에 근거를 두는데, 예수에 대한 주요한 증인들이 예수를 따랐던 유대인이었음을 바울은 언급할 수도 있었을 것이다. 바울은 거의 유대인으로만 구성된 '유대·기독교'judéo-christianisme 교회가 예루살렘에 존재했음을 떠올리게 할 수도 있었을 것이다! 그는 결코 그렇게 하지 않고 자신만이 증인으로 자처한다. 그것은 자만인가? 아마 그럴 수도 있지만, 그것은 대단한 책임감이다. 그것은 아주 연약한 증인으로 요약된 이스라엘 전체이다!

바울은 증인으로 자처하려고 상당히 보완적인 논증을 편다. 그리스도인에 대한 박해자였으며 자신이 이단 종파로 간주한 기독교의 파괴에 정말 열성적이었던 바울 자신이 개종한 것이다. 이스라엘 전체에 있어서도 사정은 마찬가지임이 입증된다. 박해자조차 증인이 되도록 하나님에 의해 다시 붙들릴 수 있었기 때문에, 하나님은 자기 민족을 버리지 않았다는 것이다. 따라서 바울은 전능한 은총에 대한 일종의 살아 있는 담보물처럼 그와 같이 존재한다. 왜냐하면, 하나님이 결국 자기 민족 전체를 버리기로 했다면, 그 민족의 '엘리트'를 버리는 것으로 시작했을 것이다. 하나님은 가장 대표적인 것을 버렸을 텐데, 바울은 그 엘리트에 속해 있었다.

게다가 하나님은 그 민족을 "미리" 알았다. 그런데 바울이 8장에서 보여주었듯이 그 함축된 뜻은 본질적이다. "모든 것은 하나님을 사랑하는 자들과 하나님의 계획에 따라 부름을 받은 자들의 선을 이루는 데 기여한다. 왜냐하면 하나님은 미리 알았던 자들을 하나님의 아들의 형상과 비슷해지도록 미리 정해 두었기 때문이다. 하나님은 미리 예정했던 자들을 불렀고, 의롭다고 인정했으며, 의롭다고 인정했던 자들을 영화롭게 했다"[79]는 것이다. 바울의 생각과 어휘의 명확성을 염두에 두면, "하나님이 자기 민족을 미리 알았다"는 문장을 바울이 사용한 것은 우연이 아니다. 그러한 표현방식을 통해 '미리 예정한, 부른, 의롭다고 인정한, 영화롭게 한'과 같은 나머지 모두가 필연적으로 생겨난다.

여기서, 나는 "하나님 아들의 형상과 비슷해지도록 미리 정해진"이란 표현을 훨씬 더 내세울 것이다. 그리스도인은 하나님의 아들 예수가 예전과 변함없는 존재이기에 자신들이 예수의 형상과 비슷해지도록 부름 받았다고 제 스스로 생각할 것이다. 상당수의 본문이 그런 의미로 통하는데, 그 본문에서 예수는 종이 주인처럼 대접받을 것이라고 일례로 예고한다. 그러나 "그 민족은 하나님 아들의 형상이 되도록 미리 정해졌다"는 것, 다시 말해 예수 역시 그 민족의 역사의 흐름 속에서 되고자 했던 바를 그 민족은 역사의 흐름 속에서 이미 되었다는 일시적으로 '뒤집어진' 해석을 할 수는 없는가? 유대 민족은 인자人子

---

79) [역주] 로마서 8장 28~30절 참조.

Fils de l' Homme, 곧 하나님 아들의 예언자적인 형상이다!

언짢아하지 말고 곰곰이 생각해 보자. 그러한 출발점을 제시한 후 바울은 어떻게 하나님이 실제로 아무도 단죄하지 않았는가를 입증하면서 나아간다. 그러나 루터가 하나님의 오른손의 일과 왼손의 일이라고 불렀던 바가 있다. 나는 오른손을 은총과 구원으로, 왼손을 의와 단죄로 표현하는 것이 정확하지 않다고 생각한다. 차라리 그 점은 하나님이 다른 경로들을 통해 일함을 의미했던 것처럼 보인다. 또한, 그 점은 이스라엘에 있어 특히, 교회라는 하나님의 오른손으로 성취된 일과 하나님의 왼손으로 성취된 역시 긍정적인 일이 있음을 의미했던 것처럼 보인다. 마찬가지로, 바르트는 자신의 주석 두 장의 제목을 '야곱의 하나님'과 '에서의 하나님'이라고 붙인다. 하나님에 의해 '미움을 받은'에서는 지옥에 떨어지거나 지옥의 형벌을 받거나 하나님의 사랑으로부터 배제된 것이 결코 아니다! 왜냐하면, 오늘날 두 가지 언약이 있다면, 모두를 위한 유일한 구원자만이 있기 때문이다.

이스라엘에 있어 '남은 자'의 존재와 역할

그래서 11장 2절부터 5절에서 엘리야와의 비교가 등장한다. 그것은 잘 알려진 이야기인데, 열왕기상 18장에 나오듯이 바알 선지자에 대항하여 의기양양한 승리를 거두고 그들을 죽이게 한 후, 광야로 도망가는 엘리야에 관한 이야기이다. 민족 전체가 그 기적에 의해 설득되었는데도, 엘리야는 도망한다. 엘리야는 다음 같은 두 가지를 주장한다. 우선, 자기가 선조보다 나을 게 없다는 것이다. 나는 엘리야가 사백 명의 바알 선지자를 죽이게 한 것에 대한 후회에 갑자기 사로잡힌다고 생각한다! 그다음으로, 그는 "나 혼자만이 신실한 채로 남아 있기 때문에", 하나님이 지나간 후 자신의 목숨을 앗아가 달라고 하나님에게 요구한다. 민족 전체가 배반했다는 것이다.

그 이야기를 암시하면서, 바울은 하나님과 인간 사이에 매개자로서 엘리야와 자신을 동일시하기를 다소 원하는 듯이 보인다. 그러나 그들 사이에는 상당한 차이가 있다. 엘리야는 이스라엘을 고발했다. 즉 그들은 모두 하나님의 계시 곧 토라를 버렸고, 하나님의 선지자들을 죽였으며, 하나님의 제단을 헐었다는 것이다. 따라서 그 민족 전체는 버려져야 한다는 것이다. 그와 반대로 바울은 이스라엘을 변호한다. 그 때문에 바울은 엘리야에 대한 이야기의 끝 부분을 강조한다. "나는 바알 앞에 무릎을 꿇지 않은 칠천 명을 남겨 두었다"라고 하나님이 엘리야에게 대답한다는 것이다. 또 하나님은 "너는 그들을 모르지만, 나는 그들을 안다. 네가 그들을 비난할 때, 너는 네가 무엇을 하는지 모르고 있다"라고 언급한다는 것이다.

7천이란 숫자를 통해 두 가지 지적이 가능하다. 열왕기상 20장 15절에서 아합 왕이 이스라엘 군대 전체를 불러 모으기로 했고, 모든 남자를 모으는데 그들의 수가 7천이었다! '내가 이스라엘 안에 7천 명을 남겨 두었다'는 것은 아이러니이다. 바로 군대 전체가 7천 명의 남자로 되어 있으니 말이다! 달리 말해 '네가 그것을 모를지라도 이 모든 남자들은 실제로 신실한 채로 남아 있다'는 것이다. 분쟁의 시기에는 "우리의 하나님은 여호와"라고 그 민족 전체가 외쳤다고 되어 있기 때문에, 그 점은 놀랍지 않다.

더욱이 숫자 7천이 상징하는 것과 그 기본요소를 떠올려야 한다. 완전수인 7에다 10의 모든 배수처럼 무한한 숫자의 표시인 1,000이 곱해진 것이다. 상징적인 것은 서술적인 것보다 훨씬 더 완전하고 무제한적이기 때문에, 그 두 표시는 하나로 모인다. 그러나 7천이라 숫자가 실제로 아합에게 굴복한 이스라엘 민족 중 한정된 일부분을 나타낸다고도 생각할 수 있다. 그 경우, 앞선 기지사항들과 이 기지사항의 결합은, 하나님이 이스라엘 민족 내부에 '남은 자'를 남겨두었다는 점 및 결국 그 '남은 자'는 이스라엘 민족 전체를 거룩하게 했다는 점을 의미한다. 바울이 자신의 논증 후속 부분에서 보여주듯이, 바울이 염두에 두는 것은 그러한 해석이다. 마찬가지로, 현시대에서도 은총의 택함에 따라 '남은 자'가 존재한다.

은총과 택함의 민족인 이스라엘의 타락

그러나 바울은 자신의 모든 서신서에서 '그것이 은총에 의한 것이라면, 행위에 의한 것은 아니다'라는 자신의 주된 주장으로 끊임없이 되돌아간다. 그것이 행위에 의한 것이라면, 더는 은총이 아닐 수도 있다는 것이다! 따라서 이스라엘이 토라에 충실한 행위를 거듭할 수 있더라도, 이스라엘의 구원 전체가 놓여 있는 '남은 자' 중 '남은 자'인 예수를 이스라엘이 인정하지 않을 때 그것은 아무 소용이 없다. 또다시 이스라엘은 어떤 대가를 치르더라도 얻기 원했던 것, 곧 자신의 구원에 대한 확신을 그런 방식으로는 얻지 못했다! 그러므로 이스라엘의 어떤 자들은 버림받는다. 즉, 전체적으로 이스라엘은 얻기 원했던 것을 발견하지 못했고, 이스라엘을 사로잡았던 것은 택함이다. 그것은 택함을 겸허하게 받아들이지 않은 자들을 따로 떼어 두게끔 하고 마음이 '완악해'지게끔 하거나 혹은 둔해지게끔 하는 것이다.

대략적인 방식으로 토라를 자주 인용하는 바울은 여기서 신명기의 본문을 확고히 한다. 이 본문에는 "하나님이 깨닫는 마음과 보는 눈과 듣는 귀를 너희에게 주지 않았다"[80]라고 되어 있다. 그것은 이스라엘 안에서, 또한 이스라엘을 위해서, 하나님이 이루었던 모든 유익한 기

---

80) [역주] 신명기 29장 4절 참조.

적과 관계된 것이다. 바울은 그 본문을 하나님의 적극적인 활동으로 바꾼다. 즉 "있어도 보지 못할 눈과 듣지 못할 귀를 너희에게 주었다"는 것이다. 따라서 그것이 이스라엘의 악한 의지가 아니라는 견해를 다시 발견한다. 그것은 거부의 정신이 아니며, 그렇게 했던 것은 하나님이라는 것이다. 따라서 이스라엘은 책임이 없다!

그러나 바울은 신명기의 본문에다 11장 8절에 나오는 "오늘날까지"를 즉시 덧붙인다. 그 점은 바울이 계속 주장하는 소망에 잘 일치한다. 그 "오늘날까지"란 내일에는 모든 것이 가능함을 의미한다. 또다시 그것은 이스라엘을 위한 소망이다. 하나님이 신실하게 아브라함의 하나님으로 남아 있기 때문에, 또 내일에는 하나님이 이스라엘 전체를 깨울 수 있고 이스라엘에게 보기 위한 눈을 줄 수 있기 때문에, 내일에는 모든 것이 가능하다!

바울은 다윗의 원수들을 겨냥하는 다윗의 본문 시편 69장 23~24절을 이스라엘에 적용하면서, 약간은 억지로 그 본문을 사용했다. 하지만, 바울은 행위의 다른 측면인 희생제물과 헌물로 가득한, 실제로는 성전의 제단인 그들의 탁자가 그들에게 함정이 됨을 거듭 말하려고 그 본문을 사용한다. 윤리적이고 종교적인 행위 곁에는 순종과 관대함의 표시인 희생제물과 헌물이 있는데, 그 희생제물과 헌물은 은총과 택함의 민족으로 하여금 대가가 없을 수도 있는 구원이 헌물에 의해 보장된다고 여기게끔 함으로써 그 민족을 타락하게 한다.

사람들은 우리가 이야기했던 엄청난 돌변으로 늘 되돌아온다. 사람들이 행위와 헌물을 으뜸으로 여길 때는, 구원을 받으려고 그렇게 하는 것이다. 그와 반대로, 사람들이 순수한 은총으로 구원받음을 알고 나면, 사람들은 감사로서 혹은 은총의 활동으로서 구원에 대해 확신하기 때문에 그런 행위를 하고 그런 헌물을 바친다. 그와 같이, 이스라엘은 자신에 대한 택함élection 자체에 의해 결정적인 선택choix 앞에 놓여 있다. 또한, 그 결정적인 선택 앞에 놓였고 놓일 것이다. 증언과 진리의 민족이 되는 것을 무엇보다 추구하는 이스라엘은, 자신이 주도하는 힘과 의지와 면밀함과 지략에 의해 무슨 대가를 치르더라도 그렇게 추구하는 것을 그만두어야 한다.

이스라엘의 현존을 통해 유발되는 문제들

1절부터 10절까지의 묵상에 추가하여, 나는 '바울이 완전히 주관적인 방식으로 이스라엘의 비극 속에 자리를 잡는다' 라고 덧붙일 수도 있다. 바울은 "내가 거기에 있다"라고 하면서, 자기 민족으로부터 분리되는 것을 조금도 원하지 않는다. 그것은 이스라엘에 관한 본질적인 진리를 우리에게 틀림없이 떠올리게 한다. 즉 이스라엘에 대해 객관적으로 이야기할 수 없다는 사람들에 대해 찬성하거나 혹은 반대하는 뜻을 취할 수도 있다는 것이다. 이스라엘은 따로 떼어 놓인 민족이고, 이스라엘의 현존은 불가피하게 우리 각자를 문제 삼는다. 그 때문에 이스라엘이 현존하자마자 광적인 찬성과 반대가 터져 나온다. 그 민족의 삶 자체는 우리에게 결정적인 질문을 제기하는데, 그것은 택함에 대한 질문이고, 하나님의 자유에 대한 질문이며, 하나님의 현존이라는 놀라운 사건에 대한 질문이다.

물론 그 민족을 미워하고 박해하는 사람들은, 그렇게 함으로써 하나님의 신실함과 인내와 현존 속에서 그들이 미워하고 박해하는 것이 바로 하나님임을 알지 못한다. 예수를 거부하는 이스라엘이 하나님의 일에 일시적으로 옆에 놓인 오늘날에서조차 그것은 언제나 사실이다. 그렇지만, 하나님은 이스라엘에게서 아무것도 없애지 않았다! 그래서 박해의 비극 옆에는, 이스라엘의 역사를 객관화하고 특히 로마서의 그 장들을 객관화하는 신학들의 오류라는 또 다른 비극이 있다. 그 모든 것으로부터 교의敎義를 이끌어내는 것은 전통적이고 성서적일 수도 있지만, 그것은 바로 우리가 할 수 없는 바이다!

택함과 예정설은 '신학적 인용 대목' loci theologici도 철학의 주제도 '문제들'도 아니고, 신학적인 건축물을 짓기 위한 중립적인 돌도 아니다. 그것들은 '담 아래에 두는 것'이고, 또한 인간의 삶 전체에 대한 결정적인 문제이기 때문에 결심을 요구하는 질의質議 interpellation이다! 그것이 예수를 메시아로 인정하고 사랑했던 '남은 자'이든지 혹은 신실함으로 그 기다림 속에 남아 있는 다른 자이든지 간에, 이스라엘의 현존을 통해 기쁨과 미움이라는 혼란이 어쩔 수 없이 유발된다.

Ⅱ. 로마서 11장 11~15절

우리는 여기서 타락의 신비라는 이스라엘의 신비의 중심으로 들어간다. 물론, 하나님이 '있어도 보지 못할 눈'을 그들에게 주었기 때문에, "그들은 발을 헛디뎌 비틀거렸다". 다른 무엇인가 일어날 수도 있었던 것일까! 그러나 바울은 다음 같은 꽤 놀라운 표현을 사용한다. 즉, 사람들이 불가피하게 넘어지는 것은, 말이 헛디디는 것 같이 '발을 헛디뎌 비틀거리기' 때문도 아니고, 혹은 '미끄러지기' 때문도 아니며, 돌부리에 채여 비틀거리는 것도 아니다! 발을 헛디딜 수만도 있었으나, 그들은 바위에도 부딪쳤다. 그 바위는 그 민족이 위에 놓여 있었던 바위다! 바울은 "그들이 '왜' pourquoi 발을 헛디뎠고, '무엇을 위하여' pour quoi 장애물에 부딪혔는가?"라는 묘한 질문을 던진다. 그런 일이 일어났다면, 사람들은 "하나님이 그들을 파멸시키기를 원했는가?"라고 바울과 함께 자문해 볼 수 있다. "절대 그렇지 않다"라고 바울은 외친다!

그 본문은 복잡하다는 인상을 준다. 한편으로, 바울은 "그것은 넘어지기 위해서인가…. 그렇지 않다"라고 언급한다. 다른 한편으로, 바울은 "그들의 타락에 의해 구원은 다가갈 수 있는 것이 되었다"라고 언급한다. 따라서, 한편으로 바울은 "그들이 미끄러졌다"고 언급하는 듯이 보인다. 하나님은 그들이 넘어지게 하기를 원하지 않았다는 것이다. 그러나 다른 한편으로 바울은 그들의 "타락"에 대해서 말한다! 그러므로 그들은 넘어졌다는 것이다! 그렇다. 하지만, 요점은 '무엇을 위하여?' 라는 질문이다. 그것은 그들을 넘어지게 하기 위해서인가…. 다시 말해 하나님의 목표는 단지 그들을 넘어지게 하는 것일 수도 있었고, 그와 같이 그들을 단죄하는 것일 수도 있었다. 그러나 타락을 통해 모두의 구원이 가능하기 때문에, 그것은 자기 민족을 단죄하려고 절대로 애쓰지 않는 하나님의 목표가 전혀 아니다!

이교도가 불러일으킨 시기심에 의한 이스라엘의 회심

목표 곧 '~을 위하여'pour는 하나님의 민족을 넘어지게 하고 내버리는 것이 아니다! 그 목적은 그들을 넘어지게 하면서 모든 사람을 구원하는 것이다! 바울은 그들이 넘어졌다고 하지 않는다. 우리는 그 함정들을 보았다. 그것은 하나님의 자비라는 단순한 수단이다. 유대인은 자신들이 맡았던 사명 곧 언약이란 복된 소식을 세상에 전달하는 일을 완수하지 않았기 때문에, 어떤 면에서 빈자리를 남겨 놓았다! 그래서 하나님은 세상 전체에 다가가려고 다른 길을 택하고, 이스라엘도 다른 사람들과 더불어 구원받기 위한 길로 들어오기를 기다린다. 이스라엘의 타락을 통해 궁극적인 '남은 자' 곧 예수의 출현이 가능했다. 예수 그리스도 안에서 선포된 것은 구원의 보편성이다. 그 타락을 통해 인간과 함께하는 하나님의 놀랍고 새로운 모험이 생겨난다!

아담의 불순종에 관해 사람들이 그렇게 언급했듯이, 이스라엘 안에 대다수가 예수를 그렇게 버리는 것이 '다행스런 죄과罪過' felix culpa [81] 라고 우리는 언급할 것인가? 물론 그렇지 않다. 인간에 의한 잘못과 타락과 독점은 결코 '다행스럽지' felix 않다. 그 타락은 하나님에게 대항하는 모든 잘못처럼 극적이다. 그것은 극적이기는 하지만, 비극적이지는 않다. 다시 말해 타락을 통해 이스라엘에 수많은 불행과 패배와 열방들의 증오가 생겨났다. 그러나 거기에는 미래와 소망이 존재하지 않는 어떠한 운명이나 숙명도 없다는 점에서 그것은 비극적이지 않다.

이제 이교도와 유대인을 갈라놓고 있던 담은 무너졌다. 이교도는 노아의 언약과는 동떨어져 있지 않지만, 언약들과 동떨어져 있었고, 아브라함과 그의 자손에게 유일하게 행해진 약속과 동떨어져 있었다. 또한, 그들에게는 소망이 없었고, 그들은 진정으로 무신론자였다. 다시 말해 그들에게는 유일한 자의 계시가 없었고, "그들은 신이 아닌 신들을 만들어냈다". 그런데 이제 이교도는 자신들이 그것을 모를지라도 하나님과 화해되었으며, 하나님은 예수 그리스도의 피로 모든 인간과 화해했다. 복음은 모두에게 선포되는 것으로서, "이제 여러분은 화해되었고, 약속도 여러분을 위해 있으며, 여러분에게 생명이 약속되어 있다"는 것이다.

그와 같이 유대인의 '타락'을 통해 이교도의 구원이 가능해졌다. 그

---

81) [역주] felix culpa. '축복받은 죄과', '다행스러운 타락'이라는 뜻의 라틴어 표현. 신학적으로 원죄의 근원으로 알려진 아담과 하와의 타락 및 에덴동산의 상실에 대해 언급하는 이 표현은, 부활절 전야에 가톨릭교회에서 부르는 성가의 가사 한 부분인 "오, 그렇게도 위대한 구세주를 우리에게 가져다준 다행스러운 죄과!'에 나온다.

러한 경로를 따라 바울은 "유대인이 모든 사람에게 **약속**을 전달해야 하는 하나님의 민족이고, 모든 사람은 그러한 전파에 의해 구원받을 것이다"라는 첫 언약에서 약속들의 도식을 거꾸로 뒤집는다. 이제 복음을 입증하는 것은 이교도의 신앙이고, 유대인은 이교도로부터 새로운 언약과 구원의 새로운 약속을 받아들여야 한다. 분명히 그 점을 유대인은 받아들이거나 이해할 수 없었으며, 현재도 받아들이거나 이해할 수 없다. 바울은 **율법**을 모독했다고 비난받지만, 그는 하나님이 유대인을 절대 버리지 않았음을 확신한다. 그와 반대로, 하나님은 대가 없이 유대인을 구원하면서 자신의 은총 활동을 절정에 이르게 하는데, 그것은 유대인의 회심을 의미할 수도 있다.

그러나 한편으로 이교도가 자신들에게 이루어진 은총이 무엇인지 드러낸다는 조건에서만이, 다른 한편으로 유대인에게 이루어진 은총이 이교도에게 이루어진 은총을 여전히 능가한다는 조건에서만이, 유대인에게 복음을 전할 수 있다! 물론 타락이 있었고 내버림이 있다. 하지만, 그것은 예수 이후부터는 더는 결정적일 수 없는 당연히 부분적이고 일시적인 내버림이다. 바울은 유대인의 회심이라는 종말론적 측면에서, 자신의 사명에 대한 생각을 품고 있음을 보여준다.[82] 하나님이 이스라엘의 '타락'을 통해 이교도에게 구원을 알릴 수 있기를 원했다면 말이다.

하나님은 이교도의 구원을 통해 이스라엘의 '시기심'이 생겨나기를 기다리는데, 그 시기심에 의해 이스라엘 민족 전체는 이교도가 예수 그리스도 안에서 인정하는 하나님을 향해 새로이 회심하기에 이른다. 예수 그리스도 안에서 계시의 탁월성을 갑자기 이교도에게 이해시킬

---

82) 그것은 한편으로 특히 한 유대인의 회심에 대한 추구를 배제하는 것이고, 다른 한편으로 설득하려고 애쓰려는 논쟁을 배제하는 것이다. 우리는 그리스도인과 유대인이 가질 수 있는 관계의 유형이 무엇인지 나중에 살펴볼 것이다.

하나님의 은총에 대한 징표와 표현과 표시를 유대인이 이교도에게서 발견할 것이라는 사실에서만이, 그러한 '시기심' 이 나올 수 있다. 다시 말해, 이교도에게 있어 은총의 성과는 결국 유대인이 자신들의 2200년 역사 동안 체험했던 은총보다 훨씬 더 놀랍다! 유대인은 하나님이 이교도를 매개로 이룬 선에 대해 시기하게 된다. 그런데 그 점은 그리스도인을 아연실색하게 만든다! 왜냐하면, 유대인이 항상 예수 그리스도를 거부한다면, 그것은 그리스도인의 존재를 보고서도 시기심을 느끼지 않기 때문이다.

유대인의 회심을 위한 그리스도인과 교회의 책임

유대인이 예수를 거부하는 전적인 책임은 그리스도인과 기독교 교회에 있다. 그리스도인이 율법 준수에서 나올 수 있는 미덕보다 더 뛰어난 미덕을 유대인 앞에 나타냈다면[83], 그리스도인이 거룩함 및 그 앞에서 몸을 숙일 수밖에 없는 품성의 순수함을 유대인 앞에 나타냈다면, 그리스도인이 주主에 대한 경배에다 우상숭배라 할 수도 있는 이교적 제사의식과 유치한 신심을 더하지 않고서 주에 대한 경배에서 순수함을 유대인 앞에 나타냈다면, 그리스도인이 이웃에 대해 온전한 사랑으로 행동했다면, 그리스도인이 예수 그리스도 안에 얻어진 자유의 충실한 법에 따라 살았다면, 소위 기독교 사회가 개인적 정의나 사회적 정의 혹은 정치적 정의의 온갖 모범을 보이고자 존재했다면, 틀림없이 하나님의 계획과 일치하는 바울의 예언은 실현될 수도 있었을 것이다. 즉 그리스도인의 그러한 삶에 의해 설득된 유대인은, 인간의 마음을 변화시켰고 그러한 회심으로부터 세상을 변화시켰던 메시아

---

83) 나는 십일조를 내는 것을 자주 예로 들었다. 수입의 십일조를 내는 것은 율법의 적용이다. 만약 은총이 율법보다 한없이 뛰어나다면, 그리스도인들은 십일조보다 한없이 더 내야 한다! 그리스도인이 그렇게 하지 않는다면, 적어도 율법이라도 지켜야 할 것이다!

를 예수 안에서 인정할 수도 있었을 것이다.

그 대신, 우리 그리스도인은 무엇을 보여 주었는가?[84] 사리에 맞지 않은 경멸스러운 품성, 정복과 힘과 탐욕의 사회, 그리스도인 사이에 증오, 불의의 전반적인 승리를 보여주었다. 특히 기독교 사회에 유대 민족에 대한 박해와 불의가 넘쳐났고, 기독교 사회는 유대인을 증오했다. 인간의 단순한 시각으로 이해되지 않는 그 증오심은, 그 신실한 민족이 그리스도인의 신실하지 않음에 대한 귀찮은 증언자로 남아 있다는 사실에 의해 유발될 따름이다.

그리하여 그리스도인보다 더 낫게 행동하고 그 '더 나음'이 예수에게서 나왔음을 인정하도록 유대인으로 하여금 '시기심을 느끼게' 하기는커녕, 우리의 삶과 사회는 유대인을 예수로부터 멀리 밀어낼 따름인 변함없는 '역逆증거'contre-témoignage의 예가 되었다! 유대인에게는 회심할 어떠한 이유도 그러한 메시아를 향해 다가올 어떠한 이유도 진정으로 없었다! 말세에 그러한 메시아를 인정하게 될 때, 다시 말해 교회가 진정으로 그리스도의 교회가 다시 되고 우리 각자의 삶이 변하는 동시에(순식간에 우리는 변화할 것이다) 유대 민족이 자신의 메시아를 인정하게 되는 것은, 한편으로는 아주 강력한 성령의 활동으로 일 것이다.

그때를 기다리면서, 유대인과 메시아 예수 사이에 만남이 지연되는 문제는 그리스도인과 우리 교회가 맡아야 할 일이다. 그때를 기다리면서 말이다. 따라서 유대 민족을 일시적으로 따로 떼어 놓음으로써 세상에 복음의 전파가 가능해졌고, 이교도는 유일한 존재이자 단 하나의 진정한 하나님인 아브라함과 이삭과 야곱과 예수의 하나님을 인

---

84) 그 변화의 이유에 대해서는 엘륄의 『기독교의 전복 *La subversion du christianisme*』을 볼 것.

정하기에 이른다. "유대인의 타락에 의해 구원이 이교도에게 열렸고, 유대인의 역할 감소는 이교도의 풍성함이 되었다"는 것이다.

이스라엘의 회심과 회복을 통한 보편적인 부활과 구원

이스라엘은 복음의 경로 위에 분명히 놓여 있었으나 이스라엘은 그 경로에서 벗어났고, 그 벗어남을 통해 모든 이교도를 향해 복음의 폭발이 일어난다. 그래서 바울은 "이스라엘이 복음의 경로를 다시 찾게 될 때 무슨 일이 일어날까?"라는 질문은 던지는 것이 아니라, 훨씬 더 나아가 "이스라엘이 복음의 한가운데 있게 될 때 무슨 일이 일어날까?"라는 질문을 던진다. 그들의 '회복'이란, 구속자이자 주主인 그리스도의 복음에 의해 곳곳에서 영향을 받았던 이 세상에서, 유대 민족이 택함élection의 역사의 시초에 차지했던 자리 곧 계시의 중심으로 복귀하는 것이다. 왜냐하면, 그러한 회복의 의미가 바로 그러하기 때문이다![85]

이스라엘의 멀어짐을 통해 하나님은 지나간 인류와 현재의 인류와 미래의 인류 전체와 화해의 길로 들어섰다. 그러면 이스라엘 자신의 화해는 무엇일까? 이스라엘이 10장 21절에 나오는 "거역하고 반박하는 민족"이 더는 되지 않을 때, 무슨 기적이 일어날까? 11장 15절에서 바울은 그것이 바로 죽은 자 가운데서의 생명일 것이라고 언급한다! 하나님의 구속救贖 사역의 마무리는 전체적인 '회생回生'이다. 마이요는 '죽음에서 솟아나는 생명'이라고 표현하는 '회생'이란 단어는 '부활'이란 단어와 완전히 같지는 않다. 어떤 주석학자에 의하면 그것은 하나님의 사랑의 궁극적인 실현과 죽음의 왕국에 대한 살아 있는 자

---

85) 그것은 우리가 다음 같은 것을 볼 때 요한계시록 본문의 의미이다. 즉 우리가 유일한 존재 앞에서 맨 앞에 집결한 이스라엘 민족 전체를 볼 때이고, 또한 그들 뒤에 온 세상의 모든 민족과 족속과 언어에 속한 셀 수 없는 거대한 군중을 볼 때이다.(요한계시록 7장 4~10절)

의 확실한 승리를 표현하는 랍비들의 용어일 수도 있다. 우리에게 있어 아버지는 죽은 자들 가운데서 그리스도를 다시 올라가게 했고 그와 같이 자신의 영광을 나타냈다. 그러나 그 영광은 온 우주에 명백히 나타나야 할 것이다. 또한, 예수는 '죽은 자 가운데 첫 번째로 태어난 자'이고 그의 부활은 죽음의 궁극적인 패배라고 우리가 언급할 때, 우리는 그 점을 고백한다.

자신의 메시아를 받아들이고 인정하는 이스라엘의 회심을 통해 보편적인 부활이 나타날 것이다. 그러한 부활의 때에 심판은 자신의 아들을 준 하나님에 의한 온 세상의 구속救贖보다 덜 두드러질 것이다. 부활은 심판이나 '선한 자'와 '악한 자'의 분리나 악한 자를 지옥에 보내는 것을 목적으로 하지 않는다는 점이 강조되어야 한다고 나는 생각한다. 부활은 '천상의 예루살렘'과 생명의 승리 및 죽음의 힘의 소멸 곧 죽음 자체의 소멸을 목적으로 하는데, 죽음 가운데서 지옥의 형벌을 받아야 했을 자들도 결국 죄를 용서 받는다.[86]

이스라엘의 따로 떼어 놓음으로 말미암은 화해와 이스라엘이 회복될 때 죽은 자 가운데서 생명의 솟아남은, "우리가 하나님 아들의 죽음에 의해 하나님과 화해했다면, 화해된 우리는 그의 살아남에(그의 부활에) 의해 구원받을 것이다"라고 바울이 로마서 5장 10절에서 언급한 바를 떠올리게 한다.

죽음에서 생명으로 넘어가는 것은 이미 '회복'에 의해 생명을 확신

---

86) 내가 여러 번 설명했던 이 주제가 자주 물의를 일으키는 것을 알고 있다. 나는 지옥의 형벌이 문제 되는 모든 글을 여기서 재론할 수 없는데, 그 글들이 경고로 사용되는 비유이든지 인간 자체가 아닌 각 인간 안에 있는 악한 것(사라질 수밖에 없는 것)을 겨냥하든지 간에, 그 글들로는 한편의 교의(敎義)도 만들 수 없다. 도둑질하는 것으로 인간은 도둑이 되지 않는다는 것은 잘 알려졌다. 게다가 구원이 은총으로 이루어진다면, 그것은 단죄를 받아 마땅했을 수도 있던 자들과 분명히 관련된다. 죄인을 용서하는 것이지 결백한 자를 용서하는 것은 아니다. '나는 의인을 구하러 온 것이 아니라 죄인을 구하러 왔다!'는 것은 명백하다!

하는 이스라엘의 궁극적인 운명과 관계될 뿐만 아니라, 인류 전체의 구원과 생명과도 관계된다. 5장 10절과 11장 15절의 그러한 접근을 통해 이 세 장이 삽입된 내용이나 혹은 후일에 첨가된 내용이 전혀 아니라는 점이 드러난다! 주의 낮아짐, 그리스도의 죽음, 이스라엘의 따로 떼어 놓음으로 세상은 이미 화해되었다. 하물며, 이스라엘의 재기再起는 구원이 될 것이다! 그것은 그리스도의 부활 가운데서 성취된 재기로서 이스라엘의 경우에서만 엿보이는데, 히브리서에 나오듯이 아벨, 노아, 아브라함, 이삭, 야곱같이 신앙으로 지탱되는 구름 같이 많은 증인에게서 엿보인다. 히브리서 11장 13절에는 "약속된 것들을 얻지 못한 채 그들 모두 신앙 가운데서 죽었지만, 그들은 이 땅에서 이방인과 나그네임을 인정하면서 멀리서 그 약속된 것들을 보았고 맞이했다"라고 되어 있다.

"부활한 그리스도는 신앙의 비밀 속에서 우리를 궁극적인 승리에 이르게 한다. 여전히 지속하는 역사 속에 가라앉은 이스라엘은 인류의 재기再起가 될 자신의 재기를 기다리면서, 세상의 죄라는 무거운 짐을 계속 짊어진다." 르모의 앞의 책

유대인이 예수를 메시아로 인정하기 어려운 이유

그와 같이 이스라엘 민족은 유일하고 특이한 민족으로 남는다! 이스라엘 민족은 새로운 세상에 대한 약속의 전달자인데, 이 점과 관련하여 비셔는 다음같이 강조한다. 즉, 하나님은 인류의 비참한 상태를 행복하고 정의로운 상황으로 변화시키려는 욕구를 유대인의 영혼 속에 심어 놓았다는 것이다. 그 점은 하나님의 의와 진리 안에서 '만물의 회복'에 대한 약속에 연결되어 있다. 그러나 하나의 의지를 만들어 냈던 것은 그러한 약속인데, 그 점은 지상에 하나님나라를 계속하여 세

우려는 의지로 유대인이 혁명 운동에 빈번히 참여한 것을 설명한다. 특히 유대인이 더는 신실한 신앙인이지 않을 때, 유대인의 견해 표명은 천년왕국주의자들의 견해 표명을 흔히 떠올리게 한다. 어떤 선지자들의 사회적 정의는 하나님이 세울 나라에 대한 기다림을 대신하기도 한다.

그러나 예수가 메시아라는 것과 십자가에 못 박힌 그 불쌍한 자가 실제로 영광스러운 구세주라는 것을 믿는데 유대인에게 많은 어려움이 따른다는 점이, 그러한 사실과 '특이성'을 통해 설명된다. "우리는 그리스도가 세상을 변화시켰음을 보지 못했다"는 것이 습관적으로 이루어지는 논증이다. 메시아의 도래를 통해 우주의 변화 특히 인간 사회의 변화가 일어날 것이라고 예언되어 있다. 그런데 아무것도 변하지 않았다는 것이다. 그래서 생겨나는 점진적인 논리 변화는, 사람들이 구체적이고 눈에 보이는 변화를 기다린다는 것이 된다.

그런데 그런 구체적인 결과를 변화시키는 것보다, 인간의 마음을 변화시키는 것이 훨씬 더 필요하다! "마음속에 가득 찬 것은 입 밖으로 나오게 된다"[87)는 것이다. 뿌리가 썩은 나무는 좋은 열매를 맺지 못할 것이다. 중요한 것은 마음과 뿌리를 변화시키는 것이다. 그것이 새로운 창조의 시작에서 유일하게 가능한 것이다. 그러나 마음의 그러한 변화 속에서 그러한 신앙은, 기독교적인 증언으로만이 얻어질 수 있다.

따라서, 하나님이 유대인을 통해 일을 시작했던 것과 마찬가지로, 유대인을 통해 일을 마무리할 것임을 우리는 바울과 더불어 언급할 것이다. 유대인이 자신들의 메시아를 인정할 때, 하나님나라의 도래와 생명의 승리와 우주의 부활이 일어날 것이다! 이처럼, 유대인이 하

---

87) [역주] 누가복음 6장 45절 참조.

나님의 주권적 행위를 대체하는 인간 수단을 추구하기에 또한 유대인의 불신앙으로, 그러한 도래가 지체된다고 할 수도 있다. 그러면 그것이 유대인의 '잘못' 인가? 아니다. 왜냐하면 교회와 그리스도인이 지상에 하나님나라를 이미 제시함으로써, 그리스도에 대한 신앙으로 이루어지는 인간의 완전한 변화를 유대인이 분명히 봄으로써, 유대인은 회심할 수 있기 때문이다. 그런데 유대인에게 주어진 그리스도인의 이미지가 유대인을 회심시키는 것이 아니라, 그들을 예수에게서 멀리 떨어지게 한다는 것을 우리는 앞에서 지적했다. 결국, 하나님의 계획 성취가 지연되는 데 대한 무거운 책임은 그리스도인에게 부과되는데, 그리스도인은 유대인의 신앙에 장애가 된다.

Ⅲ. 로마서 11장 16∼24절

그 인상적이고 놀라운 구절들에서, 바울은 유대 민족의 특권으로 되돌아간다! 바울은 실제로 기독교가 유대 민족의 곁가지라고 설명한다.

여기서 바울이 '맏물로 바쳐진 반죽 덩이' 에 대해 이야기할 때,[88] 본문의 나머지 부분이 나타내듯이 '맏물로 바쳐진 반죽 덩이' 는 예수 그리스도가 아니라 아브라함과 이삭이다. 나머지 전체를 하나님으로부터 '받아서' 인간이 먹을 수 있도록, 하나님에게 바쳐지는 것이 수확의 첫 부분이다. 그것은 바로 하나님에 의해 예비 되고 하나님에게

---

88) 아마도 그것은 제식祭式에 대한 암시이다. 빵을 만들 때 반죽의 일부를 떼어 놓는데, 그것으로 여호와에게 바칠 헌물인 과자를 만들었다. 민수기 15장 20~21절, 레위기 23장 10~17절 참조.
[역주] 이 부분은 본래 각주가 아니지만, 글의 원활한 흐름을 위해 역자가 각주로 설정한 것임.

'헌신된' 첫 인간인 아브라함인데, 게다가 아브라함은 아들 이삭을 첫 열매로 바친다! 그와 같이 첫 열매들이 하나님의 몫이기 때문에 거룩하다면, 가지들도 거룩하다. 따라서 이스라엘 민족 전체는 성화聖化되어 있다!

이스라엘이란 줄기에 접붙여진 가지로서 그리스도인과 교회

하나님에 의해 잘려나간 가지들이 있었음이 확실하다고 많은 선지자는 언급한다! 그와 같이 예레미야는 유대 민족이 우선 놀라운 민족이라고 언급한다. "열매의 아름다움이 돋보이는 푸른 올리브 나무야, 아주 요란한 소리로 여호와가 네게 부여했던 이름은 그러하다.(그런데 너는 내 집에 머무를 수 있는가? 또한, 어디서 죄가 저질러지는가?) 여호와는 올리브 나무를 불로 태우고, 그 가지들은 부러진다."[89] 따라서 그 가지들이 떨어져 나간 줄기에 자리가 만들어지고, 사람들은 순수한 올리브 나무와 야생 올리브 나무의 접붙임이라는 커다란 이미지에 이른다! 순수한 올리브 나무는 올리브기름과 좋은 열매를 제공하는 올리브 나무이다.

예를 들어 리츠만Lietzmann같은 상당수의 저술가가 원예에 대해 정말 아무것도 모르는 바울을 조롱했다. 왜냐하면, 접붙임은 언제나 그와 반대로 이루어지기 때문이다. 즉 좋은 열매를 맺는 가꾸어진 나무의 가지나 잔가지를 야생 나무에다 접붙인다는 것이다. 올리브 나무도 마찬가지인데, 순수한 올리브 나무를 야생 올리브 나무에 접붙인다. 어떤 면밀한 저술가들은 그러한 '반대 방향의 접붙임'이 행해지는 나라가 있는지, 일례로 그리스나 소아시아에서 그런 접붙임이 행해지는지 여행할 때 알아보기까지 했다. 물론 그들은 그런 접붙임을 발견

---

89) [역주] 예레미야 11장 16절 참조.

하지 못했다.

그러나 그 의미를 진정으로 밝히려면, 바울이 그 단락의 끝에 드러나는 놀라운 뒤 바꿈을 수단으로 사용한다는 점을 알아차릴 정도로 그 본문을 완전히 '독파하는' 것으로 충분했다. 실제로, 11장 24절에는 이교도인 우리는 '우리의 본성에 따라' 야생 올리브 나무에 속하고, 그와 마찬가지로 유대인은 '그들의 본성에 따라' 순수한 올리브 나무에 속한다고 나와 있다. 그러나 우리는 '본성과 반대로', 가꾸어진 순수한 올리브 나무에 접붙여졌다. 왜냐하면, 많은 번역에서처럼 '너의 본성과 반대로'가 아니라, 그 본문에는 '그 본성과 반대로'라고 분명히 되어 있기 때문이다. 그것은 '본성을 거슬러' 이루어진 접붙임인데, 접붙임은 야생 올리브 나무의 본성을 거슬러 진행되지 않는다!

그것은 본성을 거슬러 이루어진 접붙임, 다시 말해 식물학상의 법칙과 수목 재배의 법칙을 거스르는 접붙임이다! 비셔는 그 비유가 "기괴하다"는 점을 모르지는 않는다. 하지만, 그 비유가 의미로 가득한 것은 바로 그 점에서이다! 그 행위는 기술자의 행위가 아니라 하나님의 행위이다. 하나님이 행했던 바는 사물의 본성에 일치하는 것이 아니라, 그리스도인의 오만을 무너뜨리기로 되어 있는 하나님의 은총과 자유에 일치한다!

우선 순수한 올리브 나무는 본래 좋기 때문이 아니라, 하나님의 은총으로 택함을 받았기 때문에 좋은 열매를 맺고 있었다. 즉 그 순간부터 순수한 올리브 나무는 좋은 열매를 맺을 수 있었다. 따라서 그것은 역사 속에서 본성과 법칙을 나타내는 것이 아니라, 하나님의 은총과 자유를 나타낸다! 그러므로 이스라엘이란 줄기에 그렇게 이교도를 접붙이는 하나님의 행위는 본성을 따르는 행위가 아니라, 본성을 거스르는 행위이다! 바울이 틀린 것이 전혀 아니다!

그러나 그러한 비교에는 놀라운 접붙임만이 있다! 뿌리의 ‘문제’가 존재한다는 것이다. 뿌리를 지탱하는 것은 네가 아니라, 너를 지탱하는 것이 뿌리라는 것이다. 그런데 그것은 별로 명확하지는 않다! 히브리 성서에는 ‘뿌리의 신학’ 전체가 있다. 뿌리는 단지 땅속에 박혀 거기서 ‘수액’을 빨아들이는 나무의 부분만은 아니다. 뿌리는 각각의 가지의 나뭇잎을 만들어내는 일종의 힘이다. 따라서 동일한 단어에서 우리가 이해하는 바대로 그것은 뿌리일 뿐만 아니라 줄기나 혹은 나무 둥치이다.

내가 그 저서들을 읽었던 히브리 학자들의 견해에 따라, 유대인에게는 포괄적 사고방식이 있다고 우리는 이미 밝혔다. 무스너는 예를 들어 야드Yad라는 단어는 손을 의미하지만 팔을 의미할 수도 있다는 점을 부각시킨다. 또한 레겔Regel이란 단어는 발을 의미하지만, 다리를 의미할 수도 있다. 라빔Rabbim이 문자적으로 ‘많은 자’를 의미하기도 하고, ‘모두’를 의미하기도 하는데, 실제로는 ‘우리 모두’에 해당한다는 점은 매우 중요하다. “많은 자가 구원받을 것이다”라고 복음서에 표현되어 있을 때, 위와 같이 그렇게 이해하면서 복음서의 본문을 다시 읽어야 한다.

따라서 접붙여진 이교도를 지탱하고 있는 것은 문자적으로 뿌리가 아니라 분명히 줄기이다. 그것은 우선 줄기가 그러한 것으로서 지속함을 전제로 한다! 뿌리는 구약 성서의 족장들일 수도 있다. 그러나 줄기는 이스라엘이다. 그것은 바울 시대의 이스라엘이고, 우리 시대의 이스라엘이기도 하다! 정원의 올리브 나무로서 열매를 맺는 올리브 나무로 남아 있는 것은 이스라엘이고, 야생 올리브 나무인 것은 이교異敎이다. 하나님은 순수한 올리브 나무의 가지들을 야생 올리브 나무에 접붙임으로써, 야생 올리브 나무를 고귀하게 만들지는 않는다. 그와는 반대이다!

따라서 우리가 예수의 제자가 되었고 유일한 하나님을 믿는 신앙인이 되었던 것은, '본성을 거스르는' 것이라고 언급해야 한다. 게다가, 그것은 좋은 본성이라는 개념 및 좋은 본성을 뛰어넘고 완성하는 종교적인 초超본성sur-nature이라는 개념을 우리가 신학으로부터 완전히 몰아내는 것을 전제로 한다. 그 점은 은총과 하나님의 사랑이 무엇인지를 이해하는 데 있어 결정적이다!

우리가 앞에서 그의 많은 분석을 살펴보았던 마이요가 말하듯이, 우리 그리스도인과 교회는 접붙여진 가지이고 '덧붙여진 조각들' 일 따름임을 우리는 그 비유에서 이해해야 한다. 우리는 본래 나쁜 종種에 속해 있기에, 우리의 행위로는 하나님의 영광을 위한 열매를 맺지 못한다. 어떻게라도 성스러운 민족으로 남아 있는 성스러운 민족 가운데 우리는 심겨졌다. 따라서 우리의 열매와 기름은 우리에게서 나오는 것이 아니라, 원래의 순수한 올리브 나무의 목수木髓로부터(기름기로부터) 나온다. 마이요가 지적하듯이, 예수와 이스라엘 사이에 바울에 의해 만들어진 어떤 동일화同一化가 그 점을 통해 또다시 드러난다. 고데Godet에 의하면, "그리스도의 민족 속에는 늘 그리스도 자신의 어떤 것이 존재한다".

그 점은 포도나무와 가지에 대한 예수의 비유를 떠올리게 한다. 유대인은 원래부터 유대인으로 남아 있지만, 우리는 신앙에 의해서 '만이' 줄기에 붙어 있다. 그래서 하나님이 자기 민족에게 그렇게 엄격했고 어떤 가지들을 잘라 버릴 수 있었다면, 우리가 그들과 같은 잘못을 저지를 때 얼마나 더 하나님은 우리에게 엄격할 것인가를 우리는 끊임없이 기억해야 한다! "오만에 빠지지 말고 두려워하십시오. 왜냐하면, 하나님이 본래의 가지들을 아끼지 않았다면, 여러분도 아끼지 않을 것이기 때문입니다"라는 11장 20~21절이 바로 그 구절이다. 그 모든 것을 교회에 적용하는 바르트가 행한 해석방식은 그 점을 통해 정당화된다.

구원의 역사 속에 연결된 이스라엘과 교회

우리가 보여주려고 했듯이, 유대인의 잘못이 선민이라는 오만에 있었으며, 택함élection을 자기 것으로 삼음에 있었다면, 교회와 그리스도인의 위상이 이제 어떠한지 우리는 자문해 보아야 한다.

무슨 수를 써서라도 존속하는 '본연의' per se 교회가 우리가 아니라는 점을 우리는 여기서 알고 있다. 모든 교회가 지나치게 탈선하고 모든 입증이 엄청나게 빗나가는 것을 고려할 때, 우리는 "하나님 앞에서 우리가 여전히 존재하는가?"라는 질문을 우리에게 솔직히 던져야 한다. 우리가 많은 교회에서 유대 민족과 이스라엘에 대한 거부와 증오를 목격할 때, "우리가 진정한 줄기에 접붙여져 있는가?"라는 질문을 우리에게 솔직히 던져야 한다. "유대인을 업신여기지 말고 두려워하라"는 것이다.

이스라엘을 끊임없이 배척하고 비난하는 아랍인과 이슬람에 대해 열광하는 그리스도인을 볼 때, 과연 거기에도 여전히 약간의 기독교적인 진리가 있는 것일까? 사람들은 '이새의 옛 줄기' [90)]에 접붙여진 집단과 인간의 상황에 대한 최소한의 생각이라도 지녔는가? '접붙여진' 이상의 것은 아무것도 없으며, 우리의 행위와 예배와 신학에서 나타나는 영양분을 그러한 줄기로부터 받아들이는 이상의 것은 아무것도 없는데도, 그 점은 눈살을 찌푸리게 할 것이다.

그래서 처음으로 되돌아가야 한다. 즉, 9장 4~5절에 나오듯이 양자

---

90) [역주] 이사야 11장 1절 참조.

삼음도(그들 다음에 우리 역시 양자가 된다), 언약들도 (우리의 언약은 그들의 언약으로부터 나오기 때문이다), 율법도(왜냐하면, 우리의 윤리가 율법으로부터 나오기 때문이다), 예배도, 약속들도, 구약 시대의 족장들도 유대인에게 속한다는 것이다. 그 모든 것은 우리의 공동 유산이고, 우리의 구원자는 그들에게서 태어났다. 주主는 그들의 주主이다! 왜냐하면, 그 모든 것은 오늘날 사실이기 때문이다.

바울의 비유 뒤에는 "하나님의 유일한 민족은 이스라엘과 교회로 구성되어 있다"는 신학이 존재한다. 이스라엘과 교회는 서로 독립적인 두 세력으로서 나란히 놓여 있지 않다. 즉, 이교도에게서 나온 교회는 이스라엘이라는 줄기에 접붙여져 있다. 이스라엘과 교회는 구원의 역사 속에서 서로 연결되어 있다. 이스라엘은 교회에 의해 결코 교대되지 않았다. 하나님은 순수한 올리브 나무 옆에 두 번째의 순수한 올리브 나무를 심지 않았다. 즉 하나의 순수한 나무만이 존재한다는 것이다! 11장 24절에 나오듯이 일시적으로 잘려나간 가지들은 이번에는 '그것들의 본성에 따라' 다시 접붙여진 것이다. 그것은 우리가 '그러는 사이에' entre temps 그 가지들이 마르거나 불태워지지 않은 채 보존되는 것을 전제한다.무스너

그와 반대로, 유감스럽게도 교회가 너무 자주 행했던 바로 교회가 이스라엘과 분리되어 계속 존속하려 한다면, 교회는 뿌리로부터 절단되고 시들 수밖에 없을 것이다. 그 때문에 바르트는 이스라엘 없이는 진정한 기독교 교파 통합운동은 없다고 당연히 언급했다. 그러므로 '종말에' 모든 것은 다시 정돈될 것이다. 다시 말해 모든 것은 구원받을 것이다. 종말론적 시각에서 종말과 관련하여 모든 것을 사고하는 그런 방식이 바울에게도 있는데, 우리가 언급했듯이 그 방식에 의해 그러그러한 배제와 그러한 내버림과 거부에 대한 현재의 판단들은 사

라진다. 왜냐하면, 현재의 그런 판단들에 의해 하나님이 구원 계획이 고착되고 말기 때문이다. 그러한 종말과 관련하여 모든 것을 생각해야 한다.

5

신비와 쇄신

로마서 11장 25~36절

25. 형제들이여, 여러분만이 현명하다고 생각하지 않도록, 나는 여러분이 그 신비를 모르기를 바라지 않습니다! 이교도 전부가 하나님에게 돌아올 때까지, 이스라엘 일부는 완악한 채로 있습니다.

26-27. 그리고 그와 같이 이스라엘 전체는 "시온으로부터 해방자가 나올 것이고, 그는 경건치 않음을 야곱에게서 멀리 내보낼 것이다. 이것이 그들과 나의 언약이고 그래서 나는 그들의 모든 죄를 없앨 것이다"라고 기록된 것처럼 구원받을 것입니다.

28. 복음과 관련하여 이스라엘 사람들은 하나님과 적이 되었지만, 하나님의 자유로운 선택과 관련하여 이스라엘 사람들은 조상 덕분에 하나님의 사랑을 받고 있습니다.

29. 왜냐하면, 하나님의 은총과 부름은 돌이킬 수 없기 때문입니다.

30. 예전에 여러분이 하나님에게 순종하지 않았던 것과 마찬가지로, 이제 이스라엘 사람들의 불순종으로 여러분에게 자비가 베풀어진 것입니다.

31. 마찬가지로, 이제는 이스라엘 사람들도 여러분에게 베풀어졌던 자비 때문에 순종하지 않는데, 그것은 이제부터 이스라엘 사람들에게도 자비가 베풀어지기 위함입니다.

32. 왜냐하면, 하나님은 모두에게 자비를 베풀고자, 모든 인간을 다 함께 불순종 속에 가두었기 때문입니다.

33. 하나님의 풍성함과 지혜와 지식은 얼마나 깊습니까! 하나님의 뜻은 얼마나 헤아릴 수 없으며, 하나님의 길은 얼마나 찾기가 어렵습니까!

34. 누가 주의 생각을 알았던 적이 있습니까? 아니면 누가 주의 조언자가 되었던 적이 있습니까?

35. 누가 주에게 먼저 드리고 나서 되돌려받으려 했습니까?

36. 만물이 존재하는 것은 주로부터이고, 주에 의해서이며, 주를 위해서입니다! 주에
게 영광이 영원토록 있습니다! 아멘!

로마서 12장 1~2절

1. 그러므로 형제들이여, 나는 여러분의 몸을 하나님의 마음에 드는 살아 있고 거룩
한 제물로 바칠 것을 하나님의 긍휼로 여러분에게 권고합니다. 그것이 바로 여러
분이 드릴 합당한 예배 혹은 말에 일치하는 예배입니다.

2. 선하고 하나님을 기쁘게 하며 잘 된 하나님의 뜻이 무엇인지 분별하도록 (혹은
하나님의 뜻이 선하고 완전하며 마음에 드는 것임을 분별하도록), 여러분의 시대
를 추종하지 말고 여러분의 예지를 새롭게 함으로 혹은 여러분이 깨닫는 방식을
새롭게 함으로 변화되십시오.

5

신비와 쇄신

로마서 11장 25~36절

로마서 12장 1~2절

Ⅰ. 로마서 11장 25~36절

불순종 속에 갇힌 인간

핵심 구절은 분명히 11장 32절이다.[91] 우리의 잘못과 죄와 개인 구원을 끊임없이 생각하는 습관이 우리에게는 지나치게 많이 있다. 그 것은 개신교의 개인주의 현상만이 아니라, 가톨릭교에서도 그것은 사실이다. 여기서, 불순종과 구원의 문제는 보편적인 차원을 띤다. '모든 인간'에 해당하는 우리 자신과 우리 각자는 그러한 전체 중 일부를 이룬다. 그러나 우리는 하나님이 모든 인간을 불순종 속에 가두었다는 주장에 의해 약간 기분이 상한다. 일종의 사디즘sadisme으로 인간으로 하여금 죄를 짓게 하고 인간을 죄의 불가피한 숙명 속으로 끌어들

---

91) 11장 32절 : 왜냐하면 하나님이 모두에게 자비를 베풀기 위하여 모든 인간을 불순종 속에 가두었기 때문입니다.

였던 것이 하나님이란 말인가? 그렇지 않다. 인간은 스스로 죄를 짓는 데 있어 자기 자신만으로도 충분하다! 하나님이 인간을 죄로 이끌고 갈 필요는 전혀 없다. 그러나 죄는 우리가 일일이 열거할 수 있는 그러그러한 잘못으로서 불순종이나 위반이나 완수하지 못한 의무가 아니다. '오직' 죄는 토라에서 발견되는 가르침이면서 예수가 다시 취한 가르침에 따라 살기를 거부하는 것인데, 그 가르침은 "너의 온 마음과 혼과 힘과 생각을 다 해 주 너의 하나님을 사랑하고, 너의 이웃을 너 자신처럼 사랑하라"는 것이다.

상상할 수 있는 모든 잘못은 그러한 위반에 관계된다! 나는 "…에 따라 사는 것에 대한 거부"라고 언급했는데, 그러한 거부는 명확한 경우가 아주 드물다. 하나님을 사랑하기를 거부한다고 감히 말하는 사람은 거의 없으며, 그들은 하나님을 존재하지 않는다고 차라리 선언하려 한다. 자유와 박애가[92] 널리 통하는 이 시대에 이웃을 미워한다고 감히 말하는 사람은 훨씬 더 적다. 그런데 그것은 아주 잘못 파악된 것일 수도 있다. 불쌍한 팔레스타인 사람들을 지지하려고, 이스라엘 사람들을 미워한다고는 말하지 않으려 한다. 혹은 결코 본 적이 없는 남아프리카 공화국의 불쌍한 흑인을 사랑하려고, 백인을 미워한다고는 말하지 않으려 한다. 어쨌든 간에, 이념으로 넘쳐나는 마음으로 사람들은 인간을 "사랑한다".

그러나 불순종이란 문제는 감정의 문제가 아니라, '의롭다고 인정하는 담화' discours justificatif 없이 살아가는 방식의 문제이다. 왜냐하면,

---

92) 사람들은 자유의 선포가 넘쳐나는 것을 안다! 자동차는 우리를 자유롭게 만들고 유전자 조작이나 혹은 임신 중절은 우리를 자유롭게 만든다. 식민지 상태를 벗어나게 된 이후부터 아프리카의 민중들은 자유로운 민중이 되고, 마찬가지로 공산주의 민중들은 자본가들을 쫓아냈기 때문에 자유로운 민중이 된다. 히틀러는 노동이 자유롭게 만들어준다는 구호로 그 이념 전체를 완벽하게 표현했는데, 그것은 집단 수용소로 가는 길목이었다.

또다시 우리는 바울이 유대인이라는 점과 자신을 유대인으로 "생각한
다"는 점을 기억해야 하는데, 유대인에게 있어 사랑은 신앙과 마찬가
지로 감정의 문제나 내면적 문제가 아니라, 실천적인 문제이자 살아
가는 방법이기 때문이다. 도대체 누가 하나님과 이웃에 대해 완전하
고 절대적인 사랑 속에서 산다고 자부할 수 있겠는가? 그런데 그러한
절대적인 요구와 그 내용 자체는 우리에게 있어 예수의 삶에 의해 완
전한 방식으로 구체화한다. 예수는 다른 사람들에게 완전히 헌신하고
자신의 아버지에게 완전히 순종하며, 고통받고 절망하는 자와 같아지
려고 자기 자신은 완전히 잊혀진다.

　일단 체험된 그러한 절대적인 요구는 의인은 단 한 사람도 없다는
점을 잘 나타낸다. 그와 같이 하나님은 모든 인간을 거기 가두려고 불
순종의 감옥을 만들지 않았다. 하지만, 인간은 사랑과 동떨어져 살면
서도 그와 같이 사는 자신을 의롭다고 인정하면서, 함정에 빠진다. 왜
냐하면, 감옥에 갇히는 것은 인간이 자신을 의롭다고 인정하는 때이
기 때문이다. 즉, 인간은 자신이 의롭지 않다는 점은 인정하지 않으면
서도, 자신이 잘못을 저지른다는 점은 기꺼이 받아들인다. 하지만, 늘
다양한 이유와 핑계를 찾으면서 그렇게 한다. 그 점이 바로 용서받지
못하게 하고 의롭다고 인정받지 못하게 하는 것이며, 인간으로 하여
금 자신의 불순종 속에 갇히게끔 하는 것이다.

　그녀의 아들이 고약한 인간, 이른바 아주 특이한 '망나니'로 점점
변해 가던 상류 사회 부인에게 헤베르 루[93] 목사가 한 놀라운 말을 나
는 기억한다. 그들은 개신교도였다. 루 목사가 그녀의 아들이 저지른

---

93) Hébert Roux(1902-1980). 바르트적인 경향의 신학을 추구하고 나치 점령하에서 레지스
　　땅스 운동을 전개한 프랑스 개신교 목사. 1938년 개혁교회를 프랑스에 창설했으며, 1962-
　　1965년 사이에는 세계 개혁교회 연합과 프랑스 개신교 연맹의 이름으로 바티칸 제II 공의
　　회에 감독관으로 위촉되었다. 저서로는 『교회공동체와 돈 *L'argent dans la communauté
　　de l'Eglise*』(대장간, 2009) 외 다수가 있다.

심각한 행동에 대해 그녀에게 이야기했을 때, 부인은 "목사님, 하지만 제 아들이 아마 어리석은 짓을 많이 저지르긴 해도 속마음은 좋다고 저는 확신해요!"라고 한다. 그러자 루 목사는 "아닙니다, 부인. 그와 반대로 당신 아들이 정말 칭찬할 만한 행동을 하는 것을 가끔 보지만, 속마음은 나쁜 데요!"라고 대답한다.

모든 인간을 구원하기 원하는 하나님의 사랑

하나님은 그러한 불순종으로 하나님 사랑의 보편성이라는 수단을 만든다! "죄가 넘쳤던 곳에 은총이 넘쳐났다. 혹은 흘러 넘쳤다"는 것이다! 중요한 것은 '모두에게 자비를 베풀기 위하여' 라는 하나님이 설정한 목표임을 앞에서 우리가 살펴보았듯이, 이 구절의 핵심어는 "… 을 위하여"이다. 하나님이 하시는 일의 목적은 모든 인간이 이러 저러한 경로로 하나님의 사랑과 은총과 용서를 아는 것이고, 그 사실로부터 그들 자신이 그러한 존재임을 인정하며 하나님의 자비를 향해 마음을 돌리는 것이다. 그와 같이 불순종은 각자의 생애에서 한순간일 따름인데, 그것은 일생 지속할 수 있는 '순간' 이다. 또한, 그러한 불순종 자체의 목표나 '궁극 목적' téléologie은 사랑을 이해하는 것이라 할 수도 있다.

분명히, 하나님이 모든 인간을 구원하기 원한다면 하나님은 그렇게 할 수 있다. 하지만, 나는 아브라함과 예수의 하나님이 마법사가 아님을 계속 되풀이해 언급할 것이다. 다시 말해, 사랑으로, 사랑 안에서, 사랑에 의해 실현하고 살아가는 것이 필요하기 때문에, 하나님은 일종의 객관적인 메커니즘이나 인간 외부의 메커니즘으로 인간을 구원하지 않을 것이다. 물론 빠스깔Pascal이 말하듯이, '마음에 민감해' 지는 것이 하나님의 사랑이다. 하지만, 하나님의 사랑은 충만한 사랑이기에, 마음에 민감할 뿐 아니라 인격personne 전체를 관여시킨다. 하나님의 '인격' 전체가 예수 안으로 옮겨졌듯이 말이다. 하나님이 자신의 자비를 이루고자 자기 자신을 내어줄 때, 인간을 회심시키는 것은 바로 그 점이다.[94] 요한복음 13장 1절에 나오듯이, "예수는 세상에 있었던 자신에게 속했던 자들을 사랑했기 때문에, 그들에 대한 자신의 사랑의 절정을 드러냈다". 즉 예수는 자신의 사랑에 대한 최상의 증거를 그들에게 보여주었다.

물론, 하나님은 모든 인간을 구원할 수 있다. 복음은 하나님이 모든 인간을 구원하기 원한다는 것을 발견하고 선포하며 환호하는 것이다. 우리가 "당신의 뜻이 이루어지기를 원합니다"라고 기도할 때, 그것은 우리가 받아들일 수도 있는 일종의 운명에 굴복함이 아니다. 하나님이 할 수 있는바, 곧 모든 인간을 구원하는 것이 하나님의 뜻이기 때문에, 그것은 우리가 그 뜻을 사랑한다는 선언이다. 그와 같이 로마서 3장 19절과 23절에 나오듯이, 온 세상은 단죄를 받아야 하지만, 하나님은 인간의 훌륭한 행위 없이도 모든 단죄를 면할 수 있는 선물을 준다. 또한, 하나님은 인간을 심판하고 단죄하는 마찬가지의 판결을 내리는데, 로마서 2장 1절에 나오듯이, 인간을 구원하고 인간을 하나님의 사랑 안에 다시 위치시키는 것이 그런 판결이다. 이스라엘의 신비를 이해하려면, 인간 이성으로는 얼토당토아니한 그런 논리가 간파되어야 한다.

---

94) 그것이 하나님이 하는 바이다. 여기에서 그것이 성서의 하나님과 코란에서 그렇게 자주 '자비로운 자'라고 불리는 알라 사이의 차이점이다. 알라의 자비는 사형수를 사면하는 대통령처럼 아주 높은 곳으로부터 자비가 떨어지게 내버려두는 전제 군주나 독재자의 자비이다. 성서의 하나님의 자비는 인간에게 예정된 징벌을 자신이 떠맡기 때문에 인간으로까지 자신을 낮추고 자비를 베푸는 하나님의 자비이다.

이스라엘 안에 있는 신비

바울은 여기서 신비에 대해 우리에게 이야기한다. 물론, 기독교 신학에서 이 단어는 너무 남용되었으며, 신학자들의 이해할 수 없는 이론 수립이 '신비'란 이름으로 너무 자주 불려 졌다. 여기서 신비는 이스라엘과 이교도 세상 사이의 관계이다. 그러나 비셔가[95] 잘 보여주었듯이, 신비는 언제나 말세와 관련되어 있다. 종말fin이나 혹은 목적but과 관계되는 하나님의 비밀에 대한 계시가 있을 때, 신비는 존재한다. 따라서 신비를 만드는 것은 불가해不可解 incompréhensibilité가 아니다! 그 예는 고린도전서 15장 51절, 에베소서 1장 9절, 에베소서 3장 9절 등이다. 그와 같이 유대 민족의 탄생과 역사 전체는 신비이다.

그런데 그 순간 '유대인 문제'가 제기된다. 반反유대주의라는 치욕스러운 일은 아주 뿌리 깊고 정말 사악하다. 그러한 반유대주의를 통해 내가 지목하고 싶은 사람들은 오늘날의 이스라엘을 비난하는 자들과 마찬가지로 특히 유대인을 비난하는 자들이다. 그것은 하나님이 선택했던 민족에 대한 증오일 뿐 아니라, 하나님의 계획에 대한 증오이기 때문에 사악하다. 사람들이 그 증오가 '합리적인' 논증들에 근거를 둔다고 주장하기 때문에, 그것은 위선적인 증오이다. 우리가 수없이 들었던 그 논증들을 떠올리는 것은 쓸데없는 일이다.

조금도 그것은 유대인의 종족, 역사, 정치적 혹은 경제적 활동에 대한 추론과 더는 관계된 것이 아니다. 그것은 시작과 종말에서 유대 민족에 기초한 하나님의 계획 전체와 관계된 것이다! 그것이 바로 유일한 '유대인 문제'이다. 바울은 그노시스 설說[96]과 철학을 만들어 내는

---

95) 비셔(Visscher), 「이스라엘의 신비 *Le Mystère d'Israël*」, 「신앙과 삶 *Foi et Vie*」1965년 12월호에서.

96) [역주] 그노시스 설說(gnose, gnosticisme). 영지주의(靈知主義)라고도 한다. 고대 그리스어로 '앎, 깨달음, 비밀스런 지식을 소유한 사람' 등의 뜻이 있는 '그노시스'(gnosis)에서

우리 이교도가 더 현명한 채로 남아 있지 않도록, 이스라엘 안에 있는 신비를 들추어낸다. 마이요가 완벽하게 지적했듯이, 바울은 우리로 하여금 사물들에 대한 더 나은 인식을 하도록 하기 위해서가 아니라, 우리로 하여금 태도와 행동을 변화시키게 하려고(여러분으로 하여금 자신들을 현명하다고 여기지 않게 하려고) 그 신비를 들추어낸다.

이스라엘 일부의 '타락'이 있다면, 그것은 이교도 전체가 신앙에 의해 하나님나라 안으로' 들어오도록' 하기 위함이다. 그러면 종말이 온다. 신실한 무無신앙자에게 있어서조차 유대 민족의 존재라는 수수께끼는 역사의 종말과 직접적인 관계가 있다. 그 수수께끼의 해결은 보편적인 구원에 달렸다. 그것은 모든 이교도가 예수를 믿기까지, 다시 말해 예수가 진정으로 모든 사람에 의해 전해질 때까지, 유대 민족 일부의 거부 곧 완악함이 지속함을 의미한다.

구원과 기쁨과 자유와 사랑과 진리를 세상에 전하는 대신, 도덕과 교의敎義와 제약과 준엄함을 전했다는 그토록 자주 접하는 슬픈 오해가 우리에게는 있다. 그런데 그 모든 것은 당연히 이교도에게 혐오감을 일으킬 수밖에 없다. 그 음울한 시기 동안 유대인은 영속적인 질문으로서 남아 있으며, 진정한 메시아에 대한 통고가 아니면 그것을 당연히 거부한 채로 있다. 하지만, 예수는 진정한 메시아였다. 이교도 전체가 마침내 진정한 복음을 듣고 하나님나라에 들어갈 때, '이스라엘 전체'는 구원받을 것이라고 바울은 놀라운 선언의 형태로 언급한다.

비롯된 용어로 1세기 말 기독교와 지중해 연안의 토속종교의 신학적 이론과 사상을 절충하여 이루어진 종교적 경향 혹은 주의를 일컫는다. 영지주의라는 말은 '영적인 지식, 영적인 깨달음'이란 뜻으로 영지주의자들은 육체는 악하다는 신념에 따라 예수의 인성을 인정하지 않았기 때문에, 일부는 예수가 인간의 탈을 썼을 뿐 인간이 아니라는 가현설을 주장하였다. 구원이란 예수와 같은 빛의 사자에 의해 영적인 잠에서 깨어나는 것이라는 신념 체계로 알려졌다. 따라서 교육이나 경험적 관찰이 아닌 신적 계시에 의해 얻어지는 비밀스런 지식, 즉 영지(靈知)를 중시해 내면의 준비 과정과 자아 성찰 및 변화를 강조한다.

이스라엘 전체의 구원

결정적인 첫 질문은, 그러한 '이스라엘 전체' 곧 '콜 이스라엘' Kol Israël이 무엇을 의미하는가이다. 이스라엘은 "명예로운 칭호"가 붙여진 유대 민족을 지칭하고 하나님의 민족으로서 유대 전체를 지칭한다. "이스라엘은 여호와YHWH에 의해 선택되고 여호와에 대한 예배 속에 연합되는 자들 전체를 지칭하는 신성한 개념이다."[97] 그러나 이중적인 측면 혹은 정확히 서로 내포되지 않는 두 측면이 존재한다. 한편으로 그 민족에 속하는 이스라엘의 모든 후손이 있고, 다른 한편으로 9장 6절에 나오듯이 이스라엘의 후손이 아니라 택함élection과 관련하여 '이스라엘이 되는 자들' 이라고 바울이 언급하는 사람들이 있다.

그러나 우리는 '전체를 위한 부분' pars pro toto이라는 법칙을 기억해야 한다. 즉, 진정한 이스라엘로서 택함을 받은 자들은 그들 안에 이스라엘 전체 곧 민족을 지니고 있다는 것이다. 그 점은 예수를 믿었던 이스라엘에 대해 이야기하는 본문들과 '완악해진' 이스라엘에 대해 이야기하는 본문들을 대립시킬 때 명확히 나타난다. 하지만, 여기서는 어떠한가? 바울은 앞에서 "모두는 아니다"라고 하고서도, 이스라엘 전체에 대해 우리에게 언급한다. 따라서 이스라엘 전체는 이제 예수를 메시아로 받아들였고 다른 모든 사람에게 연합된 자들로 구성된다. 그러한 이스라엘 전체는 더해진 것이고 모인 것이다. 그 점은 이 11장 26절 서두의 의미를 부여한다. "그리고 그와 같이"는 '이사야의 본문에서 예고된 것처럼' 을 의미하는 것이 아니라, '모두가 동일한 경배 속에 다시 합쳐질 때' 와 '일시적으로 잘렸던 가지들이 새로이 접붙여질 때' 를 의미한다.

---

97) 폰 리드(Von Rad), 『구약 성서의 신학 *Théologie de l' Ancien Testament*』
　　[역주] 이 부분은 본래 각주가 아니지만, 글의 원활한 흐름을 위해 역자가 각주로 설정한 것임.

마침내, 그러한 '이스라엘 전체'에는 한 문제가 남는다! 어떤 주석 학자들은 바울이 그 문장에서 자기 시대의 유대인만을 겨냥한 것으로 또한 그리스도를 믿지 않은 채 죽었던 유대인의 운명이나 혹은 다가올 운명에 대해서는 의문을 제기하지 않은 것으로 간주한다. 이 세 장에서의 '통시적인' 토대와 시간 구성에 대한 무스너의 자세한 연구를 통해, 다음 같은 점이 드러난다. 즉, 9장에서 바울은 선지자의 예고에 대해 이야기한다는 점이고, 10장에서는 현재에서 그것이 "그리스도인의 사명"에 대한 꽤 부정적인 체험이라는 점이며, 11장에서는 그것이 종말론적인 목적과 관계된 것이라는 점이다. 바울은 자신의 종말론적인 개념에 따라, 태초부터 말세까지의 이스라엘 전체에 대해 이야기한다.

도대체, 어떻게 이스라엘은 구원받을 것인가? 그것은 말세에 이스라엘이 회심하기 때문이든가(이스라엘은 역사의 마지막 흐름에서 예수 그리스도에 대한 신앙으로 나아 올 것이다!), 특별하고 유일한 길을 통해서든가 이다. 우선 이 본문 어디에도 유대 민족의 집단적인 회심이 문제가 아니라, 유대 민족의 구원이 문제임을 주목해야 한다. 나는 '그리고 그와 같이 이스라엘 전체는 구원받을 것이다'에서 '그리고 그와 같이'의 의미와 '기록된 것처럼'에서 '…처럼'의 의미를 11장 26절에서 무스너가 구분하는 것이 당연하다고 생각한다. 이 '…처럼'은 처음 것과 같지 않다. 그것은 '…에 일치하여'나 '성서에 예고된 방식으로'를 의미하며, '예고되어 있기 때문에'를 의미하기도 한다.

해방자는 시온Sion으로부터 나오는데, 시온은 하나님나라의 메시아적인 중심으로 결정적으로 남아 있다. 그것은 종말론적인 사건과 관계된 것이다. 즉, 구원의 결정은 그리스도인으로부터도 유대인의 회심 행위로부터도 나오는 것이 아니라, 모두에게 자비를 베푸는 하나

님의 주도권으로부터 나온다! 그리스도의 재림을 통해 이스라엘은 구
원받을 텐데, 그것은 미리 이루어진 복음을 향한 유대인의 회심 없이
'오직 은총' sola gratia으로 제시되는 특별한 경로에 의해 이루어질 것이
다. 성서의 인용된 본문은 이사야 59장 20~21절과 예레미야 31장
33~34절을 축약한 것이다. 이스라엘에서 올 자는 영광 속의 그리스
도일 것이고, 고엘Go'el인 해방자일 것이다. 고엘은 다른 사람들의 빚
을 대신 갚아 주고 그들을 사로잡힌 상태로부터 해방해주는 자이다.
실제로, 그 점은 회심한 우리 이교도와는 다른 관계를 유대인이 예수
그리스도와 맺고 있음을 의미한다.

　그러나 이스라엘과 이교도에게 성취되는 것은, 영원한 언약과 죄의
소멸이라는 동일한 일이다. 그것은 각 사람을 죄에서 구원할 시온에
서 나온 그리스도에 대한 예고이기도 하다. 마이요가 기술하듯이, "유
대의 그리스도는 용서의 언약이 불러일으키는 구속사救贖史 전체에 대
한 해석 기준이며, 다른 모든 성서 인용은 그리스도의 강림이란 관점
에서 이해된다"는 것이다. 그 점에는 마찬가지로 놀라운 두 차원이 있
다. 첫째 차원은 이교도가 그때부터 이스라엘 전체 중 일부를 이룬다
는 것이다. '콜 이스라엘'의 선지자에게 있어 그것은 이스라엘 왕국과
유다 왕국의 결합이었다고 할 수도 있다. 이제 '콜 이스라엘'은 우리
에게 확장되어 있다. 왜냐하면, 그것은 "이교도 전체가 들어오기까지
이스라엘 전체는 구원받을 것이다"라는 확실한 의미이기 때문이다!
달리 말해, 결국 이스라엘 안으로 들어가는 것이 우리이지, 교회 안으
로 들어올 수 있는 것은 이스라엘이 아니라는 것이다! 두 번째 신비는
'왜 이스라엘 전체는 구원받는가?' 라는 질문에 대한 대답이다. 그 대
답은 우리가 방금 읽었던 본문을 따라 점점 앞으로 나아간다.

　―왜냐하면, 하나님이 예전에 자신을 위해 선택했던 민족을 내버리

지 않았기 때문이고, 하나님의 말을 어김없기 때문이다.9:6

－왜냐하면, 하나님은 이스라엘의 완악해진 부분을 그것이 본래 속
했던 순수한 올리브 나무에 새로이 접붙일 정도로 충분히 강하기
때문이다.11:23~24

－왜냐하면, 하나님의 선물과 하나님의 부름은 취소될 수 없기 때문
이다.11:29

－왜냐하면, 유대인은 택함을 따라 조상 덕분에 하나님의 사랑을 받
기 때문이다.11:28

－왜냐하면, 우리가 앞에서 살펴보았듯이, 결국 하나님은 모두에게
자비를 베풀고자 모든 인간을 불순종 속에 가두었기 때문이
다.11:32 보편적이면서도 궁극적인 은총 속에서, 그것이 인간의 의
지나 노력에 달려 있는 것이 아니라, 자비를 베푸는 하나님에게만
달렸음을 기억하자.9:16 이스라엘 전체에 대한 보편적인 구원은 하
나님의 자유로운 은총의 결정적인 승리를 나타내게 되는데, 하나
님은 모든 예지叡智를 뛰어넘을 뿐 아니라 장애물을 없애며 우리의
나쁜 의지를 무한히 넘어선다.

그와 같이 하나님은 이교도를 회심시키려고 이스라엘의 거부를 이
용했고, 이스라엘의 돌아옴을 확실하게 하려고 이교도들의 회심을 이
용한다. 그러나 그것은 심각한 경고로서, 우리 그리스도인은 그 경고
를 이해해야 한다. 내가 이미 언급했듯이, "우리는 '본가本家의 자녀
들' 98)이 떨어뜨렸던 빵으로 영양을 섭취하며, 유대인을 희생시켜서
일시적인 은총을 누린다." 우리에 대한 내버림도 일시적이었고 그들
에 대한 내버림도 일시적이었다.11:30 우리는 우선 유대인이 하나님의
사랑과 동떨어져 있지 않음을 절대 잊지 말아야 하고, 그다음으로는

---

98) [역주] '본가(本家)의 자녀들' (enfants de la maison)은 유대인을 가리킨다고 볼 수 있다.

우리가 그들에게 빚진 모든 것을 절대로 잊지 말아야 한다.

이스라엘의 불순종으로 이교도에게 베풀어진 자비

이 놀라운 구절들은 2천 년 전부터 유대 민족의 처지와 상황에 관계되는 마지막 표현을 나타낸다! 복음의 선포를 통해 **택함**Election이 없어졌던 것은 아니다. 그러나 이스라엘에 대한 **택함**은 복음 전체가 아니었다. 그래서 유대인은 복음과 관련하여 적敵[99]이 되었는데, 그것은 모두에게 복음이 선포되기 위함이다. 따라서 그들은 모두를 위해 또한 여러분 때문에 적이 되었는데, 여러분은 그들의 거부로 말미암아 복음을 들을 수 있었다는 것이다. 그러나 하나님이 자신의 **약속**을 결코 취소하지 않기 때문에, 그들은 조상 덕분에 하나님의 사랑받는 자로 남아 있다. 따라서 그들을 하나님의 민족으로 만드는 것은 그들의 미덕이나 신실함이 아니라, 그 선조를 향한 하나님의 사랑과 자신의 말에 대한 하나님의 신실함이다.

지금, 그러한 선물들과 부름은 우리에게도 전해진다. 그것은 지금인데, 왜냐하면 이 세 가지 지금이 아주 당연히 강조되었기 때문이다. 즉 지금(30절) 자비가 베풀어지고, 지금(31절) 그들은 순종하지 않으며, 지금(31절) 그들에게 자비가 베풀어진다는 것이다. 구원과 하나님의 의義와 하나님의 자비는 지금이다. 그것은 여기서 **또한 지금**Hic et Nunc이고, 하나님의 오늘이다.

31절의 기묘한 구성을 주목해보자. 지금 그들은 순종하지 않고, 새로운 창조 속에서가 아니라 지금부터 그들에게 자비가 베풀어진다.

---

99) 일반적으로 '하나님의'가 덧붙여진다. 그러나 이 단어들은 본문 속에 있지 않고, 나는 그것이 그 의미라고 생각하지 않는다. 그들은 한편으로는 예수의 '적敵'이 되었지만, 다른 한편으로는 다른 사람들에 의해 적으로 취급된다!
[역주] 이 부분은 본래 각주가 아니지만, 글의 원활한 흐름을 위해 역자가 각주로 설정한 것임.

그리스도인은 자신들이 하나님으로부터 사랑을 받는 것이 유대인 덕분임을 절대 잊지 말아야 한다. 그래서 그리스도인은 유대인을 사랑하고, 유대인을 마음속에 품으며, 유대인을 돕기로 운명 지어져 있다. 그와 같이 이스라엘은 그러한 '모두'를 실제로 고려하기 위해, 기독교 신학의 중심에 늘 있어야 한다. "확실한 것은 이스라엘이 없는 교회에는 허술한 신학만이 있게 될 것이라는 점과, 어떤 측면에서 보든지 간에 이스라엘이 없는 하나님의 가족은 장례를 치르는 가족이 된다는 점이다."로프스키 F. Lovsky

그러나 바울이 그렇게 하듯이, 성서를 어느 정도 진지하게 읽을 때 분명히 나타나는 하나님의 가르침과 계획에 대한 놀라운 계시로 말미암아, 앞서 9장과 10장에 나왔던 바가 잊혀 지지 말아야 한다. 마찬가지로, 마이요가 언급하듯이, 부활절의 영광으로 말미암아 성聖 금요일의 십자가가 잊혀 질 수 없으며, 그 둘은 분리될 수 없다. 부활절로부터 성 금요일을 바라보고 이해해야 하듯이, 9장에 그 진리 전체를 부여하는 것은 11장이다.

이스라엘에 약속되고 보장된 영광으로 말미암아, 현시대의 끔찍한 사건도 잊혀 지지 말아야 한다. 그것은 나치에 의해 저질러진 쇼아Shoa인 동시에 무슬림[100]에 의해 준비된 '쇼아'이다. 로프스키가 자주 되풀이해 말했듯이, '쇼아'가 우리로 하여금 기독교 신학 전체를 다르게 생각하도록 유도해야 하는 것은 사실이다. 한 세기 전에 그렇게 했듯이, 우리가 더는 이스라엘과 예수의 하나님을 생각할 수도 없고, 그 하나님에게 기도할 수도 없으며, 그 하나님을 경배할 수도 없다. 학살된 유대 민족은 새로이 십자가에 못 박힌 예수이기도 하다. 이슬람이나

---

100) [역주] 무슬림(모슬렘)은 이슬람에 복종하는 자나 이슬람을 믿는 자 곧 이슬람교도를 가리킨다.

혹은 공산주의 같은 유대교도 기독교도 아닌 '제3의 힘' 의 출현을 바울이 얼핏 보았다고 마이요가 기술할 때, 나는 마이요의 생각에 전혀 동의하지 않는다. 마이요는 "그 운동들이 예지가 없는 열성이지만, '하나님에 대한 열성' 을 그것들 나름대로 어느 정도 갖고 있지 않은가? 하나님은 자신의 의를 세우고 확인하려고 그 운동들의 힘을 어느 정도 이용하지 않는가?"라고 했다. 그 점은 우리가 방금 읽은 세 장에 비추어 보면 근본적으로 부정확한 듯이 보인다.

우선 그 '제3의 힘' 을 바울은 이미 분명히 알고 있었다! 그것은 그를 둘러싼 거대한 이교도 집단이다! 그것이 미트라[101] 숭배와 관계된 것이거나 혹은 전통적인 그리스와 라틴의 제식祭式의 잔재와 관계된 것이거나 간에, 바울은 이교도라는 이름으로 그 모든 것을 포괄한다. 이후에 나타났던 종교들은 어떠한 새로움도 드러내지 못한다. 그것이 이슬람이건, 공산주의건, 돈에 대한 숭배이건, 나치주의이건, 모택동 사상이건 간에, 그 모든 것은 엄밀히 말해 영적이거나 신학적인 관점에서 새로운 아무것도 제시하지 못한다. 그노시스 파派 같은 기독교의 빗나간 많은 종파도 같은 주장을 했듯이, 이슬람이 자신을 유대교와 기독교의 끝이자 완성이자 마무리라고 주장하는 것에도 새로운 것이 없다. 우리는 영적이고 도덕적이며 인간적인 관점에서 엄청난 후퇴를 거기서 지적해야 한다. 이슬람은 '몬타누스 교파'[102]처럼 '유대·기독

---

101) [역주] 미트라(Mithra). 힌두교 베다의 수많은 신 중 우주지배 원리인 아디티아 부류에 속하는 신의 하나. 미트라는 흔히 우주질서의 수호자인 바루나 신과 짝을 이루어 인간세계 질서의 수호자로서 바루나 신의 능력을 보완한다. 조로아스터교 이전 이란에서 이 신은 미트라교라는 거대한 신비주의 교파의 신으로 숭배되었다. 2, 3세기 로마 제국에서 '미트라스'로 알려진 이 신은 황제에 대한 충성의 후원자로 존경받았다. 4세기 초, 콘스탄티누스 황제가 기독교를 받아들이고 나서 미트라교는 급속히 쇠퇴했다.

102) [역주] '몬타누스 교파' (montanisme). 2세기 소아시아 프리지아의 기독교 교회에서 예언자 몬타누스(Montanus)가 일으킨 이단 운동. 몬타누스 교파의 기본원칙은 예수가 요한복음에서 보내기로 약속한 보혜사(保惠師), 곧 진리의 성령이 몬타누스 및 그와 함께 하는 남

교' judéo-christianisme의 이단이며, 그 이상도 그 이하도 아니다.

'하나님에 대한 열성'을 갖는 것에 관해 말하자면, 유일신론들을 만나다는 소위 그런 가능성으로 말미암아 함정에 빠지지 말아야 한다. 유대교의 '유일신론'이 기독교의 '삼위일체 유일신론'과 일치하는 만큼이나, 무슬림의 유아주의적唯我主義的인 유일신론은 그것들과 아무런 관계가 없다. 왜냐하면, 알라는 성서에 따른 하나님과 어떠한 공통점도 없기 때문이다.[103] 알라는 결국 성서에 따른 하나님과 반대된다. 게다가 이교異敎 안에 많은 다른 '유일신론들'이 알려졌다. 왜냐하면, 흔히 저질러지는 잘못과는 대조적으로, 신들의 세계보다 뛰어나고 유일하지만 이름이 붙여질 수도 알려질 수도 없는 하나님을 거의 모든 '다신론들'이 인정하기 때문이다.

무슬림은 다른 이교도들처럼 이교도이다. 이교도에 대해 바울이 언급했던 모든 것은 무슬림에게도 적용된다. 공산주의 정치, 나치주의

녀 예언자들을 통해 세상에 드러난다는 것이었다. 처음에는 몬타누스 교파의 원칙이 교회의 교리를 부정하거나 주교의 권위에 도전하는 것으로 보이지 않았다. 기독교 초기부터 예언이 존중되었고 일부 예언자의 카리스마적인 능력을 교회가 인정하고 있었기 때문이었다. 그러나 몬타누스 교도들은 의도적으로 강렬한 황홀경과 수동적인 상태로 이끌고서 자기들이 하는 말이 성령의 소리라고 주장했다. 또한, 자신이 성령의 마지막 계시를 가지고 있다는 몬타누스의 주장은, 그리스도와 사도들의 가르침에 부족함이 있으므로 교회는 더욱 완전한 계시를 받아들여야 한다는 것이었다. 몬타누스 교파의 또 하나의 중요한 면은 그리스도의 재림에 관한 기대였는데, 그 재림이 임박했다고 믿은 것이다. 이러한 믿음은 몬타누스 교도들만 갖고 있던 것은 아니었지만, 그들의 경우 그 신앙을 퍼뜨려 대중부흥운동을 벌였다는 점에서 달랐다. 몬타누스 교파의 교리가 가톨릭 신앙을 해친다는 사실이 분명해지자, 소아시아의 주교들은 회의를 열어 177년경 마침내 몬타누스 교도들을 파문했다.

103) 자끄 엘륄의 「알라와 성서적인 신 *Allah et le Dieu biblique*」, 「가톨릭 프랑스 *La France catholique*」1989년 2월호.
　　[역주] 자끄 엘륄의 『이슬람과 기독교 *Islam et judéo-christianisme*』(2009, 대장간)는 이슬람과 기독교를 접근시키려고 이슬람과 기독교 사이에 유사성을 주장하는 세 가지 원리 혹은 논증에 대한 반박을 통해, 이슬람과 기독교 사이에 근본적 차이가 무엇인지 밝히는 내용으로 이루어져 있다. 세 논증은 아랍인이 이스마엘 자손이므로 결국 우리 모두 아브라함의 후손이고, 그 종교들이 유일한 하나님을 믿는 유일신론의 종교이며, '성서·코란'이란 책에 기반을 둔 '책의 종교들'이라는 것이다.

정치, 모택동 사상 정치와 같이 발전을 이루었던 정치들에 관해 언급
하자면, 그것들이 하나님을 섬긴다고도, 하나님의 이름을 부른다고
도, 종교를 창설한다고도 전혀 주장하지 않았지만 사실상 사정은 그
러했다! 그 모든 경우가 정치들 속에 명백히 설명된 이념으로 만들어
진 종교와 관계된 것이었다. 물론 그 정치들에는 하나님을 섬기는 어
떠한 개념도 없다! 그 역시 아주 낡은 기독교를 대체하기 위한 이 시대
가 좋아하는 단순한 이교와 관계된 것이었다.

　중요한 것은 이슬람이나 현대의 이교들이 선민과 동일시될 수 없다
는 점이고, 바울이 유대 민족에 대해 언급한 바를 이슬람이나 현대의
이교들에 적용할 수 없다는 점이다. 그와 반대로, 선지자들이 거짓 신
들에 대항하여 수행했던 영적 측면에서의 싸움을 다시 시작해야 한
다. 이 종교들로부터 기대할 긍정적인 것은 아무것도 없다. 대체로 이
종교들은 이교도의 세계에 있다. 이교도와 관련하여, 바울은 예수 그
리스도를 향한 그들의 회심이라는 가능성만을 고려한다는 점을 잊지
말아야 한다. 오늘날 역사에 나타난 어떠한 '제3의 세력'도 없다. 다
른 형태들로 이교들이 다시 창궐할 따름이다. 게다가 세속적인 종교
들[104] 옆에 그 역시 이교異敎인 과학이라는 완전한 종교를 덧붙일 수
있다.

　그것이 무엇이든 간에, 하나님의 계획은 변하지 않았다. 유일한 주
역主役은 한편으로는 선민이고, 다른 한편으로는 성령에 따라 신앙 속
에서 살아야 하는 그리스도인이며, 마지막으로는 그리스도인이 되도
록 예정된 거대한 이교도 집단인데, 왜냐하면 그들은 불신앙 속에 갇
힌 인간 전체 중 일부를 이루기 때문이다.

---

104) 현대 종교들에 대해서, 자끄 엘륄의 『새로운 미치광이들 *Les nouveaux possédés*』 참고.

하나님의 광대한 계획과 주에 대한 경배

11장 33~36절에서 하나님의 광대한 계획에 대한 무한한 계시 전체는, "하나님의 풍성함과 지혜와 지식은 얼마나 깊습니까? 하나님의 판단은 얼마나 헤아릴 수 없습니까! 하나님의 길은 얼마나 이해할 수 없습니까!"라는 하나님에 대한 놀랄 만한 '감사 찬양' action de grâce 으로 마무리된다! 여러분은 그것에 대해 전혀 모르지만 나는 모든 것을 여러분에게 설명했다고 바울이 결코 언급하지 않는다는 점을 여기서 간과하지 말아야 한다! 바울이 그러한 찬양으로 경배를 나타낼 때, 자신이 지금까지 설명했던 바가 하나님의 광대한 계획의 아주 작은 일부분일 따름임을 언급하고 싶어 한다. 그것은 하나님이 우리에게 기꺼이 드러내려 하고 우리로 하여금 이해하게끔 내버려두는 부분이지만, 하나님의 영광의 위대함 전체는 그 부분을 무한히 능가한다.

바울이 "누가 주의 생각을 알았던 적이 있습니까?"라고 물을 때, 바울이 언급하는 것은 바로 하나님 자신에 대해서이다. 맨 먼저, 바울이 주의 생각을 모른다고 인정하면서 경배하려고 몸을 굽힌 것이다! 누가 하나님에게 조언할 수 있었는가? 하나님에 의해 미리 주어지지 않았던 어떤 것을 누가 하나님에게 줄 수 있었는가? 그와 같이 하나님의 계획의 작은 측면으로부터 우리가 받아들일 수 있는 바를 조금이나마 이해함으로써 우리는 교만해지는 것이 아니라, 그와 반대로 우리는 주에 대한 경배와 경외[105] 속으로 빠질 수밖에 없다.[106]

그와 동시에, 바울은 이 세 장에서 우리가 방금 읽었고 이해하려고

---

105) 성서에 따른 의미에서 경외(crainte)는 두려움(peur)이 아니다. 자끄 엘륄의 『존재의 이유 *La Raison d' Etre*』 참조.

106) 그 점은 과학자들의 현 상황을 떠올리게 한다. 그들이 지식 안에서 더 나아갈수록, 더욱 그들은 더 드넓고 불가해한 상상할 수 없는 영역들을 발견하고, 가능한 배합들처럼 우주가 한정되어 있기에 과학에 따라 모든 것을 알기에 이른다고 이해하는 오만의 시기를 겪은 후 지식에 의해 굴종에 이른다!

애썼던 바가, 능란한 신학자의 이론 수립도, 개념을 가지고 하는 미묘한 곡예도 전혀 아님을 우리에게 분명히 표명한다. 그것은 하나님의 계획에 대한 하나의 계시이다. 그것은 유대 민족 및 유대 민족의 운명에 대한 계시이거나 혹은 이교도의 미래에 대한 계시가 아니라, 하나님의 사랑 안에 넘쳐나는 하나님의 풍성함에 대한 계시이다. 그것은 하나님의 지혜 곧 인간을 제약하지 않은 채 생명과 구원으로 이끌어갈 수 있는 유일한 지혜에 대한 계시이다. 그것은 그러한 창조에서 가능한 모든 것과 인간의 민족사 전체에서 매 순간 가능한 모든 것을 미리 아는 하나님의 지식에 대한 계시이다!

그러나 우리는 어원학적인 의미에서 그러한 풍성함과 지혜와 지식을 가질 수 없다! 우리는 '여기서 또한 지금' hic et nunc 하나님의 계획의 성과와 단계 및 하나님의 행동 방식을 이해할 수도 없고, 하나님이 우리를 기다리는 그곳으로 우리가 제약 없이 도달하도록 하나님이 제시하는 길들을 이해할 수도 없다(요나의 사건을 기억하자!). 아무도 주主의 생각을 알지 못하는데도, 그것은 가끔 신비주의자들의 환상이었다. 그러나 참되고 위대한 신비주의자들은 주主의 생각에 대해 아무것도 모른다는 점을 잘 알고 있었다. "나는 솟아나 흐르는 샘을 안다. 밤이긴 하지만…. 그것을 드러내어 모든 피조물을 부른다면, 각 피조물은 어두운 밤에도 거기 물을 마시러 온다. 왜냐하면, 밤이기 때문이다."[107] 또한 우리는 선지자들에게서 그러한 점을 이미 잘 알고 있다. 이사야 4장 8절에 나오듯이, "왜냐하면, 나의 길은 너희의 길과 다르고, 내 생각은 너희 생각과 다르다"는 것이다.

결국, 11장 36절의 경배가 나온다. "모든 것은 주로부터이고, 주에

---

107) 셍 장 드 라 크루아(Saint-Jean de la Croix), 『신비한 시들 *Poèmes mystiques*』.
　　[역쥐] 이 부분은 본래 각주가 아니지만, 글의 원활한 흐름을 위해 역자가 각주로 설정한 것임.

의해서이며, 주를 위해서입니다. 주에게만 영광이 영원토록 있습니다. 아멘." 주에게만 영광이 있다. 하지만, 그러한 찬영讚坐[108]을 통해 우리의 관심은 삼위일체로 끌리게 마련이다. 왜냐하면, 골로새서 1장 16절에서 바울은 예수 그리스도를 지칭하는데 같은 표현방식을 사용하기 때문이다. "그의 안에서 하늘과 땅에 있는 모든 것과 보이는 것과 보이지 않는 것이 창조되었습니다. 모든 것이 그를 위해서 그에 의해 창조되었습니다. 그는 만물보다 앞서 있으며, 만물은 그의 안에서 지속됩니다"가 그 구절이다.

결국, 고린도전서 8장 6절에는 일종의 나누어짐이 있다. "유일한 하나님 곧 만물이 그에게서 나오고 그를 위해 우리가 존재하는 아버지와 그에 의해 만물과 우리가 존재하는 유일한 주 예수 그리스도이다"라는 것이다. 분명, 그것은 "아버지와 나는 하나이다"라는 예수의 말을 떠올리게 하고, 하나님의 일 전체는 성령에 의해 아버지와 아들이 해야 할 일임을 힘차게 주장한다. 그렇지만, 우리가 앞으로 기대하는 유대인과 그리스도인의 완전한 화해라는 영광스럽고 훌륭한 목적으로 말미암아, 우리는 로마서의 서두와 9장을 잊어버리지는 말아야 한다. 그래서 우리는 실제로 세상이 미친 행동 속에서 자기 자신의 목적과 소망과 미래에 어긋난다고 언급할 수 있다.

그것은 세상이 유대 민족을 배척하고 박해한다는 것을 드러내는 비극이다.

---

108) [역주] 찬영(doxologie). 가톨릭 전례에서 삼위일체를 찬양하는 방식을 가리킨다.

Ⅱ. 로마서 12장 1~2절

유대인에게 나타내야 할 그리스도인의 행위와 삶의 방식

그래서 일반적으로 이 서신서의 윤리적인 부분 혹은 교훈적인 부분 혹은 단순히 '도덕적인' 부분이라 불리는 것이 시작된다. 왜 나는 유대 민족과 관계되는 기독교 신학의 설명에다 그 부분을 결부시켜야 한다고 생각했는가? 그것은 '그러므로' 라는 단순하고 사소한 단어 때문이다. "그러므로 나는 여러분에게 권고한다"는 것이다. 많은 주석학자가 은총에 의한 구원의 신학과 관계되는 처음 여덟 장에 12장을 직접 연결하면서 9, 10, 11장을 건너뛸 수 있다는 생각을 한다고 우리는 서두에서 이미 언급했다. 그러나 그리스도인의 '행위' 와 관계되는 마지막 장들의 진정한 의미가 전통적인 의미에서 결코 도덕이 아닌 한, 그러한 생각은 중대한 오류인 듯이 보였다. '그러므로' 는 처음 여덟 장의 신학과 결부되지 않지만, 이 마지막 세 장[109]과는 바로 연결된다. 즉 그것은 바울 시대의 사회에서 선한 행위에 대한 친절하고 세심한 가르침이 전혀 아니라는 것이다. 다음 같은 동향動向을 떠올려 보자. 즉 복음이 모두에게 전해지고자 유대인은 옆으로 밀려나 있다. 하지만, 유대인이 '시기심으로 마음이 움직일' 때, 또한 유대인이 이교도에게서 하나님의 일을 보며 성령이 그리스도인에게서 과업으로서 성취하는 바를 볼 때, 유대인은 자신의 메시아와 함께 있는 이스라엘 전체를 이교도와 더불어 이루도록 회심할 것이다.

그런데 우리는 다음 같은 아주 단순한 사실을 확인했다. 즉, 이천 년 전부터 그리스도인이 보여주었던 예는 분명히 유대인을 감동시킬 수

---

109) [역주] 로마서의 마지막 장인 16장은 바울이 성도들에게 문안하는 것이 주된 내용이므로, '이 마지막 세 장' 이란 로마서 13, 14, 15장을 가리키는 듯하다.

없었다는 것이다! 그 이유는 단지 그리스도인의 삶이 전혀 모범적이지 않기 때문이다. 그래서 바울은 유대인이 기독교 공동체 안에 하나님의 일을 인정하려면 그리스도인이 어떤 존재가 되어야 하고 무엇을 해야 하는지 언급하려고 그리스도인에게 호소한다. 우리는 유대인에게 질문을 제기할 수 있는 '감사 찬양' action de grâce으로 무엇을 나타내야 하는가? 유대인이 시기심으로 마음이 움직여져야 한다면, '그러므로' 전달해야 할 삶의 증거가 바로 이러하다는 것이다!

왜냐하면, 하나님이 그들의 반항에도 불구하고 그들의 구원을 위해 이스라엘과 이교도의 역사를 이끌었기 때문이다. 왜냐하면, 하나님이 아무도 강요하지 않고, 또한 '반항하는 인간' 및 '자기 자신에 집중된 인간'을 존중하면서 그렇게 했기 때문이다. 왜냐하면, 하나님이 모두를 위해 해방시키는 자이자 유대인과 이교도에게 은총을 베푸는 자로 남아 있었기 때문이다. '그러므로' 여러분이 그 모든 것을 아는 지금, 특히 이스라엘과 교회가 그렇게 비극적으로 분리된 상황에서, 그리스도인인 여러분의 행위와 삶의 방식은 어떠해야 할 것인가? 그것이 바로 문제이다. 바울이 2, 3, 6, 8장에서 이교異敎 사회와 관련하여 지켜야 할 행위에 대해 많은 윤리적인 충고를 이미 했기 때문에, 그 문제를 유대 민족과 관련하여 제기해야 한다는 것이다.

'그러므로'는 유대인 앞에서 우리의 삶과 관계되고, 유대인과 함께하는 우리의 삶과 관계된다! 그 점은 이 서신서를 읽을 사람 각자를 포괄하는 것과 마찬가지로, 이스라엘 전체를 포괄한다. 나는 하나님의 자비로 혹은 마이요가 번역하듯이 '하나님의 무한한 연민'으로 여러분에게 권고한다는 것이다. 실제로 그것은 '권고'와 더는 관계된 것일 리 없다. 바울은 율법이 의무와 제약과 요구로서 시대에 뒤져 있음을 보여 주었다. 우리는 '기독교 도덕'과 더불어 율법 아래로 다시 떨어지지도 않을 것이고, 우리가 단순히 적용해야 할지도 모르는 만들어진 전체 속에 있는 삶의 틀 아래로 다시 떨어지지도 않을 것이다. 바울은 아무것도 명령하지 않고 권고한다. 여러분은 **해방자**에 의해 해방되었기 때문에, 어떻게든 여러분은 자유 속에서 살게끔 되어 있다는 것이다!

우리는 세상의 제약으로부터 해방뿐만 아니라 하나님에 대한 두려움으로부터 해방을 어떻게 나타내게 될까? 그것은 큰 긍휼과 자비로써 권고하는 것이다! 왜냐하면, 우리는 은총으로 구원받고 진정한 줄기에 접붙여져 있기에, 실제로 그러한 자비 없이 지낼 수 없기 때문이다. '그리스도 안에' 있는 자는 자신의 죄가 어디까지 나아갈 수 있었는지 누구보다 잘 안다. 그것이 무엇이든 아무것도 될 수 없는 죽은 몸이 된 예수가 하나님의 사랑으로 부활하였기 때문에, 그리스도의 부활을 믿는 사람은 자비에만 기대를 걸 수밖에 없다. 우리는 그런 상황 속에 있다. 신앙이 커질수록 우리는 자비를 더 필요로 한다. 그러나 나는 그리스어 오이크티르모스oiktirmos가 '긍휼'로 번역될 때 한 차원이 덧붙여진다고 생각한다. 긍휼이란 함께 고통받는 것이다.

우리가 살펴보았듯이 하나님이 이스라엘과 함께 고통받는다는 것은 이스라엘에 관하여서는 사실이다. 하나님은 자신의 아들과 함께 고통받고, 하나님의 은총에 따라 진정으로 살아갈 수 없는 우리와 함께 고통받는다! 바울이 그다음에 묘사하듯이, 우리에게 살아갈 의욕이 생긴다면 그것은 하나님의 그러한 긍휼 때문이다! 하나님은 다시금 제약하지는 않지만, 우리에게 자신의 긍휼을 나타낸다. 그리하여, 우리가 그 긍휼을 경험한다면 하나님이 우리 앞에 여는 길로 어떻게 들어가지 않겠는가! 이스라엘 민족에 대한 하나님의 긍휼에서 우리가 방금 받아들인 예는, 우리를 위해서도 그 긍휼이 얼마나 깊이 나아가는지 이해하도록 우리를 부추긴다.

그리스도인의 몸과 일상의 삶을 바치는 예배

"나는 여러분의 몸을 바치도록 여러분에게 권고합니다"라는 표현은 아주 중요한 듯이 보인다. 우리의 영혼을 바치는 것이 문제가 아니다! 문제가 되는 것은 내적인 삶이 아니며, 그것은 그다음에 문제가 될 것이다. 바울이 사랑에 대해 이야기할 때에도, 우리가 이미 언급했듯이 그것은 감정의 범주에 속하지 않는다. 그리스도인의 삶은 초월적인 삶도 아니고, 일상적인 삶보다 뛰어난 부분도 아니며, 한 주간 동안의 삶을 잊어버리려고 어떤 날 곧 일요일에 살아가는 삶도 아니다! 여러분의 몸을 바치라는 것은 여러분의 영은 이미 하나님에게 속해 있다는 것이다. 여러분의 영혼은 하나님에게 귀속되었는데, 정념과 샛길로 여러분을 끌어가는 무엇이 남아있는가? 그것은 바로 몸이다.

그러므로 그리스도인의 삶은 무엇보다 신앙의 육체적 표현이란 측면에 민감한 삶이다! 그리고 그 점을 통해 새로운 윤리 전체가 열리고, 존재의 통일성이 복원될 것이다. 그 때문에 '여러분의 존재를 바치시오' 나 아니면 '여러분 전부를 바치시오' 라는 표현이 올바르다. 영적인 것과 물질적인 것 사이에 분리란 없으며, 그 둘은 서로 의존한다. 그래서 그 점은 일상적인 삶을 의미한다. 마이요가 인용한 케즈만[110]은 "그리스도인의 일상성에서 하나님의 의"라는 표제로 이어지는 부분 전체를 한데 모은다. 즉, 1장부터 8장에서 바울이 이야기했던 은총 및 9장부터 11장의 이스라엘이란 줄기와의 관계가 매일의 삶에서 어떻게 존속하는가이다. 거창한 열광이나 혹은 내적인 영적 성찰이 아

110) [역주] Ernst Käsemann (1906-1998). 독일 루터교 목사이자 대학교수. 신약 성서에 대한 전문가로 유명하다.

니라, 일상의 삶이 하나님에 대한 진정한 예배의 근거가 된다.

하지만, '여러분의 몸을 바치시오!' 라는 것이 순교를 향해 의도적으로 나아가고 죽음을 유발하는 것과 관계되는 것일까? 물론 그렇지는 않고, 여러분의 몸을 살아 있는 제물로 바치라는 것이다. 우리 존재 전체가 거룩한 요구의 대상임을 인정해야 한다. 십자가 이후부터 히브리서가 완전히 보여주듯이, 죽을 수밖에 없는 다른 제물이 존재할 필요는 없다. 하나님의 기쁨이 되는 것은 살아 있는 제물인데, 살아 있는 제물이란 그러한 삶을 명령하는 하나님의 요구에 몸을 내맡기는 분명히 살아 있는 남자나 여자이다. 왜냐하면, 그러한 남자나 여자는 그것을 기꺼이 바라기 때문이다! 그것은 하나님을 위해 자유롭게 놓이는 것이다.

그 점은 수도자의 소명을 떠올리게 할 수도 있다. 하지만, 그 소명 중 어떤 소명들의 가치를 부인하지 않은 채, 나는 그것이 그 본문의 의미라고 생각하지 않는다. 그 점이 내게 생각나게 하는 것은, 서원을 하는 인물에 대해 어떤 수도원에서 거행하는 '추사이망 첨례의 기도'[111] 이다. 나는 그 점이 세상에서 죽음을 의미한다는 것을 알지만, 우리는

---

111) [역주] '추사이망 첨례의 기도' (office des morts). 가톨릭교회에서는 산 자가 죽은 자를 위해 기도할 수 있으며, 이 기도가 죽은 자에게 도움이 된다고 여긴다. 다시 말해, 죽어서 연옥에서 고통받는 영혼을 위해 기도할 수 있다는 것이다. 마찬가지로 하나님나라에 이미 들어간 성인도 이 세상의 산 자를 위해 하나님에게 간구할 수 있다. 거룩하게 살다 간 성인은 죽음과 동시에 하나님나라에서 끝없는 행복을 누릴 수 있다. 세례를 통해 하나님의 자녀가 된 보통 사람이 세례 후 죄를 범했을 때, 그 죄를 뉘우치고 고해성사를 받으면 죄는 용서받을 수 있다. 그러나 범한 죄와 영벌은 사라지더라도 잠벌은 남게 되며, 이 잠벌은 보속 곧 죄로 말미암은 나쁜 결과를 보상하는 것을 통해 탕감 받을 수 있다. 이 세상에서 행해야 하는 보속이 있듯이, 하나님나라를 위해 치러야 할 보속이 있는데, 그 보속을 치르는 곳이 연옥이다. 인간은 자신도 의식하지 못한 채 죄를 짓기도 하고, 지은 죄를 뉘우치거나 사죄받지 못한 채 죽기도 한다. 이때 그의 영혼은 하나님나라에 바로 들어갈 수 없어서 죄를 씻는 정화의 장소가 필요한데, 그곳이 연옥이다. 연옥의 영혼들은 속죄를 위한 기다림의 시간을 보내고 있고, 이런 연옥의 영혼을 기도와 자선 행위와 미사 봉헌을 통해서 도울 수 있다. 가톨릭 교회에서 모든 죽은 자를 기억하는 날은 11월 2일 위령의 날인데, 이날을 '추사이망 첨례' (追思已亡 瞻禮)라 부른다.

바울의 본문이 그러한 방향으로 나아가지 않음을 볼 것이다. 그것은 분명히 산 채로 남아 있으나 '거룩하게' 될 어떤 사람, 다시 말해 세상 으로부터 분리되어 있지만, 수도자의 '칩거 생활'에 의해 세상으로부 터 분리되지는 않은 어떤 사람이라는 제물이다. "그들은 세상 속에 있 지만, 세상에 속해 있지 않다"[112]라고, "자, 나는 늑대들 가운데 양들 처럼 너희를 보낸다"[113]라고 예수는 언급한다. 게다가 우리는 그런 거 룩한 제물에 대한 명확한 설명을 곧 볼 것이다.

그러나 여기서 중요한 점은 바로 앞서 나온 것의 반향을 그 절에서 다시 발견한다는 것이다! 그것은 방금 말해진 바와 관계없는 전개가 아니다! 물론 아니다! 우선, "여러분 전부를 바치시오"와 관련하여, 토 라에서 가장 아름다운 제물은 바쳐졌던 모든 것이 불태워졌던 제물임 을 기억해야 한다. 그다음으로, '구약 성서에서 예배의 독창성'은 유 대인을 삶으로부터 떼어 놓는 데 있지 않고, 마이요의 언급처럼 "이스 라엘 사람을 일상 속으로 다시 빠지게 하는데" 있었다. 그와 정반대 로, '제물과 관계되는 것'sacrificiel 전체와 '문화적인 것' 전체는 아주 구체적인 삶 속에 뿌리내려져 있으며, 그 삶은 그것들에 의해 하나님 에게 바쳐진다. 바울은 그 절에서 유대적인 사고를 계속 표현한다! 그 러나 이제, 바쳐진 것은 자기 자신인데, 바치는 자와 헌물은 같은 인물 이다. 하나님의 기쁨을 이루는 제물이 되는 것은 이제부터 그러한 제 물인 것과 마찬가지로, 성령의 활동인 바를 유대인에게 이해시킬 수 있는 것은 그러한 제물이다!

---

112) 마태복음 10장 16절 참조.
113) 요한복음 17장 11절, 16절 참조.

이 시대와 세상을 추종하지 않는 삶의 방식

그 제물이 무엇이 됨으로써 '거룩하게' 되는지, 바울은 2절에서 놀라운 방식으로 그 점을 종합한다. 즉 현시대와 이 세상과 여러분의 시대를 추종하지 말라는 것이다. 세상 곧 우리 사회와 우리 시대와 우리의 의사소통 수단과 우리의 지식은, 세상이 손댈 수 있고 영향을 줄 수 있는 모든 것에 어떤 형태forme를 부여한다. 그러나 그 형태는 식별하고 분간할 정도로 꽤 단순하다. 우리 사회의(하지만 역사적으로 알려진 모든 사회의) 실마리는 무엇인가? 그것은 탐욕과 힘의 정신이다.

진정으로 모든 사회는 아마도 '존재 속에서의 지속 의지' 라고 우아하게 불릴 힘의 의지와 탐욕을 드러내고 있으며 그것들 위에 기초해 있다. 따라서 "진보하지 않고 확장되지 않는 것은 소멸하고 사라지게 된다"는 것은 진부한 이야기가 아닌가? 세상에 의해 주어진 형태를 택하는 것은 힘의 의지의 게임에 관여하는 것이고, 탐욕을 자신의 모든 활동의 동기로 부여하는 것이다. 창세기 3장을 떠올리는 것은 무의미하다! 그것은 정치적으로나 경제적으로 혹은 영적으로 언제나 같은 이야기이다. 그러한 추종의 끝은 언제나 죽음이다.

우리 시대의 두 가지 예를 들어 보자. 히틀러에 의해 최대한으로 드러난 힘의 의지는 삼천만 명의 죽음과 히틀러 자신의 죽음이라는 결과를 낳았다. "무슨 대가를 치르더라도 생존하고 성장하며 소비하는" 우리 사회에서, 탐욕은 지구의 생명 자체를 위험하게 만드는 공해, 줄일 수 없는 쓰레기, 오존, 이산화탄소의 축적, 방사능 등 '중대한 위기' 로 귀결된다. 아이온이나 에온[114]으로 표현되는 우리 현시대는 역사 전체와 동일한 특징과 형태를 더 심각하게 드러낸다. 이 단어의 사

---

114) [역주] 아이온(aiôn, eon). '운명, 나이, 세대, 영원' 을 의미하는 복합적인 어의(語義)를 지닌 고대 그리스어 용어.

용은 이 시대가 언제나 '현재' 임을 의미한다. 그런데 그 점은 하나님에게는 받아들여지지 않는다.

하나님이 요구하는 것은 죽을 수밖에 없는 제물이 아니라 살아 있는 제물이다. 나는 생명과 선을 네 앞에 두고, 악과 죽음도 네 앞에 둔다는 것이다. 세상에 의해 주어진 '형태' 가 없애버리는 선택은 그러하다. 따라서 죄를 특별히 용서받은 인간의 첫 번째 구체적 행동은, 그러한 형태를 거부하는 것이다. 또한 '삶을 위한 투쟁' 에 관여하는 것이나 혹은 소비로 말미암은 행복에 빠지는 것을 거부하는 것이다. 방식들을 따르지 말라. "모든 것을 판단하고 선한 것을 취하라" 모든 것을 판단하라. 하지만, 그것은 바로 토라가 인간으로 하여금 배우고 이해하게 하려고 했던 것이다! 많은 기독교 지식인이 마음에 들어 하거나 혹은 불만스러워하거나 간에, 그러한 거부는 세상과 그리스도인 사이에 또한 세상과 교회 사이에 결별을 의미한다. "세상이 부여하는 형태에 대한 거부"는, 예배로서 하나님의 뜻에 일치한다. 왜냐하면, 그 거부는 하나님에 의해 거부되는 허무가 늘 승리하는 파멸을 향해 인간을 이끌어 가는 것이 아니라, 절대 무시할 수도 없고 중요성이 없다고 할 수도 없는 삶과 삶의 유지를 향해 인간을 이끌어 가기 때문이다.

변화된다는 것은 세상에 의해 주어진 형태 대신 다른 형태를 받아들이는 것이다! '변화된' trans-formés의 정확한 프랑스어 번역은 '~을 건너' trans와 함께 '변천' 과 '저 너머' 를 의미한다. 그것은 단지 '변하는 것' 이 아니라, 세상이 줄 수 있는 형태들 저 너머에 있는, 비유적인 의미로 '더 멀리' 있는 다른 형태를 받아들이는 것이다. 달리 말해 세상의 투쟁과 정념과 이념을 넘어서야 한다는 것이다. 세상의 형태들 곧 정념과 신심과 투쟁과 당파 속에 갇히지 말라는 것이다. 현대의(항상 시대마다 새로이 '현대의' 라는 표현을 쓴다!) 인간에게 형태를 부여하는 모든 것을, 한편으로는 분명히 알고 식별해야 하며, 다른 한편으로는 뛰어넘어야 한다는 것이다. 그것을 안다는 조건에서만이 새로운 형태 속에서 그것을 뛰어넘을 수 있다는 점을 참작하면 말이다. 그것은 "세상에 현존하기를"(그것은 바람직하다) 원하지만, 세상이 그들에게 부과하는 형태에 관여하는 그토록 많은 기독교 지식인들에게 있어 정말 실망스러운 점이다. 왜냐하면, 그들은 그 형태에 대해 아무것도 모르기 때문이고, 그들이 변화되지 않기 때문이다!

솔직히 말해 스탈린 공산주의가 유행이었던 동안 그 공산주의 노선의 동반자였던 모든 그리스도인에 대해 혹은 마찬가지로 유행의 문제였던 19세기 말 과학적 합리주의에 열광적으로 관여했던 모든 그리스도인에 대해 나는 생각한다! 또한, 그것이 바로 바울이 우리로 하여금 경계하게끔 하는 것임을 고려하지 않고서 이제는 이슬람에 의해 매혹된 모든 그리스도인에 대해 나는 생각한다! 삶에 다른 의미를 받아들이려면, 세상의 형태들을 인식하고 나서 그 형태들을 넘어서야 한다. 그리고 의미의 변화로 말미암아 그러한 삶은 다른 형태를 띤다!

우리는 그와 같은 로마서에서 약간 더 멀리 나아가, 12장 21절에 나오는 "선으로 악을 이기라"는 바로 마찬가지의 생각을 하게 된다. 그것은 악과 선이라는 동등한 두 힘 사이에서 투쟁이 아니라 악을 넘어서는 것이고 악의 저 너머로 가는 것이다. 여러분이 악을 인식했듯이, 악을 뒤로 내버려두라는 것이다! 선은 악에 대해 단순히 반대되는 것이 아니라, 우리를 저 너머로 이끌고 가는 것이다! 그러나 그 점은 우리가 앞에서 언급했듯이 사람들이 어쨌든 세상 속에 남아 있음을 전제한다! 그러한 선과 새로운 형태에 따라 세상 속에서 활동을 해야 한다. 그 활동은 세상의 활동에 참여하는 것이 아니라 '비판적인' 입장을 취하는 것인데, 단순한 거부나 부정도 아니다! 그 활동의 요점은 세상의 과업 자체 속에서 현시대의 형태에 대항하는 증언이자 다가올 세상의 형태를 위한 증언일 것이다! 그래서, 그것은 그러한 세상 한가운데서 하나님에게 영광을 돌리기 위한 활동이다.

예지叡智의 전환과 쇄신을 통한 삶의 방식의 변화

그러나 그러한 삶의 방식은 어떻게 가능한가? 아주 흥미롭게도 바울은 경건과 도덕에 대해 이야기하지 않는다. 바울은 그 삶의 방식은 예지叡智 intelligence [115]가 새롭게 됨으로써 일어날 것이라고 우리에게 언급한다. 그토록 많은 샛길 가운데서 거룩한 사랑에 의해 방향이 설정된 세상으로부터 우리에게 주어진 비전vision, 그리고 신앙과 소망, 그 모든 것을 통해 그리스도인의 예지 및 세상과 자신의 미래에 대한 그리스도인의 개념이 변화한다. 그리스도인은 허무주의자가 아님을 떠올리자. 즉 이해의 변화를 통해서, 악한 세상을 파괴하는 의지가 나오는 것이 아니라, 악한 세상으로 하여금 형태를 변화하게 하는 의지가 나온다. 혁명 운동에서 유대인의 아주 빈번한 방향 설정에 대해 비셔 이후 우리가 앞에서 언급했던 바와 그 점을 비교해야 할 것이다.

그래서 아주 흥미로운 점은 그것이 예지의 전환과 관계된다는 것이다! 그러한 전환의 장場은 '영혼'이나 모호한 '영적인 것'이 아니라 예지이다. 우선, 그 이유는 세상의 형태에 대해 비판을 해야 한다면 그것

---

115) [역주] 'intelligence'의 사전적 의미는 첫째, '생각을 통해 이해하고 파악하는 능력, 개념적이고 합리적인 인식을 목표로 하는 정신적 기능들의 전체'이고, 둘째, '어떤 상황에 적응하고 상황들에 따라 선택하는 자질, 어떠어떠한 것에 의미를 부여하고 이해하는 능력'이다 (*Le petit Larousse*, 2003, p.552). 따라서 'intelligence'를 '지성, 지혜, 지능, 예지, 이지력, 이해력' 등으로 옮길 수 있다. 프랑스어 성서에서 로마서 12장 2절 중 'par le renouvellement de l'intelligence'라는 표현에 해당하는 부분이 한국어 성서 대부분에 '마음을 새롭게 함으로'라고 되어 있다. 하지만, 우리말로 '마음'이라고 옮겨지는 프랑스어 'coeur'와 구별하기 위해 'intelligence'를 '사물을 꿰뚫어 보는 뛰어난 지혜' 혹은 '기억력·상상력·사고력을 써서 이론적·실천적 문제를 효과적으로 처리하는 정신 능력'을 나타내는 '예지'(叡智)로 옮기기로 한다.

이 '실존적 예지'라는 범주에 속하기 때문이다. 그다음 이유는 세상의 형태를 변화시키려고 행동해야 한다면, 아무 생각 없이 행동할 수 없기 때문이다! 따라서 생각은 인간의 출발점이며 인간이 신앙에 개입하는 지점이다. 그것은 중요한 '제한 조건' réserve인데, 즉 그것은 '순수한' 생각에도, '합리적 이성'에도, 자기도취적인 생각에도 관계된 것이 아니다. 그것은 성서에서 늘 나타나듯이 실존적인 생각, 다시 말해 우리 삶에 연결된 생각이자 우리 삶을 표현하는 생각과 관계된 것이다. 마음속에 가득 찬 것은 입 밖으로 나오게 된다. 예지의 전환과 관련하여 우리에게 내려진 첫 번째 지시는, "너의 온 마음을 다하고, 힘을 다하고, 영혼을 다하고, 생각을 다해, 주 너의 하나님을 열렬히 사랑하라"[116]는 계명이다. 그것은 자신의 온 생각을 다 해 열렬히 사랑하는 것이고, 주에 대한 열렬한 애정 속에서 생각하는 것이다.

따라서 기독교 신앙은 '지적인 헌신' sacrificium intellectus을 요구하는 것이 아니라, '심적이면서도 지적인 헌신' sacrificium intellectus mundi을 단지 요구한다! 회개하는 것이기도 한 그러한 전환과 쇄신은 우리 의지의 동인動因이 될 수 있는 인식이 우리 생각에 개입하는 것이다! 그것은 은총에 대한 인식이고, 하나님이 세상을 이끌어 가는 방식에 대한 열렬한 애정이다. 또한, 그것은 이 세 장에서 자세히 연구된 유대인과 그리스도인 사이의 관계가 완벽한 본보기가 되는 방식에 대한 열렬한 애정이다. 그러한 인식에 따라 그것은 세상에서 하나님의 전략의 도구가 되는 것이다!

하나님의 뜻에 대한 분별과 합당한 예배

그와 같이 로마서 12장에서 15장까지 이어지는 모든 것은 도덕도 아

---

116) [역주] 신명기 6장 5절 참조.

니고 구원받는 조건도 아니라, '세상 역시 변화되도록 하나님의 손안에서 어떻게 도구가 되는가' 라는 것이다. 특히 자기 민족을 향한 하나님의 신실함을 표현하기 위한 도구가 어떻게 되는가는 것이다! 우리 존재가 변화하는 곳이자 우리 존재를 변화시키는 수단인 우리의 예지叡智를 통해, 우리는 하나님의 뜻에 순종하기 위해서가 아니라 하나님의 뜻을 행하기 위해, '여기서 또한 지금'hic et nunc 구체적인 체험 속에서 하나님의 뜻이 무엇인지 또 어떠한 행동을 취해야 하는지 분별할 수 있다. 분별하는 것은 물론 정신의 분별에 의해서이다!

거기서부터 다음 같은 몇몇 표현이 나온다. 즉 "선하고 마음에 들며 완전한 하나님의 뜻이 무엇인지"이거나, 혹은 "하나님의 뜻은 선하고 마음에 들며 완전하다"이거나, 혹은 결국 내가 선호하는 마이요의 표현처럼 "선하고 하나님을 기쁘게 하며 잘 된 하나님의 뜻이 무엇인지"이다. 그것은 세상에서 사랑하는 사람을 기쁘게 하려고 애쓰는 것과 마찬가지로 하나님을 기쁘게 하는 바를 찾는 것인데, 하나님에게 기쁨을 줄 줄 아는 것은 얼마나 대단한 일인가! 그런데 그 점은 사랑의 자유 속에서만이 가능할 따름이고, 도덕의 엄격한 적용 속에서는 가능하지 않다! 그다음으로, '잘 된 것' 다시 말해 '자신의 목적으로 적절하게 이끌려진 것' 이란 표현인데, 그 표현은 '완전한'per-fectum이란 단어가 통속화되기 전 그 단어의 본래 의미이기도 하다! 사람들은 해야 할 바를 분명히 행해야 한다.

그와 같이 예지의 쇄신은 그리스도인의 삶에 탐구와 분별을 가리킨다. 그것은 "신앙이 있다"는 핑계를 대는 지각없는 자발성이 아니다. 또 그것은 모든 일에서 우리를 행동하게 하는 것은 성령이라는 확신도 아니다. 그렇지 않다. 실제로 성령은 우리의 예지를 밝혀준다. 하지만, 선하고 하나님을 기쁘게 하며 잘 된 것을 분별하려면, 우리는 예지를 사용해야 한다! 우리는 결코 우리 자신에게서 박탈되어 있지 않다. 그와 반대로, 유대 민족에게서처럼 **해방자**는, 무시하지 말아야 할 우리의 예지를 우리로 하여금 자유롭게 사용하게 한다!

신앙과 그리스도인의 삶은 지식인이 해야 할 일일 수밖에 없다는 것인가? 전혀 그렇지 않으며, 그와는 반대이다! 왜냐하면, 철학과 사상과 지식의 잡동사니로 가득 찬 지식인은 하나님의 말을 들으러 다가가기 전, 그것들을 벗어던져야 하거나 혹은 성령의 영감靈感에 순종해야 하기 때문이다. 그러나 각 사람은 바울이 요구하는 바를 위해 충분한 예지를 하고 있다. 그것은 새롭게 돼야 하는 예지이다. 그와 같이 바울이 방향 설정을 하기 시작하는 그리스도인의 삶은, 은총과 택함과 언약이라는 항상 이스라엘 민족에게 속하는 출발점과 하나님의 기쁨이라는 목표를 포함한다. 출발점과 목표 그 둘 사이에서 우리가 걸어나갈 길을 가리켜야 하는 것은 우리 자신인데, 하나님이 우리에게 베푸는 선물들에 따라 우리는 그 길을 자유롭게 선택한다!

우리는 어떤 지점에서 무언가에 따라, 추종적이 되지 않고 변화되어야 하는지 결정해야 한다! 우리의 살아 있는 헌물과 선택된 길이 바로 예배일 텐데, 여기서 여전히 전통은 다양하다. 그것은 바르트의 표현으로는 '합당한 예배'cult raisonable라고 습관적으로 일컬어지며, 문자적인 표현으로는 '논리적 예배'culte logique이다. 결국, 우리가 앞서 나오는 '그러므로'를 떠올린다면 물론 그러하다! 이것이 바로 선민과 이교도에 대한 자신의 언약과 택함과 행동 속에서 하나님의 전략이다. 따라서 '논리적으로' 여러분은 여러분 자신을 살아 있는 제물로 바쳐야 한다는 것이다. 다시 말해 여러분은 하나님의 그러한 계획에 관여하게 된다는 것이다! 그것은 그리스도인을 완전하게 만들어야 하고 유대인에게 메시아 예수의 사랑을 확신시키는 계획이다!

그것이 바로 우리가 드릴 수 있는 유일한 예배이고, 앞서 나오는 논리 속에서 예배이다! 마이요는 '말에 일치하는 예배'라는 표현을 선호하는데, 그것은 같은 의미이다! 어쨌든 그것은 우리의 이성에 들어맞으면서 이성에 의해 만들어진[117] '합당한' 예배일 수도 없고, '영적인' 예배일 수도 없다. 게다가 마이요는 '논리적인 것'이 로고스logos에 들어맞을 수도 있다고 생각한다. 또한, 그는 그것이 비교秘敎들에 대항하는 논쟁점일 수도 있다고 생각하는데, 수가 늘어나는 추세인 비교들은 '로고스에 일치하는' 것처럼 보이는 비밀스럽고 신비로운 예배들이다.

그래서 바울은 그것이 각자 삶의 과업과 관계된 것이기 때문에, 유대의 예배 방식에 따라 그것이 언제나 모두에 의해 한낮에 드려지는 공개적 예배임을 주장한다! 예배는 앞서 나오는 장들에서 드러난 하나님의 활동 속에 자리 잡고 있기 때문에 '합당한' 것이다. 바르트가 말하듯이 예배는 '그 대상에 일치하는' 것이다. 따라서 우리의 '예배들'과 관련하여 차이점이 보인다. 한편으로 그것은 전례典禮, 찬양, 제물, 기도, 서원, 해명解明이고, 다른 한편으로 그것은 그 대상에 일치하는 유일한 예배로서 하나님 안에서 우리의 존재라는 살아 있는 제물이다.

---

117) 그것은 우리가 20년 전부터 '예배들' 속에서 너무 자주 목격하는 것인데, 그 예배들에서는 목사의 개인적인 변덕이나 혹은 심지어 신부의 개인적인 변덕이 '성인 통공'(聖人 通功)에 의한 예배의 완만한 창조를 대치한다.
　[역주] '성인 통공'(communion des saints)이란 기독교에서 시공을 넘어 일종의 연대 속에서 예수 그리스도에 속함으로써 신도들 전체가 연합된 것을 가리키는 표현이다.

그와 같이, 그리스도인의 삶에 관한 필수적인 개관概觀을 통해, 우리는 모든 사람의 구원을 위한 하나님의 일의 일관성과 우리 그리스도인과 교회가 수행해야 할 역할을 알아차리지만, 그와 마찬가지로 이스라엘 민족의 역할이 완수되지 않음도 알아차린다. 우리는 '신약 성서'와 '새로운 언약'을 억지로 끌어다 붙이기 때문에, 이제부터 이스라엘이 하나님의 계획에서 더는 중요하지 않다는 느낌을 너무 자주 갖는다! 얼마나 끔찍한 오류인가! 그리스도 이후 이스라엘은 여전히 구원의 기능을 갖고 있는가? 이스라엘은 구원의 역사 속에서 특별한 위치를 여전히 차지하고 있는가? 물론, 이스라엘 사람이 자신들은 '택함을 받은' 민족이 되는 것에 질려 있으며 그 점이 자신들에게 박해를 유발했다는 소리를 나는 이스라엘에서 들었다! 이스라엘이 자신에 대한 택함을 거부한다면, 또다시 하나님의 위대한 계획은 위태로워질 것이다. 그러나 유대인 대부분은 쇼아 이후 구원의 역사에서 자신의 긍정적인 특수성과 결정적인 역할에 대해 훨씬 더 인식했던 것처럼 보인다.

자신들이 '동화同化되기를' 바라는 유대인은 더 적은 듯하다. "그러나 우선 우리는 프랑스인이다. 유대인이 된다는 것은 단지 종교 문제일 따름이고 계명을 따르는 것일 뿐이다"라고 말하는 사람들을 나는 전쟁 전에 알았다. 쇼아를 통해 이스라엘이 우선 하나의 민족(물론 종족이 아닌!), 곧 하나님에 의해 선택받고 사랑받는 민족임이 끔찍하게 그들에게 입증되었다. 그 점은 불가피하게 세상의 증오를 유발하는데, 그리스도인에게 있어서도 마찬가지이다! 어찌할 도리가 없다. 이스라엘의 예배와 레위기나 혹은 신명기의 모든 제식祭式과 토라 전체는, 이스라엘이 하나님에게 오직 속해 있음을 끊임없이 이스라엘에 상기시키려고 거기 존재한다. 왜 하나님은 예수 그리스도 이후 그러한 것으로서 자기 민족을 그와 같이 존속시켰는가? 왜 온갖 박해와 이산離散을 거치고서도, 유대인은 언제나 유대인으로 남아 있는가? 정치적이거나 혹은 사회적인 이유를 찾는 것은 무의미하다. 감히 말하자면 여기서 우리는 하나의 '신학적인' 목표만을 가지고 있으며, 그 광대한 질문에 대한 대답으로 무스너의 놀라운 글을 요약하는데 만족한다.

유대인은 세상에 현존하는 하나님의 영원한 증인이고, 그러한 것으로서 '하나님의 증거' 이다! 사람들은 하나님 자신이 보호자로서 자기 민족 뒤에 있음을 인정함으로써, 유대 민족의 영속성을 설명할 수 있다. 그것은 이미 몇 가지 방식으로 언급되었다. 그와 같이 아우구스티누스는 하나님이 자신의 자비의 능력이 무엇인지 자신의 교회로 하여금 이해시키려고 유대인을 보호했다고 선언한다. "하나님은 유대인이 멸절되게 하지 않았다. 다시 말해 하나님은 유대인이 하나님의 율법을 잊어버려 그들이 전달해야 할 증언을 전달할 수 없게 되는 것을 걱정하여, 로마인에 의해 정복당하고 짓밟혔을지라도 그들 안에 있는 특성을 없애지 않았다."(『하나님의 도성 Cité de Dieu』, 18장 46절) 게다가, 아우구스티누스에게 있어 유대인은 모든 민족 속에 퍼져 예언들의 진정성을 증언하기 때문에 성서의 영구적 가치에 대한 증인이다. 분명히 그리스도에 관한 것인 그 예언들이 교회가 꾸며낸 것이 아님을 유대인은 입증한다고 아우구스티누스는 밝힌다. 분명히 칼 바르트는 "유대인은 하나님이 가치 있게 만드는 하나님의 유일한 증거이다"라고 밝힐 때, 아우구스티누스와 비슷해진다!

2 "유대인은 구원의 역사의 구체적인 성격에 대한 영속적인 증인 이다." 즉 '과학'은 구원의 역사가 '이상적인 상부구조'이자 이념이라고 분명히 주장한다. 교회의 존재보다 훨씬 더 유대인의 존재는 그러한 과학적인 이념을 문제 삼는다. 사람들은 역사를 만들어 냈던 이후로 역사에서 논리를 발견했는데, 그것은 헤겔이나 혹은 마르크스의 경우이다. 유대인이 그러한 허황된 철학을 가로 질러 자리를 잡는다. 즉 유대인은 역사의 변증법에 관여하지 않는다. 그 때문에 헤겔은 '이스라엘의 음울한 수수께끼'에 대해 이야기하고, 마르크스는 반反유대주의자가 된다! 유대인은 보편적인 역사의 '정상적인' 도식에 들어가지 않고, 달라지는 유일한 존재이다. 유대인은 구원의 역사의 이상적인 특성이 아닌 구체적인 특성에 대한 영속적인 증인이기 때문에 유대인은 그와 같다. 구원의 역사는 두뇌 속에서나 혹은 하늘에서 일어나는 것이 아니라 역사 그 자체의 틀 속에서 일어나는데, 그 역사는 단지 세속적인 것으로 인식될 리 없다. 반유대주의가 생겨나는 것은 이 점에서이다.[118) 유대인은 구원의 역사의 구현된 특성을 입증한다.

---

118) 나는 여기서 가장 격렬한 반발을 불러일으킬 것임을 안다. 나에게 있어 이스라엘 국가의 존재는 세속적인 역사(Histoire)의 기지사항 이상이다. 그것은 이스라엘의 복원에 대한 예언들에서 예고된 역사(Histoire) 속에서 하나님의 활동 징표이다.

3 유대인은 그 길을 파악할 수 없는 '숨겨진 하나님'에 대한 증인이다. 그것은 이사야 45장 15절의 "이스라엘아, 너의 하나님은 숨겨진 하나님이다"와 같이, 선지자들에 의해 계속 예고된다. 하나님은 자신의 활동을 보도록 내버려두지 않으며, 그 숨겨진 하나님의 흔적을 발견하는 것은 신비 속에서이고 간혹 오래 지나서이다! 쇼아는 비극적인 방식으로 숨겨진 특성을 제시한다. 즉 어떠한 유대인도, 어떠한 그리스도인도, 왜 하나님이 그것을 허용했는지 언급할 수 없다! 로마서의 그 세 장에 대한 우리의 묵상을 통해, 이스라엘 안에, 이스라엘에 의한, 이스라엘을 위한 하나님의 활동이 마지막 한계까지 밝혀질 수 없음이 입증되었다고 나는 생각한다! 사람들은 쇼아에 의해 장벽 아래 놓여 있다. 즉, 하나님은 존재하지 않거나 그렇지 않으면 숨겨진 하나님인데, 아무도 숨겨진 하나님의 신비한 길을 모르고 있으며, 그 숨겨진 하나님에 대한 증인은 하나님이 계속 손을 대었던 유대인이어야 하고 바로 유대인이라는 것이다!

4 유대인은 세상 속에서 메시아사상을 사라지게 내버려 두지 않는다! 우리 그리스도인은 '메시아 사건'이 일단락되었다는 느낌을 너무 자주 갖는다. 예수가 메시아였고, 예수가 예언들을 성취했다는 것이다. 요컨대, 그 점은 이제 더는 대단하게 우리의 마음을 사로잡지 않는다! 하지만, 유대인에게 예수는 메시아가 아니다. 그들은 의식적으로 혹은 무의식적으로 메시아를 기다리고, 우리 역시 영광스러운 메시아를 기다릴 수밖에 없다. 우리에게 예수는 영광중에 다시 오는 예수이다. 그래서 이스라엘에 흔히 부정적인 그러한 변화를 유발했던 예수의 도래가, 유대인에게는 메시아 시대 곧 기다림의 시대를 열고, 그리스도인에게는 도래의 시대 곧 하나님나라에서 만물을 회복

시킬 메시아의 재림 시대를 연다는 사실로 우리는 타협해야 한다고
나는 생각한다.

그러나 그것이 이스라엘에는 진정으로 삶의 문제나 혹은 죽음의 문
제이기 때문에, 예수의 도래와 교회에 대해 그런대로 자주 만족하는
우리 그리스도인보다 이스라엘은 훨씬 더 깨어 있고 까다롭다! 그것
은 기다림의 메시아 시대로서, 그 시대에는 교회와 이스라엘이 각자
자신의 증언을 지니고 있다. 그것은 "기억하라"는 지나간 계시에 대한
신실함의 증언이고, 앞으로 올 하나님나라에 대한 확신 속에서 소망
의 증언이며, 자신의 약속을 결코 부인하지 않는 하나님에 대한 신앙
과 깨어 있음의 증언이다. 그것이 모두에게는 예수로부터 시작하는
메시아 시대의 열림이다. 다음 두 가지 모두 하나님의 완전한 진리에
대한 증언을 지니고 있다. 그리스도인은 '이미'라고 선포하고, 유대인
은 '아직 아니다'라고 선포하지만, '이미-아직 아니다'라는 쌍은 키
르케고르가 보여주었듯이 아브라함과 예수의 하나님에 대한 신앙을
정확히 특징짓는다. 어쨌든 메시아에 대한 의견이 어긋나는 것이 사
실로 확인되더라도, 그래도 메시아사상은 이스라엘 안에서 생겨났다.[119]

유대인은 더 나은 세상에 시선을 고정한다. 마르크스와 에른스
트 블로흐[120]는 더 나은 세상을 태동시키려는 의지에 대한 증인
들이다. 그러나 그들의 잘못은 히브리 성서에 묘사된 역사에서 흔히
드러난 잘못으로서, 하나님의 결정적인 행위에 의해서만 올 수 있는

---

119) 무스너에 의해 인용된 많은 유대의 작가들은 메시아가 올 때, 그 메시아가 유대인 메시아
　라면 거부나 혹은 불미스러운 일이 없을 것이라고 단언한다.
120) [역주] Ernst Bloch (1885-1977). 독일의 마르크스주의 철학자. 마르크스주의의 실재관의
　일부라고 생각한 것을 완성하고자 '희망의 철학'을 전개했다.

바를 우리 자신의 힘으로 실현하려는 잘못이다.[121] 그리스도인에게
있어서도 자신들의 힘으로 지상에 하나님나라를 세우려고 했던 천년
왕국 운동이 있었다. 이에 맞서 선지자들은 하나님만이 새로운 땅을
창조할 것이라고 예고하고, 그들 모두 바울처럼 종말론적인 목표 안
에서 생각한다. 그러나 선지자들에게 있어 그 실재는 지상적일 수밖
에 없다. 기독교의 주된 오류는 요한계시록이 인간에게 '새로운 예루
살렘' 이란 도성의 도래와 더불어 의가 넘치게 될 새 하늘과 새 땅으로
우리를 이끌고 가는데도 그 실재를 하늘에 옮겨 놓는 것이었고, 더 나
쁜 것은 그 실재를 '낙원' 에 옮겨 놓는 것이었다![122] 로마서 11장
12~15절에서 우리가 보았듯이, 구원과 완벽함으로 이끌려져야 하는
것은 지상의 실재들이다. 그와 같이 그리스도인의 자주 변동하는 신
앙 옆에 있는 유대인의 지속적인 존재는 그 자체로 종말론적인 미래
를 가늠하게 한다.

6 마르카르트F. N. Marquardt는 "이스라엘은 세상의 역사에서 하나
님의 뜻의 '아직 아니다' 를 입증하는 존재이다"라고 쓰고 있다.
우리는 그러한 "이미-아직 아니다"를 방금 인용했다. 그러나 마르카
르트의 설명은[123] 정말 인상적이다. "자신의 **부정**Non에 의해 이스라
엘은 하나님 자신의 종말론적인 유보를 나타낸다. 다시 말해, 바르트
에 따르면 이스라엘은 하나님의 절대적인 자유를 유지한다. 이스라엘

---

121) 약속을 실현하기를 원하는 것은 아브라함이지만, 이스마엘은 하나님이 원하는 자손이
   되지 않는 점을 참조할 것.
   [역주] 이 부분은 본래 각주가 아니지만, 글의 원활한 흐름을 위해 역자가 각주로 옮겨 놓은
   것임.
122) 자끄 엘륄, 『머리둘 곳 없던 예수 *Sans feu ni lieu*』, Gallimard.
123) 마르카르트: Feinde um Unseretwillen. Das judische Nein und die christliche theologie
   In *Festschrift für Harder*, Berlin 1977.

은 시대와 진리와 결정적인 판단이라는 기독교의 파토스[124]에 대립한다. 이스라엘은 잘못된 완벽함에 대한 해체 요인으로서 존재한다." 우리는 로마서의 그 세 장에서 어렴풋이 보았던 것에 도달한다. 즉, 유대인의 거부는 '하나님의 계획과 동떨어져' 있지 않다는 것이다! 예수 그리스도 안에서 구원이 이제 존재하기 시작하지만, 하나님은 모든 사람이 구원받기를 원한다. 세상과 인간의 구원을 위해 새로운 아무 것도 더는 공급될 수 없다는 의미에서 '말세'는 분명히 도래했지만, 말세가 성취된 것은 아니다. '결정적인' 때는 아직 존재하지 않으며, '결정적인' 때는 이스라엘 전체가 구원받을 때에 만이 시작될 것이다. 로마서 11:26 그것이 "하나님 자신의 종말론적인 유보"라고 부를 수밖에 없다. 그래서 역사의 흐름에서 유대 민족은 잠정적인 민족으로서, 완결된 것이나 마감된 것이나 끝난 것이 아무것도 없는 민족이다. 유대 민족이 원하건 원하지 않건 간에, 유대 민족은 세상이라는 떡갈나무의 고갱이에 깊숙이 박힌 쐐기이고, 유대 민족은 떡갈나무의 고갱이가 육신의 고갱이로 변할 때까지 거기에 남아 있을 것이다.[125]

유대교에 의해 인류의 역사는 거룩한 역사가 되었는데, 다시 말해 거룩한 하나님의 활동 전체의 장이 되었다. 그 역사 속에서 하나님이 결정짓지는 않지만, 끊임없이 활동하는 역사의 보편적인 개념이 존재한다. 하나님은 바로 창조 전체의 하나님이다. 즉 원하건 원

---

124) [역주] 파토스(pathos). 그리스어에서 유래한 표현으로 청중을 감동시키기에 적합한 수단들을 다루었던 수사학의 부분을 말한다. 수사학에서 품성을 다루는 부분인 에토스(éthos)와 대조된다.

125) [역주] 여기서 장작을 쪼갤 때 장작의 틈새를 벌리려고 일시적으로 사용되는 쐐기는 유대 민족에 대한 비유로 볼 수 있다. 엘륄은 유대 민족을 하나님이 인류 전체를 변화시키려고 일시적으로 사용하는 쐐기와 같은 도구로 간주한다. 즉 인류가 그리스도의 사랑에 대한 메시지를 듣게 된다면, 유대 민족은 그러한 도구로서 더는 쓸모가 없다는 것이다.

하지 않건 간에 이스라엘 민족이 신실함과 불순종으로 이루어진 자신들의 역사의 흐름에서 다시 언급하는 것이 그 점이다. 여기서 바울이 '새로운 아담'으로서 그리스도에 대한 자신의 이론에서, 또한 모든 인간을 포함하는 그리스도의 몸으로서 교회에 대한 자신의 이론에서 나타내는 것이 그 점이다.

8 '역사적 교회'Eglise historique의 그리스도 연구에 있어 '축소'에도 불구하고, 이스라엘은 그리스도 이후에도 계속 끔찍한 고통으로 세상의 죄를 그리스도와 함께 속죄하는 '하나님의 종'이 되었다. 그것은 너무 엄격하고 너무 '근본주의적인' 그리스도인에게는 터무니없는 듯이 보일 것이다. 하지만, 나는 예수가 자기 민족으로부터 분리될 수 없고, 유대 민족도 예수로부터 분리될 수 없음을 여전히 되풀이한다. 쇼아는 너무도 가혹한 방식으로 그 점을 우리에게 떠올리게 하므로, 자신들의 생각을 그것으로부터 되돌리려는 그리스도인이 많다! 그와 같이 그리스도 이후에도 이스라엘은 세상에서 보편적인 구원의 기능을 갖고 있다.[126] 이스라엘과 교회는 아브라함과 예수의 하나님에게 돌아갈 완전한 증언을 위해 분리될 수 없다. 그럼으로써 나는 그리스도 예수의 유일하고 보편적인 일에 어떤 것을 제거하는가? 물론 그렇지 않다. 바울이 "나는 내 몸속에 그리스도의 고통에서 부족한 것을 마무리한다"라고 선포할 때도 마찬가지이다. 모든 것은 "그리스도 안에" 있다. 우선 그의 민족이 그러하다! 누가복음 2장 29~32절에 나오는 "모든 민족 앞에 당신이 예비했던 구원 … 이교도를 비추기 위한 빛 그리고 당신의 민족 이스라엘의 영광…"이라는 시므온의 찬양을

---

126) 몰트만 (J. Moltmann), 『성령의 힘 속에서 교회 *L'Eglise dans la force de l'Esprit*』, Le Cerf, 1980.

사람들은 왜 떠올리지 않는가?

나는 놀라운 작품인 『구속救贖의 별』[127]을 상기시키면서 마무리하려고 한다. 로젠츠바이크에게 있어, 그리스도인은 자신을 거들기 위한 유대인을 필요로 한다! 이스라엘이 교회가 그 위에 접붙여진 줄기로 남아 있기 때문에, 유대인은 그리스도인이 정체성을 잃어버리지 않도록 돕는다. "이스라엘이 하나의 개념이라는 점을 그리스도인은 알고 있다. 그는 그것을 목격한다. 왜냐하면, 우리는 살아가기 때문이다. 우리가 정말 실제로 영원하다면, 하나의 개념이 영원할 수 있기 때문이 아니라 우리가 영원하기 때문에 우리는 영원하다. 그와 같이 우리는 그리스도인을 위해 바로 의심의 여지가 없는 것이 된다."

그것은 분명히 반유대주의의 이유 중 하나이다!

---

127) 로젠츠바이크 (Rosenzweig), 『구속(救贖)의 별 *L' Etoile de la Rédemption*』.

택함은 하나님의 자유로운 행위이지만, 그것은 영원한 구원과 관계 없다. 선택은 하나님에 대한 증언, 즉 언약을 세상에 전달하기로 예정 된 종을 선정한 것일 따름이다. 이 사명을 완벽히 수행하지 못하는 선민은, 예수 그리스도 안에서 부름 받아 모든 인간에게 하나님의 사랑을 전할 자들로 이 사명을 위해 대체되었다. 유대인은 그들 중 일부분인 '남은 자'가 믿었고 그 '남은 자'가 전체를 포괄하는 '전체를 위한 부분'이 되기 때문에, 증언을 맡은 새로운 민족의 일부를 이룬다. 이스라엘 민족 대부분이 그러한 잘못을 저질렀다면, 그것은 모든 사람으로 하여금 은총과 택함을 경험하게 하기 위함이다. 교회가 세상을 위해 같은 약속을 책임지는 한, 교회는 유대 민족을 대체하는 것이 아니라 유대 민족을 계승한다. 첫 선민인 유대 민족이 선민으로 항상 남아 있는 한, 그리스도인과 교회는 뿌리와 옛 줄기에서 돋아난 가지이다. 그와 같이 이스라엘 민족은 하나님의 신실함과 약속의 영원함에 대한 증인이 되고, 교회는 하나님의 보편성과 자유에 대한 증인이 된다.

서론

로마서 1, 2장에서 바울은 하나님이 유대인이나 그리스인이나 구별 없이 신앙을 갖는 모든 인간을 구원할 수 있다는 것이 복음임을 입증한다. 하지만, 아무도 스스로 "자신의 구원을 이룬다"라고 주장할 수 없고, 어떠한 행위도 구원을 이루지 않는다. 또한, 인간에게는 자기 자신의 수단에 의해 자신을 의롭다고 인정할 어떠한 힘도 없다. 3장부터 7장의 내용은 하나님이 예수 그리스도를 믿는 모든 인간에게 아무 대가 없이 구원을 준다는 것으로서, 그것은 은총에 의한 구원이다. 그것은 공로의 문제도 아니고, 예수 그리스도 안에서 용서받는 불순종이나 혹은 죄의 문제도 아니다. 아무도 대가 없는 구원을 없앨 수 없으며, 아무도 구원의 은총을 받았던 인간에게서 구원을 빼앗을 수 없다. 그리하여 8장에는 율법에 이전과 같은 역할이 더는 없다는 내용이 나온다. 즉 율법은 영적인 율법이 되었으므로, 예수 그리스도 안에 있는 자들에게는 모세의 율법으로부터 두려워할 어떠한 단죄도 없고, 우리는 예수 그리스도 안에 명백히 나타난 하나님의 사랑으로부터 아무것도 우리를 분리시킬 수 없다는 확신을 한다. 그다음에, 유대인에 관한 9장부터 11장이 나오고, 마침내 마지막 부분인 12장부터 15장이 나오는데, 거기서 바울은 은총에 의한 구원으로부터 교회의 윤리와 비전을 끌어낸다. 모든 것이 은총이지만, 그 점을 통해 실천 속에 생겨날 수 있는 결과가 무엇인지 알아야 한다는 것이다. 예를 들어 바울은 거기로부터 교회가 어떻게 조직되어야 하는지 보여줄 뿐 아니라, 성령의 선물, 교회에 필요한 기능, 세속 권력의 역할, 형제 사이에 관용이 무엇인지 보여준다.

이처럼 로마서 전체를 조망해 보면 로마서에는 모든 것이 완벽히 연결되어 있으나, 유대인에 관한 9, 10, 11장은 꼭 필요한 것 같지 않다는 것이다. 실제로, "율법이 영적이 되었다"는 8장에서 "이 영성의 윤리적 결과는 무엇인가?"라는 12장으로 완벽하게 넘어갈 수 있고, 이 세 장을 없애더라도 본질적인 것은 아무것도 빠지지 않는다. 그래서 이 세 장은 거의 이천 년간 완전히 옆으로 밀려나 있었거나 의미가 왜곡되었다. 이 세 장은 유대 민족에 관한 기독교 신학이 무엇인지 엄밀히 설명하는 유일한 장들인데도, 바울의 그러한 신학이 사라진 것은 교회 안에 아주 일찍 나타난 반反유대주의 성향 탓으로 돌려질 수 있다. 유대인은 예수를 믿지 않았기 때문에 하나님에 의해 버림받은 민족이라는 식의 유대인에게 적대적인 비난이 역사적으로 나타난다. 유대인은 예수의 죽음에 유일하게 책임이 있는 것으로 비난받을 뿐 아니라, 예수는 하나님이므로 유대 민족은 신을 죽인 자로 규정된다.

바울은 "복음이 신앙을 갖는 모든 사람의 구원을 위한 하나님의 능력이다"라고 선포하지만, 예수를 메시아로 인정하지 않고 신앙을 갖지 않은 유대인은 복음으로 구원받지 못한다. 따라서 "유대인이 구원받지 못한다면, 하나님이 복음으로 모든 사람을 구원한다고 어떻게 말할 수 있는가?"라는 근본적인 질문이 제기된다. 예수 안에 이루어진 은총을 유대인이 거부한다고 해서, 선민으로서 택함이 취소되지는 않는다. 하지만, 그들이 은총을 거부하기 때문에, 은총은 다른 사람들에게 맡길 수밖에 없다. 그때부터 이교도가 은총을 받게 되므로, 유대인이 아닌 다른 사람들이 예수 안에서 은총을 받아 선포한다. 그런 관점에서 유대 민족에 대한 내버림이 있다고 할 수 있다. 하지만, 유대인은 하나님으로부터 완전히 버림받은 민족이 아니라, 이교도와 모든 사람에게 하나님의 자비와 사랑이 전해지도록 일시적으로 버림받은 민족이다. 누구라도 은총을 거부하면 구원받을 수 없지만, 은총이 인간의 소관이 아니기 때문에 은총을 거부한다고 인간에게 베풀어진 은총이 없어지지는 않는다. 결국, 이스라엘은 자신에게 베풀어진 은총을 어쩔 수 없이 받아들이는데, 그것은 예수의 민족이 되는 은총, 곧 예수 안에서 하나님을 전하는 민족이 되는 은총이다.

선지자나 사도 같은 한 인간이나 혹은 이스라엘이나 교회 같은 인간 집단이 하나님이 맡긴 일이나 역할을 완수하지 못할 때, 하나님은 그 인간이나 혹은 인간 집단을 내버리는 것이 아니라 선민 내부에 '남은 자'를 선택하는데, 그들은 하나님의 일과 활동을 결국 맡을 자들이다. 하나님이 노예 상태와 이집트로부터 자기 민족을 해방했던 것은, 여호와가 유일한 하나님이고 하나님이 역사의 주인이며 하나님의 사랑이 유일한 진리라는 점과 그 민족과 화해를 통해 하나님이 인류 전체와 화해하려는 자신의 뜻을 입증한다는 점을 그 민족이 증언하도록 하기 위함이었다. 그것이 바로 이스라엘의 사명이기 때문에, 로마서의 중심에 있는 이 세 장은 바울 사상의 중심축이 된다.

제1장 : 유일한 민족 (로마서 9장 1~5절)

바울은 하나님의 민족인 자기 민족이 예수를 메시아로 인정하도록 추가적인 희생이 필요하다면, 자신을 희생할 각오가 되어 있으며 신앙에서 배제되는 것도 받아들일 각오가 되어 있다고 밝힌다. 바울이 그 점을 밝히는 것은, 그리스도의 희생에 어떤 것을 덧붙이거나 혹은 동포 형제의 구원을 위해 자기 몸을 바치려는 것이 아니라, 자신의 순종이 자기 민족의 순종 속으로 통합되어야 함을 주장하려는 것이다. 그들이 불순종을 고집한다면, 바울 역시 복음에서 배제되기 원한다. 그만큼 이스라엘 민족에 대한 바울의 소속감이 강하고, 이스라엘의 택함에 대한 바울의 신실함이 재검토될 수 없다는 것이다. 그리스도인이 된 유대인으로서 바울이 자기가 속한 유대 민족에 끊임없이 연결된다고 밝히는 것은, 다음 같은 주장으로 볼 수 있다. 그것은 복음이 진실하다면, 계시에 순종하는 자들이 순종하지 않는 모든 자들과 거리낌 없이 완전히 연대할 것을 복음이 요구한다는 주장이다. 그러한 주장은 우리가 속한 세상에서 결정적인 진리로 제시되는데, 그리스도인은 비非그리스도인과 뗄 수 없는 관계에 있음을 느껴야 하고 더 나아가 그 점을 밝혀야 한다.

이어서, 바울은 유대인의 특수성과 하나님이 유대인에게 베푼 선물과 그 선물의 정점으로서 예수에 대해 언급한다. 바울은 이스라엘 민족에 대한 자신의 사랑과 이스라엘 사람을 향한 자신의 신실함을 밝힌 후, 유대인이 누구인지 설명한다. 그들은 아무런 어떤 민족이 아닐 뿐더러, 예수 이후부터 버림받은 민족도 아니다. 여기서 바울은 세상에서 유일한 민족인 하나님의 민족 이스라엘을 통해 이루어진 바를 계속 나열한다.

하나님이 야곱에게 준 놀라운 이름이자 야곱으로부터 민족 전체에게 옮겨갔던 이름을 따라, 그들은 '이스라엘 사람'이라고 불리는데, 그 이름은 그들의 신성한 칭호로서 존재 전체에 대한 지칭이다. 그들 안에서 그들과 더불어 하나님이 인간과 언약을 맺었음이 그 이름을 통해 드러난다. 그들은 양자로 삼아지기 때문에, 은총의 자녀이지 육신의 자녀가 아니다. 이스라엘은 '하나님의 맏아들'로 선포되기 때문에, 그들을 하나님의 아들로 만드는 것은 은총이다. 하나님의 영광이 그들에게 있다는 것은 이중적인 면에서 중요하다. 다른 모든 사람과 달리 유대인은 죄를 범했더라도 그 영광을 이미 받았고 그 영광이 박탈되어 있지 않다. 거룩한 영광이 유대인에게 있다는 것은, 인간들 가운데 여전히 유대인이 하나님의 현존을 드러낼 수 있음을 의미한다. 그들은 언약을 맡은 자인데, 언약은 행위이며 하나님은 그 행위에 의해 죄인인 인간과 자신을 연합시킨다. 그것은 하나님이 인간을 하나님의 공의에 따라 단죄하기 위해서가 아니라, 하나님의 자비에 따라 구원하기 위함이다. 이스라엘 사람은 그러한 언약의 첫 전달자이자 그 언약에 대한 증인이다. 이스라엘 사람에게는 종교의식과 경배를 뜻하는 예배가 있다. 더욱이, 그들에게는 약속들과 구약 시대의 족장들이 있는데, 그것은 하나님이 구약 시대의 족장들에게 했던 모든 약속과 메시아에 대한 약속이 관계된 것이다.

바울은 육신을 따라 그리스도가 그 민족에게서 온 것임을 떠올리면서 이 부분을 마무리한다. 유대 민족은 하나님이 인간 전체에게 베푸는 궁극적인 은총의 전달자였다. 살아 있는 그리스도는 언제나 자기 민족과 연결되어 있는데, 그리스도가 살아 있고 자기 민족을 떠맡고 있다면, 그리스도는 그 민족으로부터 절대 분리되지 않았다는 것이다. 예수가 유대인이라는 점과, 예수가 자신이 유대인임을 결코 부인하지 않았다는 점과, 예수가 약속들을 성취했고 강화했다는 점과, 예수는 자기 민족 속에 있는 거룩한 영광의 반영이라는 점, 그 모든 점은 "구원은 유대인에게서 나온다"는 근본적인 신앙 고백의 전개일 따름이다. 그 선언은 예수가 자기 민족으로부터 분리되지 않으며 그 민족의 대표자일 뿐임을 의미한다.

예수가 모든 것 위에 있는 하나님이며 영원히 축복받는 존재임을 선언하는 바울은 하나님이 그리스도에 의해 지워지거나 대체되는 것이 아니라, 하나님이 오직 예수 안에서 자신이 알려지고 완전함으로 나타난다는 점을 단지 언급한다. 유대인에게 속한 모든 선물은 예수에 의해 더 잘 이해되고 더 빛이 나며 확실해지므로, 예수는 '이스라엘 전체'를 절정에 달하게 하는 존재로서 나타난다. 그런데 그것은 당연히 유대인에게 있어서는 신성모독이며, 하나님이 그들에게 베푸는 선물의 정점이 그들에게는 분노를 일으키는 것이 된다. 왜냐하면, 그들은 이 특권들이 확인될 필요도 절정에 이를 필요도 없는 그들에게 속한 것으로서 해석했고, 하나님과 유일한 관계로서 해석했기 때문이다.

제2장 : '불의한' 하나님 (로마서 9장 6~29절)

하나님의 독단이 불의不義처럼 보이더라도, 우리의 기준이나 가치에 따라 하나님을 판단할 수 없다. 우리는 의義에 대한 어떤 개념을 가지고 있고, 그 개념에 근거하여 하나님이 의롭다거나 혹은 불의하다고 선언하면서 하나님을 판단한다고 자부한다. 하나님이 진정한 하나님이라면, 하나님 위에는 정의나 선과 같은 어떠한 가치들이 존재하지 않는다. 선은 하나님이 이루는 것이고 의는 하나님이 결정하는 것이다. 하나님은 절대적으로 자유롭고 하나님의 의지에는 어떠한 한계도 없으며, 하나님의 결정은 어떠한 외부 실재에 의해서도 제약받지 않는다. 따라서 유대 민족에 관한 바울의 설명 전체는 다음 같은 이중적인 신학적 토대 위에 기초한다. 즉, 하나님은 자신의 주권 속에서 절대적으로 자유롭다는 점과, 인간은 자신의 구원을 이루며 선하고 의로운 행위를 스스로 하는데 있어 전적으로 무능하다는 점이다.

하나님이 자신의 약속에 따라 선택한다는 것은 아브라함의 예에서 잘 드러난다. 하나님으로부터 후손에 대한 약속을 받은 아브라함은 그 약속을 확실히 믿었으나, 약속의 실현은 늦추어진다. 기다리는 데 지친 아브라함은 하나님의 약속을 자기 자신의 수단으로 실현하기로 하고 결국 아이를 얻는다. 그러나 인간의 결정에서 나온 그 아이는 하나님의 선물이 아니므로, 또 약속을 받았던 인간의 의도적이고 독자적인 행위의 결과이기 때문에, 그 아이는 약속의 자녀로 하나님에 의해 인정받지 못한다. 하나님이 성취하는 기적에서 태어나는 자만이 축복의 상속자가 되고, 하나님에 의해 약속의 상속자로 간주된다. 그 약속은 하나님의 선물로 남아 있어야 하는 언약에 대한 약속이고, 메시아에 대한 약속이며, 다가올 하나님나라에 대한 약속이다. 하나님은 그 약속을 세상에 전달하려고 이스라엘을 선택하고 대대로 자신의 선택을 하는데, 그 선택에는 선택하는 자의 의지 외에 다른 이유가 없다. 하나님은 이스라엘 민족이나 인류 가운데서 자신이 원하는 사람을 자유롭게 선택한다. 하나님이 가장 작은 자와 약한 자를 자신의 은총과 언약의 전달자로 선택하고, 인간 가운데 하나님을 드러낼 책무를 그런 자에게 맡긴다. 따라서 이스라엘은 자신의 두드러진 능력이 아니라 약함으로 말미암아 선택된다.

하나님이 불의하다는 감정이 어쩔 수 없이 남아 있는 인간이 하나님에게 제기하는 항의와 비판과 관련하여 다음 같은 두 가지 지적이 나온다. 첫 번째 지적은 하나님이 내버리는 자들은 버림받아 마땅했고 그와 반대로 하나님이 받아들이는 자들은 받아들여져 마땅했다는 사실로부터, 인간의 비판이 나온다는 것이다. 그래서 두 종류의 그릇이 등장하는데, 결국 깨질 '진노의 그릇'과 영광스럽게 될 '영광의 그릇'이다. 하지만, 두 종류의 그릇 모두 하나님에게 유용하다. 곧, '진노의 그릇'은 하나님의 진노와 의를 드러내기 위함이고, '영광의 그릇'은 하나님의 영광을 드러내기 위함이다.

두 번째 지적은 바울이 언급하는 하나님의 자비와 의를 나타낸다는 것과 드러낸다는 것이 무엇인지 또 누구에게 누구를 위해 나타내고 드러내는 것인지 라는 질문과 관계된다. 그것이 최후의 심판과 영원한 구원과 영생과 관계된 문제라면, 누가 지옥의 형벌에 처하고 구원을 받는지 세상에서 아무도 말할 수 없어서, 그 점은 아무것도 나타내거나 드러낼 수 없다. 따라서 그것은 살아 있는 인간의 눈에 나타나고 드러나야 할 수밖에 없으므로, 인간 가운데 보이고 이해될 수 있는 지상에서 일어나는 하나님의 활동과 관계된다. 어떤 사람들은 하나님의 진노가 표명되는 가운데 하나님의 존재를 드러내는 데 도움이 되고, 어떤 사람들은 하나님의 대가 없는 무한한 사랑을 구체적인 예로 입증하는 데 도움이 된다. 그러한 심판의 영원한 진리는 예수 안에 완전히 요약된다. 택함을 받은 동시에 내버려지고 저주받은 동시에 축복받은 유일한 예수 안에서, 하나님은 의와 사랑이라는 이중적인 힘을 모두를 위해 실현한다. 따라서 이스라엘에 대한 내버림은 구원으로부터 배제가 아니라, 어떤 한 시기에 옆으로 떼어 놓는 것이다. 하나님은 자신의 언약 곧 자신의 복음이 장차 세계적으로 전파되도록, 선민에 속하지 않았고 이제 같은 소명을 갖고서 세상을 위해 같은 약속을 전달할 다른 자들을 부른다.

따라서 하나님의 부름에는 세 가지 동향動向이 있다. 하나님은 약속이 세상에 전달되고 언약이 모두에게 선포되도록, 약속의 전달자를 택한다. 그 전달자가 순종하지 않으므로 하나님은 거기서 '남은 자'를 선택하는데, 그것은 거의 매 세대 반복된다. 하나님은 택할 수도 있고 택했던 자를 내버릴 수도 있지만, 내버림은 하나님의 사랑 밖으로 배제하는 것이 결코 아니다. 세 번째 동향은, 점점 감소하는 그 '남은 자' 속에 한 '남은 자'를 선택함으로써 예수라는 유일한 '남은 자'만이 존재한다는 것이다. 모든 유대인뿐 아니라, 온 세상에서 하나님의 사랑에 대한 선포를 듣는 모든 자가 하나님의 민족이 되도록 부름을 받는데, 그것은 예수로부터이다.

제3장 : 어떻게 그들은 신앙을 갖게 될까?
Ⅰ. 로마서 9장 30절~10장 13절

하나님의 계시 안에서 의義의 성서에 따른 의미는 사법적 정의도 아니고, 인간 사이에 평등으로 귀결되는 정치적 정의나 혹은 사회적 정의도 아니다. 성서적으로 의는 선과 공정한 것을 선택하는 어떤 행동이 아니다. 하나님만이 의로운 존재이고, 하나님의 뜻만이 의롭다. 그런데 토라를 받았던 이스라엘은 토라가 저절로 하나님의 의가 되는 것으로 해석했다. 이스라엘에 있어 면밀하게 토라를 이행하는 것은 의롭게 되는 것이었고 하나님의 의 자체가 되는 것이었는데, 그것은 하나님의 의를 가로채는 것이었다. 하나님의 의는 행위에 대한 정확한 보상이 아닌데도, 이스라엘은 율법과 엄격한 순종과 행위에 의해 의를 얻으려 했다. 토라 속에 계시된 모든 것을 이행하면서 유대인은 하나님의 뜻 전체를 이행한다는 확신을 하고 있었는데, 바로 그것이 잘못이다. 따라서 이스라엘은 토라의 모든 것을 이행함으로써, 모든 것을 행했으며 의롭게 되었다고 자부했다. 모두를 위해 해방자인 하나님에 대한 선포를 책임졌던 유대인은, 의에 대한 너무 엄밀한 이해로 말미암아 자신들에게 주어졌던 계시의 핵심, 곧 예외가 없는 모두를 위한 하나님의 사랑을 이해할 줄 몰랐다.

이스라엘이 약속의 메시지인 토라를 제 것으로 삼았듯이, 그리스도인도 그들만의 신앙과 그들만의 신약 성서를 가지고 그들만이 구원받았고 하나님의 사랑을 받았다는 식의 특권으로 만들었고, 더 나아가 그들의 소유물로 만들었다. 하나님의 의는 예수 안에서 예수에 의해 은총으로 주어지고 성취된다. 기독교 신앙은 예수에 근거를 두는데, 예수와 유일한 관계는 사랑과 신앙의 관계로서 하나님의 의는 그것으로 요약된다. 왜냐하면, 그러한 신앙을 통해 우리가 연결되는 예수에 의해 그 의가 완전히 성취되었기 때문이다. 그와 같이 이스라엘은 모두에게 하나님의 해방 의지를 전달하는 하나님의 계획을 저버리고서, 이스라엘의 궁극적인 '남은 자'인 예수에 의해 대체된다. 하지만, 이스라엘 역사에서 하나님의 약속을 전달하려고 하나님에 의해 택함을 받은 '남은 자'는 '이스라엘 전체'를 대표했기에, '이스라엘 전체'는 예수 안에 포괄되고 요약된다. 따라서 계명 중 가장 작은 것도 성취했던 것은 예수뿐이기 때문에 예수는 '의義의 율법' 으로서 토라를 종결시킨다.

율법의 의, 위에 있는 의, 아래에 있는 의와 같은 하나님의 의 전체가 예수에 의해 예수 안에서 얻어진다. 그리스도는 하늘에 있었고, 인간에게 의를 전해 주러 하늘에서 내려왔다. 인간이 해야 할 일은 단지 의가 예수와 함께 하늘에서 왔다는 점을 믿는 것이다. 어떠한 의도 없는 심연으로, 곧 죽음으로 뛰어들 필요는 없다. 예수는 심연과 죽음 속으로 이미 뛰어들었고 거기서 다시 올라왔으며, 예수의 의는 심연과 죽음을 쳐부순다. 말이 네 가까이에 있으므로, 세상의 다른 끝으로 갈 필요는 없다. 이제부터 하나님의 말을 하는 것은 너이며 그에 따라 하나님이 말을 너에게 줄 것이므로, 말은 네 입 안에 있고 네 마음속에 있다는 것이다. 즉, 하나님이 신앙에 의해 너의 존재로 하여금 겪게 했던 변화를 바라보라는 것인데, 그것은 예수 안에서 자유를 체험하는 해방된 인간의 행동을 만들어낸다. 의는 우리의 자유 안에서 예수 그리스도에 대한 신앙으로 표현되어야 한다.

Ⅱ. 로마서 10장 14~21절

이스라엘이 신앙에서 나오는 의를 거부함에 변명 거리가 있느냐는 질문과 관련한 세 가지 지적이 나온다. 첫 번째 지적은 "신앙은 듣는 바에서 나온다"는 것이다. 그것은 이미지가 중심이 된 이 사회에서 사람들이 듣는 바로부터 오직 신앙이 나온다는 것이다. 이미지는 계시의 진리를 전달할 가능성과 사람들을 신앙으로 일깨울 가능성이 없다. 근본적으로 텔레비전 방송이든, 그림이든, 사진이든, 그 무엇이든 간에 계시된 진리를 전달하지 못한다. 두 번째 지적은 말의 근본적이고 절대적인 중요성인데, 오직 자신의 말에 의해서만 활동하는 하나님의 영속적인 표현에 말이 기준을 두고 따르기에 그러하다. 하나님이 우주를 창조한 것도, 선지자들에게 영감을 준 것도, 예수를 살아 있는 자로 새로이 창조하고 부활시킨 것도 말에 의해서이다. 세 번째 지적은, "전파하는 자들이 보내지지 않는다면 어떻게 전파하는 자들이 존재하겠는가?"이다. 전파하는 자들과 말을 전달해야 하는 자들을 보내는 것은 하나님이다. 왜냐하면, 하나님의 말을 그들 안에 두는 것은 하나님이기 때문이다.

이스라엘이 하나님의 의를 인정하려 하지 않기 때문에, 하나님은 이방 민족, 곧 하나님의 민족이 되도록 선택되지 않았던 자들로 하여금 의를 알게 한다. 계시를 받았던 유일한 민족임을 자랑스러워하는 이스라엘은, 계시되는 하나님에 대한 더 깊은 인식을 이제 받아들이고 맞아들이는 이교도를 보고서 시기하게 된다. 그러나 그것은 하나님이 자기 민족으로부터 돌아섰음을 의미하지 않는다. 이스라엘은 하나님의 민족으로 남고, 교회는 이스라엘이란 뿌리에 참여할 수밖에 없다. 이스라엘은 하나님의 민족으로서 언제나 교회 곁에 머무르기 때문에, 교회와 이스라엘 민족은 정확히 보완을 이룬다.

그럼에도, 교회는 다음 같은 잘못을 저질렀다. 즉, 유대인을 배제하면서 계시를 자기 것으로 삼았고, 구약 성서라고 선언된 히브리 성서를 취했으며, 유대 민족에게 이루어졌던 계시를 유대 민족에게서 박탈했다. 두 번째로, 교회는 예수 그리스도의 복음을 도덕적인 율법으로 변형했고, 예수 안에서 얻어진 의를 가지고 도덕을 만들었으며, 자유의 율법을 가지고 일련의 계명을 만들었다. 또한, 계명과 규범을 구분하고 중대한 죄와 사소한 죄를 구분하면서, 부수적인 미덕과 기본적인 미덕의 목록 및 죄의 목록을 만들었다. 결국, 교회는 의가 행위로 얻어질 수 있다고 믿었고 가르쳤다. 세 번째로, 교회는 바로 앞에 이교도가 있으나, 교회는 복음을 가져다주는 것이 아니라 교리나 율법을 가져다주기 때문에, 진정으로 그들에게 복음을 전파할 줄 몰랐다. 따라서 교회는 이스라엘과 같은 잘못을 저질렀다.

제4장 : 접붙여진 올리브 나무
Ⅰ. 로마서 11장 1~10절

하나님은 자신이 선택했고 사랑했던 자를 내버릴 수 있으나, 영원히 내버리지는 않는다. 하나님은 내버리지만, 그것은 일시적일 따름이다. 약속했던 바를 늘 지키는 하나님이 선언했던 언약은 유지되지만, 언약은 하나님의 신실함과 사랑과 용서와 인내에 근거를 둔다. 그런데 이스라엘은 하나님이 이스라엘을 버리지 않을 것을 너무나 확신한 나머지, 하나님을 일종의 소유물로 만든다. 이스라엘이 모두에게 전달해야 했던 계시와 복음으로서 언약을 제 것으로 삼았듯이, 이스라엘은 하나님의 신실함과 택함을 제 것으로 삼는다.

바울은 하나님이 이스라엘을 버리지 않았음을 입증하기 위한 논증을 펼치는데, 그 증거는 바울 자신이다. 하나님이 자기 민족 전체를 버리지 않았는데, 왜냐하면 바울 자신이 거기 들어 있기 때문이라는 것이다. 어쨌든 바울은 하나님 언약의 영속성을 입증하고자 자신의 예와 다른 예들을 제시할 수도 있었지만, 그렇게 하지 않고 자신만이 증인으로 자처한다. 그리스도인에 대한 박해자였으며 기독교의 파괴에 정말 열성적이었던 바울 자신이 개종했음을 강조하는 것이다. 박해자조차 증인이 되도록 하나님에 의해 다시 붙들릴 수 있었기 때문에, 하나님은 자기 민족을 버리지 않았다는 것이다.

하나님이 이스라엘 민족 내부에 '남은 자'를 남겨두었고, '남은 자'는 이스라엘 민족 전체를 거룩하게 했다. 이스라엘이 토라에 충실한 행위를 거듭하더라도, 이스라엘의 구원 전체가 놓여 있는 '남은 자' 중 '남은 자'인 예수를 이스라엘이 인정하지 않을 때 그것은 아무 소용이 없다. 따라서 이스라엘의 어떤 자들은 버림받는데, 그것은 택함을 겸허하게 받아들이지 않은 자들을 따로 떼어 두게끔 하고, 마음이 '완악해'지게끔 하거나 혹은 둔해지게끔 하는 것이다. 또한, 희생제물과 헌물은 은총과 택함의 민족으로 하여금 대가가 없는 구원이 헌물에 의해 보장된다고 여기게 함으로써 그 민족을 타락하게 한다. 하지만, 예수를 거부하는 이스라엘이 하나님의 일에 일시적으로 옆에 놓인 것은 사실이면서도, 하나님은 이스라엘에서 아무것도 없애지 않았다.

Ⅱ. 로마서 11장 11~15절

유대인은 자신들이 맡았던 사명 곧 언약이란 복된 소식을 세상에 전달하는 일을 완수하지 않았기 때문에, 하나님은 세상 전체에 다가가려고 다른 길을 택한다. 즉, 유대인의 타락을 통해 궁극적인 '남은 자' 곧 예수의 출현이 가능해짐에 따라 이교도의 구원이 가능해졌다. 이제 복음을 입증하는 것은 이교도의 신앙이고, 유대인은 이교도로부터 새로운 언약과 구원의 새로운 약속을 받아들여야 한다. 물론, 타락이 있었고 내버림이 있지만, 그것은 예수 이후부터는 더는 결정적일 수 없는 부분적이고 일시적인 내버림이다. 하나님은 이교도의 구원을 통해 이스라엘의 시기심이 생겨나기를 기다리는데, 그 시기심에 의해 이스라엘 민족 전체는 이교도가 예수 안에서 인정하는 하나님을 향해 새로이 회심하기에 이른다.

유대인이 예수를 거부하는 전적인 책임은 그리스도인과 교회에 있다. 그리스도인이 율법 준수에서 나오는 미덕보다 더 뛰어난 미덕, 거룩함, 품성의 순수함, 주에 대한 경배에서 순수함을 유대인 앞에 나타 냈다면, 그리스도인이 이웃에 대해 온전한 사랑으로 행동하고 예수 그리스도 안에 얻어진 자유의 충실한 법에 따라 살았다면, 기독교 사회가 개인적 정의나 사회적 정의 혹은 정치적 정의의 모범을 보였다면, 그리스도인의 삶에 의해 설득된 유대인은 메시아를 예수 안에서 인정할 수도 있었다. 그 대신, 그리스도인은 사리에 맞지 않은 경멸스러운 품성, 정복과 힘과 탐욕의 사회, 그리스도인 사이에 증오, 불의가 전반적으로 득세하는 것을 보여주었다. 특히, 기독교 사회에는 유대 민족에 대한 박해와 불의가 넘쳐났고, 기독교 사회는 유대인을 증오했다. 그리스도인은 유대인으로 하여금 시기심을 느끼게 하기는커녕, 그리스도인의 삶과 사회는 유대인을 예수로부터 멀리 밀어낼 따름이었다.

이스라엘이 복음의 경로에서 벗어났고, 그 벗어남을 통해 모든 이교도를 향해 복음의 폭발이 일어난다. 이스라엘이 복음의 한가운데 있게 될 때 곧 그들이 회복될 때, 그들은 계시의 중심으로 복귀한다. 이스라엘의 멀어짐을 통해 하나님은 지나간 인류와 현재의 인류와 미래의 인류 전체와 화해의 길로 들어섰다. 더 나아가 자신의 메시아를 받아들이고 인정하는 이스라엘의 회심을 통해 보편적인 부활이 나타날 텐데, 부활은 생명의 승리 및 죽음의 힘의 소멸 곧 죽음 자체의 소멸을 목적으로 한다. 하나님은 유대인을 통해 일을 시작했듯이, 유대인을 통해 일을 마무리할 것이다. 유대인이 자신들의 메시아를 인정할 때, 하나님나라의 도래와 생명의 승리와 우주의 부활이 일어날 것이다. 유대인이 하나님의 주권적 행위를 대체하는 인간 수단을 추구했기에 또한 유대인의 불신앙으로 말미암아 그러한 도래가 지체된다고 할 수 있으나, 그것이 유대인의 잘못은 아니다. 왜냐하면, 교회와 그리스도인이 지상에 하나님나라를 이미 제시함으로써, 또 그리스도에 대한 신앙으로 이루어지는 인간의 완전한 변화를 유대인이 봄으로써, 유대인은 회심할 수 있기 때문이다.

Ⅲ. 로마서 11장 16~24절

순수한 올리브 나무에 접붙여진 야생 올리브 나무 비유에서, 그리스도인과 교회는 이스라엘이란 줄기에 접붙여진 가지이다. 순수한 올리브 나무는 본래 좋기 때문이 아니라, 하나님의 은총으로 택함을 받았기 때문에 좋은 열매를 맺는다. 또한, 접붙여진 가지이자 덧붙여진 조각일 따름인 그리스도인과 교회는 본래 나쁜 종種에 속해 있기에, 행위로는 하나님의 영광을 위한 열매를 맺지 못한다. 성스러운 민족 가운데 그리스도인과 교회는 심겨진 것이므로, 그리스도인과 교회의 열매와 기름은 이스라엘이라는 원래 순수한 올리브 나무의 목수木髓 곧 기름기로부터 나온다. 그리스도인과 교회는 신앙에 의해서 만이 이스라엘이라는 줄기에 붙어 있다. 따라서 하나님이 자기 민족에게 그렇게 엄격했고 어떤 가지들을 잘라 버릴 수 있었다면, 그리스도인과 교회가 그들과 같은 잘못을 저지를 때 얼마나 더 하나님은 그리스도인과 교회에 엄격할 것인가를 기억해야 한다.

유대인의 잘못이 선민이라는 오만 및 택함을 자기 것으로 삼음에 있었다면, 모든 교회가 지나친 탈선을 하는 현 상황에서 교회와 그리스도인도 그와 같은 잘못에 빠져 있을 수 있다. 이교도에게서 나온 교회와 그리스도인은 이스라엘이라는 줄기에 접붙여져 있으므로, 이스라엘과 교회는 서로 독립적인 두 세력으로 나란히 놓여 있지 않고 구원의 역사 속에 서로 연결되어 있다. 그 때문에, 교회가 이스라엘과 분리되어 존속하려 하면 교회는 뿌리로부터 절단되고 시들 수밖에 없을 것이다.

제5장 : 신비와 쇄신

Ⅰ. 로마서 11장 25~36절

바울은 하나님이 모두에게 자비를 베풀고자 모든 인간을 불순종 속에 가두었다고 언급한다. 그런데 하나님이 인간으로 하여금 죄를 짓게 하고 인간을 죄의 불가피한 숙명 속으로 끌어들이지는 않는다. 죄는 일일이 열거할 수 있는 그러그러한 잘못으로서 불순종이나 위반이나 완수하지 못한 의무가 아니다. 오로지 죄는 토라의 가르침이자 예수의 가르침인 "너의 온 마음과 혼과 힘과 생각을 다 해 주± 너의 하나님을 사랑하고, 너의 이웃을 너 자신처럼 사랑하라"는 가르침에 따라 살기를 거부하는 것이다. 사랑과 동떨어진 인간은 그와 같이 사는 자신을 의롭다고 인정하면서, 자기 자신을 함정에 빠뜨린다. 자신이 의롭지 않다는 점을 인정하지 않는 인간은 자신이 잘못을 저지른다는 점은 기꺼이 받아들이지만 늘 다양한 이유와 핑계를 찾으면서 그렇게 한다. 그 점이 바로 용서받지 못하게 하고 의롭다고 인정받지 못하게 하는 것이며, 인간으로 하여금 자신의 불순종 속에 갇히게끔 하는 것이다. 그와 같이 하나님은 모든 인간을 거기에 가두려고 불순종의 감옥을 만들지 않았다. 하나님의 일의 목적은 모든 인간이 이러 저러한 경로로 하나님의 사랑과 은총과 용서를 아는 것이고, 그 사실로부터 그들 자신이 그러한 존재임을 인정하며 하나님의 자비를 향해 마음을 돌리는 것이다.

바울이 거론하는 이스라엘 안에 있는 신비는 시작과 종말에서 유대 민족에 기초한 하나님의 계획 전체와 관계된 것이다. 이스라엘 일부의 타락이 있다면, 그것은 이교도 전체가 신앙으로 하나님나라 안에 들어오게 하기 위함이다. 그것은 모든 이교도가 예수를 믿기까지, 다시 말해 예수가 진정으로 모든 사람에 의해 전해질 때까지, 유대 민족 일부의 거부 곧 완악함이 지속함을 의미한다. 이교도 전체가 마침내 진정한 복음을 듣고 하나님나라에 들어갈 때, '이스라엘 전체'는 구원받을 것이라고 바울은 놀라운 선언의 형태로 언급한다. 그리스도의 재림을 통해 이스라엘은 구원받을 텐데, 그것은 미리 이루어진 복음을 향한 유대인의 회심 없이 '오직 은총'으로 제시되는 특별한 경로에 의해서 일 것이다. 그 점은 회심한 이교도와는 다른 관계를 유대인이 예수 그리스도와 맺고 있음을 의미한다. 하나님은 이교도를 회심시키려고 이스라엘의 거부를 이용했고, 이스라엘의 돌아옴을 확실하게 하려고 이교도들의 회심을 이용한다.

유대인은 복음과 관련하여 적敵이 되었는데, 그것은 모두에게 복음이 선포되기 위함이며, 그리스도인은 유대인의 거부로 말미암아 복음을 들을 수 있었다. 그러나 하나님이 자신의 약속을 취소하지 않기 때문에, 유대인은 조상 덕분에 하나님의 사랑받는 자로 남아 있다. 따라서 유대인을 하나님의 민족으로 만드는 것은 그들의 미덕이나 신실함이 아니라, 그들의 선조를 향한 하나님의 사랑과 자신의 말에 대한 하나님의 신실함이다. 따라서 유일한 주역主役은 한편으로는 선민이고, 다른 한편으로는 성령에 따라 신앙 속에서 살아야 하는 그리스도인이며, 마지막으로는 그리스도인이 되도록 예정된 거대한 이교도 집단인데, 왜냐하면 그들은 불신앙 속에 갇힌 인간 전체 중 일부를 이루기 때문이다.

로마서 9, 10, 11장에서 드러났던 바는 하나님의 계획에 대한 하나의 계시이고, 하나님의 사랑 안에 넘쳐나는 하나님의 풍성함에 대한 계시이며, 하나님의 지혜 곧 인간을 제약하지 않은 채 생명과 구원으로 이끌어갈 수 있는 유일한 지혜에 대한 계시이다. 하지만, 인간은 그러한 풍성함과 지혜와 지식을 가질 수도 없고, 하나님의 계획의 성과 및 하나님의 행동 방식을 이해할 수도 없으며, 하나님이 인간을 기다리는 그곳으로 인간이 제약 없이 도달하도록 하나님이 제시하는 길들을 이해할 수도 없다. 결국, 바울은 하나님의 일 전체가 성령에 의해 아버지와 아들이 해야 할 일임을 힘차게 주장한다.

Ⅱ. 로마서 12장 1~2절

유대인이 시기심으로 마음이 움직이고 이교도에게서 하나님의 일을 보며 성령이 그리스도인에게서 성취하는 바를 볼 때, 유대인은 자신의 메시아와 함께 있는 '이스라엘 전체'를 이교도와 더불어 이루고자 회심할 것이다. 그래서 바울은 유대인이 기독교 공동체 안에 하나님의 일을 인정하려면 그리스도인이 어떤 존재가 되어야 하고 무엇을 해야 하는지 언급하려고 그리스도인에게 호소한다. 유대인이 시기심으로 마음이 움직여져야 한다면, 전달해야 할 삶의 증거가 바로 이러하다는 것이다. 특히, 이스라엘과 교회가 그렇게 비극적으로 분리된 상황에서, 그리스도인의 행위와 삶의 방식은 어떠해야 하냐는 것이다.

몸을 바치라는 것은 영은 이미 하나님에게 속해 있다는 것이다. 영혼은 하나님에게 귀속되었으나 정념과 샛길로 끌어가는 무언가가 남아있는데, 그것은 바로 몸이다. 영적인 것과 물질적인 것 사이에 분리란 없으며, 그 둘은 서로 의존한다. 거창한 열광이나 혹은 내적인 영적 성찰이 아니라, 일상의 삶이 하나님에 대한 진정한 예배의 근거가 된다. 따라서 우리 존재 전체가 거룩한 요구의 대상임을 인정해야 한다. 하나님의 기쁨이 되는 것은 살아 있는 제물인데, 살아 있는 제물이란 그러한 삶을 명령하는 하나님의 요구에 몸을 내맡기는 살아 있는 인간이다. 그것은 하나님을 위해 자유롭게 놓이는 것이다.

이 시대와 세상을 추종하지 않음으로써 제물은 거룩해진다. 세상은 자신이 영향을 줄 수 있는 모든 것에 어떤 형태를 부여한다. 모든 사회는 힘의 의지와 탐욕을 드러내고 있으며, 그것들 위에 기초해 있다. 따라서 세상에 의해 주어진 형태를 택하는 것은, 힘의 의지의 게임에 관여하고 탐욕을 자신의 모든 활동의 동기로 부여하는 것이다. 죄를 용서받은 인간의 첫 번째 구체적 행동은, 세상에 의해 주어진 형태를 거부하는 것이다. 그러한 거부는 세상과 그리스도인 사이에 결별과 세상과 교회 사이에 결별을 의미한다. 세상이 부여하는 형태를 거부하는 것은, 예배로서 하나님의 뜻에 일치한다.

변화된다는 것은 세상에 의해 주어진 형태 대신 다른 형태를 받아들이는 것이다. 그것은 단지 변하는 것이 아니라, 세상이 줄 수 있는 형태들 너머에 있는 다른 형태를 받아들이는 것이다. 달리 말해 세상의 투쟁과 정념과 이념을 넘어서는 것이고, 세상의 형태들 속에 갇히지 않는 것이며, 현대인에게 형태를 부여하는 모든 것을 분명히 알고 식별하며 뛰어넘는 것이다. 그 일은 사람들이 세상 속에 남아 있음을 전제로 하고, 새로운 형태에 따라 세상 속에서 활동하는 것을 전제로 한다. 그런데 그 활동은 세상의 활동에 참여하는 것이 아니라 비판적인 입장을 취하는 것인데, 그것은 단순한 거부나 부정이 아니다. 그 활동의 요점은 현시대의 형태에 대항하는 증언이자 다가올 세상의 형태를 위한 증언으로서, 그것은 세상 한가운데서 하나님에게 영광을 돌리기 위한 활동이다.

예지叡智가 새롭게 됨으로써 생겨나는 그러한 삶의 방식은 예지의 전환과 관계된다. 그 전환의 장場은 영혼이나 모호한 영적인 것이 아니다. 우선, 그 이유는 세상의 형태에 대해 비판을 해야 한다면, 그것이 '실존적 예지'라는 범주에 속하기 때문이다. 그다음 이유는 세상의 형태를 변화시키려고 행동해야 한다면, 아무 생각 없이 행동할 수 없기 때문이다. 예지의 전환과 관련하여 우리에게 내려진 첫 번째 지시는, "너의 온 마음을 다하고, 힘을 다하고, 영혼을 다하고, 생각을 다해, 주 너의 하나님을 열렬히 사랑하라"는 계명이다. 그것은 자신의 온 생각을 다 해 열렬히 사랑하는 것이고, 주에 대한 열렬한 애정 속에서 생각하는 것이다. 회개하는 것이기도 한 그러한 전환과 쇄신은 우리 의지의 동인動因이 될 수 있는 인식이 우리 생각에 개입하는 것이다. 그것은 은총에 대한 인식이고, 하나님이 세상을 이끌어 가는 방식에 대한 열렬한 애정이다.

그리스도인의 존재가 변화하는 곳이자 존재를 변화시키는 수단인 예지를 통해, 그리스도인은 하나님의 뜻에 순종하기 위함이 아니라 하나님의 뜻을 행하고자, '여기서 또한 지금' 구체적인 체험 속에서 하나님의 뜻이 무엇인지 또 어떠한 행동을 취해야 하는지 분별할 수 있다. 성령은 그리스도인의 예지를 밝혀주지만, 선하고 하나님을 기쁘게 하며 잘 된 것을 분별하려면, 그리스도인은 예지를 사용해야 한다. 그리스도인의 삶은, 은총과 택함과 언약이라는 이스라엘 민족에게 속하는 출발점과 하나님의 기쁨이라는 목표를 포함한다. 출발점과 목표 그 둘 사이에서 그리스도인이 걸어나갈 길을 가리켜야 하는 것은 그리스도인 자신인데, 하나님이 그리스도인에게 베푸는 선물들에 따라 그리스도인은 그 길을 자유롭게 선택한다, 따라서 그리스도인은 어떤 지점에서 무언가에 따라, 추종적이 되지 않고 변화되어야 하는지 결정해야 한다. 이것이 바로 선민과 이교도에 대한 언약과 택함과 행동 속에서 하나님의 전략이다. 그리스도인은 하나님의 그러한 계획에 관여하게 되는데, 그것은 그리스도인을 완전하게 만들고 유대인에게 메시아 예수의 사랑을 확신시키는 계획이다. 그것이 바로 우리가 드릴 수 있는 유일한 예배이다.